Lee Strobel

Auf den Kopf gestellt

Warum auf Nummer sicher gehen gefährlich ist
und andere lebensverändernde Erkenntnisse

Über den Autor

Lee Strobel gewann nach einem Studium an der *Yale Law School* mehrere Preise als Gerichtsreporter der *Chicago Tribune.* Anschließend war er nacheinander Pastor der zwei größten Gemeinden in den USA – der *Willow Creek Community Church* bei Chicago und der *Saddleback Church* bei Los Angeles.

Seit seiner Entscheidung für Christus kämpft Lee Strobel gegen die folgenschwere „Vergesslichkeit" der etablierten Christen. Er setzt sich für alle ein, die große Barrieren zu überwinden haben, um sich auf den christlichen Glauben einzulassen.

Zusammen mit seiner Frau Leslie lebt er in Südkalifornien.

Lee Strobel

Auf den Kopf gestellt

Warum auf Nummer sicher gehen
gefährlich ist und andere
lebensverändernde Erkenntnisse

WILLOW
Willow Creek • Edition

GerthMedien

Originaltitel: *God's Outrageous Claims*

Published by Zondervan Publishing House,
Grand Rapids, Michigan 49530, USA

Bestell-Nr. 816 813
1. Auflage 2007

ISBN 978-3-86591-813-0

Übersetzung: Annette Schalk
Umschlaggestaltung: Hanni Plato
Umschlagfoto: gettyimages, Archive Holdings Inc.
Satz: Nicole Schol
Druck und Verarbeitung: GGP Media GmbH, Pößneck

Inhalt

Ein kurzer Blick auf die Überraschungen, die Gott für uns bereithält

Da drüben, da auf dem Hügel – können Sie ihn hören? Er stellt wieder alles auf den Kopf. Er schreibt alle Gesetze neu. Oh Mann, jetzt wird er sich aber wirklich in Schwierigkeiten bringen! Man kann doch nicht so was sagen und glauben, dass man damit durchkommt. Er spricht über Gott, als ob er ihn persönlich kennen würde. Über das Leben, als ob er es verstehen würde. Über die Hoffnung, als ob er welche hätte. Über einen besseren Weg – einen schmalen Weg. Und schauen Sie sich die Leute an. Sie können gar nicht anders, die müssen ihm einfach zuhören, auch wenn er sie wirklich sprachlos macht. Irgendwie wissen sie: Jesus spricht die Wahrheit.

Seltsam. Außergewöhnlich. Erstaunlich.

Wenn Jesus spricht, sagt er oft etwas, das uns „Das ist ja unerhört" murmeln lässt.

Verliere dein Leben, dann wirst du es gewinnen. Die Ersten werden die Letzten sein. Die Demütigen werden die Welt erben. Freut euch, wenn ihr verfolgt werdet. Betet für eure Feinde. Geben ist besser als Nehmen. Haltet die andere Wange hin. Erniedrigt euch, dann werdet ihr erhöht. Unglaublich!

Jesus fordert uns auf zu vergeben, wenn wir lieber vergelten würden. Zu lieben, wenn es sich einfach besser anfühlt, unseren Groll zu hegen. Zu dienen, wenn wir lieber unser Ego hätscheln würden. Auf jemanden zuzugehen, dem wir lieber aus dem Weg gehen würden. Zu gehorchen, wenn wir lieber rebellieren wollen. Das Vertrauen eines Kindes zu haben, wenn wir stolz auf unsere eigene Klugheit sind. Und zu glauben, selbst wenn wir von Zweifeln heimgesucht werden. Erstaunlich!

Dieser Jesus sieht Potenzial in uns, das wir in unseren kühnsten Träumen nicht erkennen. Er spürt Qualitäten in uns auf, von denen wir nie geglaubt hätten, dass wir sie besitzen. Er hat einen Glauben an uns, der uns selbst fehlt. Er sieht Tatsachen über uns, die uns Hoffnung und Zuversicht schenken können.

Gottes erstaunliche Aussagen über Sie und mich finden sich

auf zahllosen Seiten der Bibel. Es gibt Aussagen darüber, wie wir rechtschaffener werden können, wie wir authentische Beziehungen pflegen können, wie wir unseren Lebensunterhalt verdienen und trotzdem integer bleiben können und wie wir selbst inmitten einer Gesellschaft, die ernsthafte Auflösungserscheinungen zeigt, etwas bewegen können. Wenn ich auf einen dieser Schätze stoße, kann ich vor lauter Staunen nur noch den Kopf schütteln.

Darum geht es in diesem Buch – um eine Zusammenstellung von 13 provokanten Aussagen, die Gott über uns macht. Wenn wir sie ernst nehmen und uns für Gottes Handeln öffnen, können wir neue Erkenntnisse darüber gewinnen, wer wir sind, und neue Prinzipien entdecken, anhand derer wir ein mutiges und überzeugendes Leben führen können.

Es ist sicher nicht übertrieben zu sagen, dass Gottes Aussagen die gesamte Flugbahn Ihres Lebens verändern können. Zumindest passierte das bei mir. Im Laufe der Zeit trugen diese Entdeckungen dazu bei, dass ich mich von einem hartherzigen, atheistischen Journalisten in einen hingegebenen Nachfolger Jesu verwandelte. Meine Welt wurde auf den Kopf gestellt – und wenn ich zurückblicke, stelle ich fest, dass ich es mir kein bisschen anders gewünscht hätte.

Dieses Buch kann man nicht lesen und passiv bleiben. Es handelt sich hier nicht um eine Sammlung von gut klingenden Klischees, die einfache Antworten anbieten. Sie werden vieles davon ermutigend finden, manches herausfordernd, aber alles sehr praxisnah. Denn so ist Gott schließlich auch. Er gibt uns nicht einfach nur Weisheit; er gibt uns Weisheit, die sich praktisch anwenden lässt.

Und er sagt voller Nachdruck: „Denn mein Plan mit euch steht fest: Ich will euer Glück und nicht euer Unglück. Ich habe im Sinn, euch eine Zukunft zu schenken, wie ihr sie erhofft. Das sage ich, der Herr“ (Jeremia 29,11).

Gott hat einige Behauptungen aufgestellt, die auch Sie betreffen. Provokante Behauptungen. Lesen Sie sie mit wachen Augen und einem offenen Herzen, und lassen Sie durch sie Ihre Einstellungen, Ihre Perspektiven, Ihre Werte und Ihr Leben ändern.

1. Behauptung

Sie sind wirklich frei, wenn Sie Ihren Feinden vergeben

Terry Anderson, der als Reporter bei *Associated Press* arbeitete, wurde fast sieben Jahre lang im Libanon als Geisel festgehalten. Er war während dieser Zeit an eine Mauer in einer dreckigen, mit Spinnen übersäten Zelle festgekettet. Er war körperlich krank. Er litt seelische Qualen. Er sehnte sich nach seiner Familie. Er war durch den dumpfen Schmerz der ständigen Langeweile deprimiert.

In dieser Situation bekam er ein Buch – die Bibel –, und als er sie auf der Suche nach Worten der Hoffnung verschlang, stieß er auf etwas, das ihm hoffnungslos naiv erschien: „Ihr wisst, dass es heißt: Liebe deinen Mitmenschen; hasse deinen Feind. Ich aber sage euch: Liebt eure Feinde und betet für alle, die euch verfolgen“ (Matthäus 5,43–44).

Können Sie sich vorstellen, wie haarsträubend sich dieses Gebot für Anderson angehört haben muss, nachdem er 2.455 todlangweilige Tage in grausamer Gefangenschaft verbracht hatte? *Wen lieben? Für wen beten? Zu denen freundlich sein, die mich mit Brutalität behandelt haben? Mitleid mit denen haben, die mir gegenüber kein Mitleid gezeigt haben? Ist Jesus ein weltfremder Komödiant oder ein naiver Idealist?*

Anderson wurde schließlich am 4. Dezember 1991 freigelassen. Journalisten umringten ihn und löcherten ihn mit ihren Fragen. Sie wollten alles über sein Martyrium erfahren. Sie wollten wissen, welche Pläne er für die Zukunft hatte. Aber dann stellte ein Reporter die Frage, die Anderson aus der Bahn warf: „Können Sie Ihren Entführern vergeben?“ Theoretisch eine sehr einfache Frage, aber was für eine schwere Frage, über die man gut nachdenken muss, wenn man sie inmitten der bitteren Realität großer Ungerechtigkeit gestellt bekommt.

Anderson hielt inne. Bevor er eine Antwort formulieren konnte, ging ihm eine Zeile aus dem Vaterunser durch den

Kopf: „Vergib uns unsere Verfehlungen, denn auch wir vergeben allen, die an uns schuldig geworden sind" (Lukas 11,4).

Dann gab dieses Opfer unverdienten Leids seine Antwort: „Ja, als Christ wird von mir verlangt, dass ich vergebe – egal, wie schwer es mir fällt."[1]

Und es ist oft schwer. So schwer, dass Jesu Gebot, unsere Feinde zu lieben und für sie zu beten, als eine der größten und uns am stärksten auf den Magen schlagenden Herausforderungen seiner Bergpredigt gilt, einer Rede, die für ihre außergewöhnlichen Aussagen bekannt ist. Es gibt keinen Bericht darüber, dass je ein anderer geistlicher Führer ein so eindeutiges, unmissverständliches Gebot formuliert hat, dass Menschen denen gegenüber Mitgefühl zeigen sollen, die aktiv ihren Interessen entgegenwirken.

Und Jesus tat dies wiederholt!

Aber Moment mal. Vielleicht ist dieses Gebot gar nicht so haarsträubend. Vielleicht ist es nur eine Vorschrift, die sowohl für die einen Vorteil hat, die vergeben, als auch für die, denen vergeben wird. Vielleicht zieht es eine Reihe von Vorteilen nach sich, wenn wir eine Atmosphäre der Gnade fördern statt eine Atmosphäre der Böswilligkeit.

Tatsache ist, dass Gottes Weisheit in der Praxis tatsächlich funktioniert. Wenn wir uns entscheiden zu vergeben, statt zu hassen, kann sich dies im Nachhinein zu einem sehr großen Segen in unserem Leben auswirken – wenn wir verstehen, wie dieses außergewöhnliche Prinzip funktioniert.

Die Rivalen in unserem Umfeld

Meine Feinde lieben? Ich habe doch keine *Feinde* – Sie etwa? Niemand hat jemals mit einem Maschinengewehr vor meiner Nase herumgefuchtelt und mich sieben Jahre lang in ein enges Verlies eingepfercht. Niemand hat mich je so brutal behandelt, wie Terry Anderson es erleben musste.

Aber selbst im zivilisierten Westen haben wir Feinde. Bis zu einem bestimmten Grad haben wir alle mehr oder weniger Gegner oder Widersacher, denen gegenüber wir Feindseligkeit verspüren.

Das kann der Besitzer einer konkurrierenden Firma sein, der Ihnen die besten Kunden wegnimmt. Und wenn Sie ehrlich sind, werden Sie auch zugeben, dass Sie ihn dafür hassen, dass er Ihre Existenz bedroht. Das kann eine Kollegin sein, die mit Ihnen – allzu erfolgreich – um Prämien und Beförderungen konkurriert. Das kann der Angestellte auf mittlerer Führungsebene sein, der sich in der Unternehmensstruktur über Ihnen verschanzt und auf den Sie wütend sind, weil er Ihnen den Weg an die Spitze versperrt.

Wenn Sie zum Management gehören, kann Ihr Feind die Gewerkschaft sein oder umgekehrt. Ihr Feind können Menschen sein, die eine andere Meinung zum Thema „Abtreibung" oder „Homosexualität" haben als Sie, und Sie sind so weit, dass Sie nicht mehr nur anderer Meinung sind als diese Menschen, sondern dass Sie sie als Personen verachten. Vielleicht ist es ein Lehrer, der sich weigerte, irgendwelche Zugeständnisse zu machen. Oder die Ex-Freundin, die Ihnen das Herz gebrochen hat. Oder der Vater, der Ihr Selbstbewusstsein untergraben hat. Oder ein früherer Freund, der Ihr Vertrauen missbrauchte und der ganzen Welt Ihre Geheimnisse verriet. Oder der Ex-Ehepartner, der Ihre Ehe ruinierte. Oder der aufsässige Angestellte, der sich einfach nicht an die Unternehmensregeln halten will. Oder der Klassenkamerad, dessen Beliebtheit Ihre Beliebtheit in den Schatten stellt. Oder der Arbeitskollege, der die Anerkennung einheimst, die eigentlich Ihnen gebührt.

Als ich Journalist bei der *Chicago Tribune* war, hatte ich eine Menge Feinde. Sie waren Reporter bei der *Sun-Times*, der *Daily News* und den verschiedenen Fernsehsendern, die sich darum bemühten, mir die besten Storys vor der Nase wegzuschnappen. Ich war wirklich sauer auf sie, denn damit sie Erfolg haben konnten, musste ich versagen. Selbst heute, da ich ein christlicher Autor und Redner bin – auch wenn es mir sehr peinlich ist, dies zuzugeben –, betrachte ich andere immer noch eifersüchtig als Konkurrenten, wenn sie eine bessere Formulierung finden oder bei den Zuhörern besser ankommen als ich. So stark kann meine sündhafte Kleinlichkeit sein.

Wir alle haben Rivalen. Ich möchte sogar ganz konkret fragen: Wer sind Ihre Feinde? Wen können Sie nicht leiden? Wie heißen sie? Rufen Sie sich eine Person konkret ins Gedächtnis, denn ich will nicht im Bereich des Hypothetischen bleiben. Lassen Sie uns über echte Menschen, echte Beziehungen und echte Konflikte sprechen – und über den Weg zur Heilung.

Was hat Liebe damit zu tun?

Was müssen Sie jetzt genau mit dieser Person machen, die Ihnen eingefallen ist? Es wäre zu allgemein, wenn ich einfach sagen würde, Sie müssen sie lieben. Sollten Sie aufhören, mit dieser Person zu konkurrieren? Sollten Sie beste Freunde und Golfpartner werden? Sollten Sie gemeinsam eine Kreuzfahrt in die Karibik machen? Sollten Sie sie wie einen Sohn oder eine Tochter behandeln?

Jesus verwendete ein Wort für „lieben", das weniger Emotionen impliziert, als vielmehr eine Grundhaltung beschreibt und zum Handeln aufruft. So schwierig es auch klingen mag: Er fordert uns auf, eine demütige, dienende Haltung gegenüber den Menschen einzunehmen, die unsere Feinde sind. Auf das Gute in ihnen zu sehen und ihnen Hilfe anzubieten, wenn sie Hilfe brauchen. Ihnen wohlwollend gegenüberzustehen, auch wenn sie sich uns gegenüber völlig anders verhalten. Für ihr Wohlergehen und das ihrer Familie zu beten. Auch wenn wir weiterhin mit ihnen konkurrieren, sollten wir es fair und voller Respekt tun und nicht voller Böswilligkeit und mit dem Vorsatz, sie zu vernichten.

Wir werden nicht aufgefordert, diese andere Person zu mögen, denn das würde ein Gefühl voraussetzen, das wir manchmal nicht einfach produzieren können, selbst wenn wir es wollten. Aber wir sollen sie trotzdem so behandeln, als würden wir sie mögen – denn dabei handelt es sich um eine Willensentscheidung. Wir müssen nicht billigen, wie sie sind, was sie getan haben oder wie sie sich verhalten, aber wir sollen das lieben, was sie sind – Menschen, die Gott wichtig sind, genauso wie Sie und ich ihm wichtig sind. Menschen, die versagt haben, denen aber Gottes Vergebung und Gnade gilt.

Konkret heißt es in der Bibel: „Wie sehr Gott uns liebt, beweist er uns damit, dass Christus für uns starb, als wir noch Sünder waren" (Römer 5,8). Erstaunlicherweise bestand Gottes Reaktion auf unsere Rebellion nicht darin, uns den Krieg zu erklären, da wir seine Feinde sind. Stattdessen vergalt er Böses mit Liebe, damit für uns der Weg zurück zu ihm geebnet werden konnte. Und diese Art von Liebe sollen wir nach Gottes Vorstellung auch denen entgegenbringen, die uns verärgert haben.

Aber wenn Sie gerade an einen Rivalen denken, dann wette ich, dass sich Ihnen jetzt die folgende Frage stellt: „Warum? Warum sollte ich bösen Willen mit gutem Willen vergelten?"

Für diejenigen, die sich zu den Nachfolgern Jesu zählen, ist die Antwort einfach: Er sagte, dass er von denen, die zu ihm gehören, diesen Lebensstil erwartet. Und das reicht. Wir vertrauen darauf, dass er nie etwas von uns verlangen würde, das sich letztlich nachteilig für uns auswirken würde.

Aber auch abgesehen davon hat es gewaltige Vorteile, wenn man diese vermeintlich so anmaßende Aussage befolgt. Auch wenn wir nicht aus der Motivation heraus handeln sollten, dass wir im Gegenzug etwas bekommen, so gibt es tatsächlich einiges zu gewinnen. Auf den nächsten Seiten werden wir uns mit den außerordentlichen psychischen und physischen Vorteilen, den Vorteilen für unsere Beziehungen, den geistlichen Vorteilen sowie den Vorteilen für das Reich Gottes beschäftigen, die daraus erwachsen, wenn wir uns dafür entscheiden, unseren Feinden zu vergeben.

Der psychische Nutzen: Heilung für unsere Seele und unser Gefühlsleben

„Denn in seinem Herzen ist er berechnend", heißt es in der Bibel (Sprichwörter 23,7), „und sein Herz ist doch nicht bei dir." Mit anderen Worten: Menschen, die völlig verbittert sind und ihren Feinden gegenüber eine von Wut geprägte Haltung pflegen, werden oft auch zu verbitterten und wütenden Menschen. Sie werden zur Geisel ihres eigenen Hasses. Sie hegen den Groll, aber mehr noch hält der Groll sie fest in seinen Klauen.

Dies galt auch für Elizabeth Morris, eine Frau aus einer Kleinstadt in Kentucky, die mir von ihrer bemerkenswerten Verwandlung von einer wütenden, verbitterten Frau zu einem Menschen berichtete, der die Freiheit dessen erlebte, der Gnade schenken kann.

Elizabeth berichtete mir davon, wie sie zwei Tage vor dem Weihnachtsabend 1982 lange wach war und auf ihren Sohn Ted wartete, der noch nicht von seinem Aushilfsjob in einem Einkaufszentrum zurückgekehrt war. Er hatte gerade sein erstes Semester am College abgeschlossen und arbeitete in den Weihnachtsferien, um sich etwas Geld zu verdienen.

Aber um 22:40 Uhr bekam Elizabeth den Telefonanruf, den alle Eltern fürchten. „Mrs. Morris, hier ist das Krankenhaus", sagte eine Stimme, „Ihr Sohn hatte einen Unfall."

Es stellte sich heraus, dass ein anderer junger Mann, der alkoholisiert gefahren war – sein Alkoholpegel war dreimal so hoch wie das gesetzlich erlaubte Limit –, die Mittellinie überquert hatte und direkt in Teds Auto geknallt war. Der betrunkene Autofahrer war nur leicht verletzt, aber noch vor dem Morgengrauen war der 17-jährige Ted Morris tot.

Elizabeth und ihr Mann Frank waren am Boden zerstört. Ted war ihr einziger Sohn, ein junger Mann mit einer vielversprechenden Zukunft, und plötzlich war er tot. Die Wut der Eltern eskalierte, als der 24-jährige Mann, der Ted getötet hatte, für die Tat nur eine Bewährungsstrafe erhielt. Elizabeth erzählte mir, dass der Hass, der in ihr brodelte, wie ein Flächenbrand war, der in einen trockenen Canyon einfiel und alles andere auslöschte.

Sie fing an, vor ihrem inneren Auge die Ereignisse dieser Nacht wie einen Horrorfilm immer und immer wieder abzuspielen. Alles in ihr verlangte nach Rache. Manchmal stellte sie sich vor, wie sie die Straße hinunterfuhr und Tommy Pigage – dem Mann, der für den Tod ihres Sohnes verantwortlich war – begegnete. Sie stellte sich vor, wie sie ihn mit ihrem Auto überfuhr, ihn an einen Baum „nagelte" und seinem Todeskampf zuschaute, während sie ihn langsam zerquetschte.

Sie verbrachte einen Großteil ihrer Freizeit damit, Tommy zu verfolgen, um herauszufinden, ob sie ihn dabei erwischen konnte, dass er die Auflagen seiner Bewährungsstrafe verletzte, damit er doch noch ins Gefängnis käme. Im Laufe der Zeit trieben ihre Bitterkeit und ihre negative Haltung einen Keil zwischen sie und ihren Mann. Diese Gefühle vertrieben ihre Freunde. Sie entzogen ihr die Fähigkeit, zu lachen und das Leben zu genießen.

Und das ist der psychische Grund, warum Vergebung so sinnvoll ist. Beißende Bitterkeit durchtränkt unausweichlich das Leben eines Menschen, der Groll hegt und Wut unterdrückt, und Bitterkeit ist immer ein Gift. Sie hält Ihren Schmerz lebendig, statt Ihnen dabei zu helfen, sich damit auseinanderzusetzen und darüber hinwegzukommen. Bitterkeit verurteilt Sie dazu, den Schmerz immer wieder zu durchleben. Elizabeth verglich diesen Zustand mit einem Krebsgeschwür, das sie innerlich auffraß.

Sie sehnte sich verzweifelt nach Hilfe, aber es sollte noch eine Weile dauern, bis sie das einzig hilfreiche Gegenmittel finden sollte. Elizabeth erkannte irgendwann, dass auch ihr himmlischer Vater seinen Sohn verloren hatte. Und doch schaute dieser, als er am Kreuz litt – bevor er zur Sühne für Elizabeths Verfehlungen starb –, auf die unbarmherzigen Soldaten, die ihn gefoltert hatten, und sagte: „Vater, vergib ihnen! Sie wissen nicht, was sie tun“ (Lukas 23,34).

An diesem Punkt wusste Elizabeth, dass es für sie an der Zeit war, eine Willensentscheidung zu fällen und dem Mann, der ihren einzigen Sohn getötet hatte, Vergebung anzubieten. Und das tat sie dann auch. Im Laufe der Zeit veränderte sich ihre Haltung. Sie wurde nicht nur von ihrer beißenden Bitterkeit befreit, sondern sie und ihr Mann konnten sogar eine Beziehung zu dem Mann aufbauen, der ihren Sohn getötet hatte. Und diese Freundschaft veranlasste Tommy Pigage dazu, sich für Jesus zu entscheiden und sein Leben zu ändern.

So unglaublich es auch klingt: Elizabeths Ehemann, der nebenberuflich Prediger war, vollzog Tommys Taufe, und als dieser aus dem Wasser, dem Symbol für die Erneuerung seines Lebens durch Christus, wieder auftauchte, umarmten sie sich und weinten. Später hielt er den Gottesdienst bei Tommys Trauung. Die Morris' fuhren jeden Sonntag zusammen mit Tommy und seiner Frau zum Gottesdienst, und gemeinsam beteten sie den Gott der zweiten Chancen an.

Wie waren die Morris' in der Lage, das alles zu tun? Sie konnten es, weil ihre Feindseligkeit gegenüber Tommy, dem Mörder ihres Sohnes, durch ihre Annahme von Tommy, einem Menschen, der Gott wichtig ist, ersetzt wurde. Und die Folge davon war ein persönlicher Friede, der menschliches Begreifen übersteigt.

„Ich kann Ihnen gar nicht sagen, wie gut es sich anfühlte, weiterzuleben, wieder zu lachen, und mich von der Last des Hasses zu befreien, die mich niederdrückte", sagte Elizabeth mir gegenüber.[2]

Dies ist eine der größten positiven Auswirkungen, wenn wir denen vergeben, die uns verletzt haben.

Der physische Nutzen: Neutralisierung unserer lebensbedrohlichen Wut

In meinen Gesprächen mit Elizabeth Morris machte sie eine Randbemerkung, die mir zunächst extrem erschien; später erkannte ich jedoch, dass sie wirklich zutraf. „Ich glaube", sagte sie, „auf lange Sicht hätte es mich zerstört, wenn ich Tommy nicht vergeben hätte."

Mittlerweile habe ich genügend wissenschaftliche Studien gelesen, um zu dem Schluss zu kommen, dass Bitterkeit und unterdrückte Wut nicht nur unser Seelenleben durcheinanderbringen, sondern auch unser Leben als Ganzes. So hieß es in einem Artikel in der *New York Times*: „Kürzlich von Wissenschaftlern erhobene Daten legen nahe, dass chronischer Ärger für den Körper ebenso schädlich – oder sogar noch schädlicher - ist wie Rauchen, Übergewicht und hoher Fettkonsum und ein Risikofaktor für einen frühen Tod darstellt."

In einer Studie der Universität von Michigan wurde eine Gruppe von Frauen auf die Frage hin untersucht, wer von ihnen lange unterdrückten Ärger mit sich herumtrug und wie sich dies äußerte. Dann wurden diese Frauen 18 Jahre lang beobachtet und das Ergebnis war erstaunlich: Die Wahrscheinlichkeit, an unterdrückter Wut frühzeitig zu sterben, war bei Frauen, die keine bittere Feindseligkeit mit sich herumtrugen, dreimal niedriger als bei denen, die die Wut kultivierten. Eine ähnliche Studie wurde über einen Zeitraum von 25 Jahren mit männlichen Absolventen der medizinischen Fakultät der Universität von North Carolina durchgeführt. Die Ergebnisse ergaben, dass Ärzte, die zu versteckter Feindseligkeit neigten, eine sechsfach höhere Sterblichkeitsrate hatten als diejenigen, die eher eine vergebende Haltung an den Tag legten.

Es gibt auch aus dem persönlichen Erfahrungsbereich eine Menge Belege hierfür. Eine Frau, die nach dem Zweiten Weltkrieg Opfern der deutschen Schreckensherrschaft half, stellte bei ihren Patienten ein erstaunliches Phänomen fest. Diejenigen, die ihren Feinden gegenüber eine versöhnliche Haltung einnahmen, waren in der Lage, ihr Leben trotz ihrer Verletzungen wieder aufzubauen. Aber die Patienten, die an ihrer Bitterkeit festhielten, blieben krank.

Der medizinische Beweis ist klar und spricht für sich. Es ist nicht übertrieben zu sagen, dass Bitterkeit ein gefährliches Gift ist – gleichgültig, wie hoch die Dosis ist – und dass Ihre Gesundheit auf dem Spiel steht, wenn Sie hartnäckig an Ihrer unversöhlichen Haltung festhalten.

Der Nutzen auf der Beziehungsebene

Als auf dem Höhepunkt der Kubakrise die Spannungen so zunahmen, dass sie fast einen Dritten Weltkrieg ausgelöst hätten, sandte der sowjetische Regierungschef Nikita Chruschtschow ein dringendes Kommuniqué an den US-Präsidenten John F. Kennedy. In Auszügen stand darin Folgendes:

„Sie und ich sollten nicht an den Enden des Taus ziehen, in das Sie einen Knoten des Krieges geschlungen haben. Denn je stärker Sie und ich daran zerren, desto fester wird sich der Knoten zuziehen. Und irgendwann kommt vielleicht der Zeitpunkt, an dem der Knoten so fest sitzt, dass die Person, die ihn geknotet hat, nicht mehr in der Lage sein wird, ihn zu lösen. Und dann muss der Knoten mit dem Schwert gelöst werden. Was das bedeutet, muss ich Ihnen nicht erklären, denn Sie wissen genauso gut wie ich, welche furchtbaren Waffen unsere beiden Staaten besitzen."[3]

Wenn Sie sich dafür entscheiden, Böses mit Gutem zu vergelten, dann entscheiden Sie sich bewusst dafür, nicht mehr am Tau des Konflikts zu zerren und dadurch den Knoten Ihrer Beziehung so fest zu zurren, dass er nicht mehr gelöst werden kann. Indem Sie Ihr Ende des Taus loslassen, lockern Sie die Spannung und wahren die Möglichkeit, dass der nun lockere

Knoten irgendwie von einem der Beteiligten gelöst werden kann. Dieser Schritt hält die Hoffnung am Leben – wie gering sie auch sein mag –, dass eines Tages Versöhnung möglich ist.

Wenn Sie an den Feind denken, dessen Gesicht Sie sich vergegenwärtigt haben, sind Sie vermutlich versucht auszuschließen, dass Sie jemals eine höfliche Beziehung zu dieser Person haben werden. Aber schreiben Sie sie nicht vorschnell ab.

„Vermutlich gab es ein paar Christen, die Saulus hassten, als er der Urgemeinde gegenüber so böse gesinnt war und Morddrohungen gegen sie ausstieß", schreiben David Dockery und David Garland in ihrem Buch *Seeking the Kingdom*. „Wer hätte damals vermutet, dass er schließlich zum Apostel Paulus werden würde, [...] der Liebe und Vergebung [...] predigte? Die Person, die uns heute wie ein Feind behandelt, kann morgen unser Bruder oder unsere Schwester sein. Jesus fordert uns dazu auf, sie heute bereits so zu behandeln, als sei sie unser Bruder oder unsere Schwester."[4]

Hass schreibt Menschen ab; Liebe hält die Hoffnung aufrecht.

Der geistliche Nutzen: Uns wird in dem Maß vergeben, wie wir anderen vergeben

Jesus erzählte die Geschichte eines Königs, der beschloss, seine Bücher auszugleichen und Geld von den Leuten einzutreiben, die Schulden bei ihm hatten. Also lud er einen Mann zu sich, der insgesamt etwa zehn Millionen Euro Schulden bei ihm hatte, und befahl ihm streng, alles restlos zurückzuzahlen. Der Mann appellierte an sein Mitgefühl, da er keine Mittel hatte, um seine Schulden zurückzuzahlen.

Zu jener Zeit hatte der König die Macht, einen Menschen und dessen Familie als Sklaven zu verkaufen, um Schulden einzutreiben, oder den Schuldner so lange ins Gefängnis zu werfen, bis seine Verwandten die Schulden bezahlt hatten. Als der König nun damit drohte, den Schuldner, seine Familie und seinen gesamten Besitz zu verkaufen, um wenigstens einen Teil der Schulden erstattet zu bekommen, fiel der Schuldner auf die Knie und flehte: „Hab Geduld mit mir, ich werde alles zurückzahlen."

Natürlich war die Wahrscheinlichkeit, dass er jemals in den Besitz von zehn Millionen Euro kommen würde, praktisch gleich null. Aber weil der König barmherzig war und ihm der bittende Schuldner leidtat, tat er etwas Erstaunliches: Er gab dem Mann eine zweite Chance. Die Schuld wurde komplett aus den Büchern getilgt.

Aber das ist nicht das Ende der Geschichte. Der Schuldner, der nun von Dankbarkeit überquellen sollte, begegnete bald darauf einem Arbeitskollegen, der ihm lächerliche 20 Euro schuldete. Er verlangte von diesem, dass er umgehend die Außenstände zurückzahlte, packte ihn an der Kehle und schüttelte ihn.

„Hab Geduld mit mir", japste der Mann, „ich werde dir alles zurückbezahlen." Kommt Ihnen das bekannt vor? Aber der erste Schuldner lehnte ab. Stattdessen ließ er den Mann ins Gefängnis werfen, bis die Schuld bezahlt war.

Als der König davon erfuhr, wurde er wütend. „Du schlechter Diener", sagte er zu dem Mann, dem er die Schuld erlassen hatte. „Ich habe deine gesamte Schuld getilgt, weil du mich um Gnade angefleht hast. Hättest du dann nicht auch deinem Arbeitskollegen gegenüber so barmherzig sein müssen, wie ich zu dir war?"

Der König war zu Recht entrüstet und ließ den Mann ins Gefängnis werfen, bis die gesamte Schuld von zehn Millionen Euro abbezahlt sein würde, was bedeutete, dass er bis zu seinem Lebensende im Kerker sitzen musste.

Und hier kommt der Clou: „So", sagt Jesus, „wird euch mein Vater im Himmel auch behandeln, wenn ihr eurem Bruder oder eurer Schwester nicht von Herzen verzeiht" (Matthäus 18,23–35).

Jeder, der diese Geschichte hört, ist über die fundamentale Ungerechtigkeit des Mannes schockiert, dem vergeben wurde, der selbst aber nicht vergab. Seine offenkundige Unsensibilität verletzt unser Gerechtigkeitsempfinden. Jemand nannte sein Verhalten einmal eine „moralische Monströsität".

Doch wenn der Gedanke an einen Menschen, der so ungerecht handelt, uns aufregt, macht es dann nicht auch Sinn, dass sich Gott über diejenigen ärgert, die seine unbezahlbare Vergebung erfahren haben, aber dann armseligen Groll gegen andere hegen, Rache gegen diejenigen planen, die sie verletzt haben, und sich leidenschaftlich weigern, ihren Feinden deren Fehler zu vergeben?

Jesus machte diesbezüglich ganz klare Aussagen. Nachdem er seinen Nachfolgern das Vaterunser beigebracht hatte – was auch die Bitte einschließt, dass Gott uns unsere Verfehlungen ebenso vergeben möge, wie wir unseren Widersachern vergeben haben –, schließt Jesus mit folgendem aufschlussreichen Satz: „Wenn ihr aber den andern nicht vergebt, dann wird euer Vater euch eure Verfehlungen auch nicht vergeben" (Matthäus 6,15).

Das heißt, dass eine Beziehung zu Gott stark von der Weigerung belastet werden kann, denen zu vergeben, die uns verletzt haben. Menschen können keine enge Beziehung zu Gott haben und spüren, wie seine Gnade ihr Leben durchdringt, wenn sie sich gleichzeitig dickköpfig weigern, anderen zu vergeben. Überlegen Sie, was solche Menschen letztlich tun: Sie spielen das Leid herunter, das Jesus ertragen musste, um ihnen die Vergebung ihrer Schuld zu ermöglichen.

Wenn Sie also ein Nachfolger Jesu sind, zurzeit aber das Gefühl haben, dass Sie meilenweit von ihm entfernt sind, und wenn Sie ein Problem damit haben, seine Vergebung anzunehmen, könnte das dann daran liegen, dass Sie sich einfach weigern, Ihre feindselige Einstellung gegenüber einem anderen Menschen fallen zu lassen – vielleicht gerade gegenüber der Person, die Sie sich vor Augen halten?

Der Nutzen für das Reich Gottes: Unsere Vergebung wirkt anziehend

„Wie könnt ihr von Gott eine Belohnung erwarten, wenn ihr nur die liebt, die euch ebenfalls lieben?", fragte Jesus. Es ist nichts Besonderes, die zu lieben, die uns wohlgesonnen sind. Das macht jeder. Aber wenn jemand einem Menschen, der bislang sein Feind war, seine Zuneigung anbietet, dann nimmt die Welt davon Notiz. Menschen werden auf Gott aufmerksam, da er der Einzige ist, der diese außergewöhnliche Form der Nächstenliebe schenken kann.

Die Menschen nahmen mit Sicherheit davon Notiz, als das 33-jährige Opfer eines abscheulichen Verbrechens in einen Gerichtssaal in Indiana kam. Ein Jahr zuvor war ein 22-jähriger Mann in ihre Wohnung eingedrungen, hatte sie in die Brust geschossen, mit der Pistole niedergeschlagen, sie sexuell missbraucht, ihr ein Kissen auf das Gesicht gelegt und noch einmal auf sie geschossen. Auf wunderbare Weise überlebte die Frau, weil die Kugel von ihrem Unterarm abprallte.

Der Verbrecher wurde gefasst und überführt und das Opfer sollte nun bei der Gerichtsverhandlung gegen ihn aussagen. Ich bin sicher, Richterin Paula Lopassa hatte erwartet, dass das Opfer diesen brutalen Angeklagten voller Wut beschuldigen und die härteste Bestrafung für ihn verlangen würde.

Aber das Opfer war Christin, und obwohl sie sagte, dass der Angeklagte als Strafe für seine Tat und zum Schutz der Allgemeinheit ins Gefängnis solle, fügte sie noch hinzu: „Mir geht es nicht um Rache oder Vergeltung. Es würde das Geschehene nicht ungeschehen machen und es würde mein Leben vergiften. Ich möchte diesem Mann helfen. Er ist leicht zurückgeblieben, er braucht offensichtlich Hilfe, und ich möchte sicherstellen, dass er diese Hilfe bekommt, damit er eines Tages wieder ein freier Mann sein kann. Ich möchte nicht, dass er leidet. Ich habe genug für uns beide gelitten. Ich möchte das, was für ihn das Beste ist. Und mit Gottes Hilfe möchte ich ihm vergeben."

Als das Opfer dies sagte, liefen der Richterin die Tränen über das Gesicht. Sie brach tatsächlich in Tränen aus. Als Gerichtsjournalist habe ich unzählige Kriminalfälle vor Gericht verfolgt, aber ich habe noch nie einen Richter im Gerichtssaal weinen sehen.

Als sie ihre Fassung wiedererlangt hatte, sagte Richterin Lopassa: „Ich weine wegen Ihrer Bereitschaft, diesem Menschen zu vergeben. Es ist unüblich, dass das Opfer eines so schwerwiegenden Verbrechens eine solch versöhnliche Haltung einnimmt. Und ich denke, dass sie das Beste ausstrahlt, das in uns Menschen ist."

Diese unerwartete Haltung des Opfers wies die Richterin und den Angeklagten auf Gott als die einzig mögliche Motivation für ihre barmherzige Reaktion hin. Wie A. M. Hunter schon so treffend sagte: „Gutes mit Bösem zu vergelten ist der Weg des Teufels. Gutes mit Gutem zu vergelten ist der Weg des Menschen. Aber Böses mit Gutem zu vergelten ist der Weg Gottes."

Den P-E-A-C-E-Prozess verfolgen

Seinen Feinden zu vergeben widerspricht dem menschlichen Wesen zutiefst. Wenn jemand geschlagen wird, besteht sein unmittelbarer Impuls darin zurückzuschlagen – und zwar fester als sein Gegner. Wenn wir also versuchen, diese provokative Aussage Jesu in die Tat umzusetzen, brauchen wir zweifellos Unterstützung.

„So weit es möglich ist und auf euch ankommt, lebt mit allen in Frieden", schrieb der Apostel Paulus (Römer 12,18). Das ist Gottes eigentliches Ziel – Frieden, Versöhnung und Gemeinschaft unter den Menschen und zwischen den Menschen und ihm. Ich werde das Wort *Peace* („Frieden") verwenden und mit seiner Hilfe das erklären, was ich den „P-E-A-C-E-Prozess" nenne – ein Konzept, dessen fünf Schritte jeweils mit einem Buchstaben des Wortes *Peace* beginnen.

Aber zuvor möchte ich Ihnen noch kurz etwas erklären. In diesem Buch werde ich mir immer wieder Zeit nehmen, um Ihnen auf der Grundlage biblischer Lehre oder meiner Erfahrung als Christ ein paar praktische Schritte zur Umsetzung vorzustellen. Wenn wir Jesus ähnlicher werden wollen, ist es unabdingbar, dass wir unseren Glauben praktisch werden lassen, wenn es um das „Wie" geht. Ich will damit nicht sagen, dass wir alles im Leben lösen können, wenn wir nur die richtige Formel anwenden. Es geht hier eher um praktische Schritte, die ich in meinem eigenen Leben als Christ als hilfreich empfinde und von denen ich hoffe, dass Sie es damit versuchen werden.

Vor diesem Hintergrund stelle ich Ihnen nun den P-E-A-C-E-Prozess vor, einen Ansatz, der sich für mich im Laufe der Jahre als unschätzbar wertvoll erwiesen hat, als ich versucht habe, Gottes provokanter Aufforderung Folge zu leisten, meine Feinde zu lieben.

Das „P“ in P-E-A-C-E steht für „pray“, also für *Beten.* Das bedeutet in erster Linie, für uns selbst zu beten, das heißt, zu Gott zu gehen und ihm ehrlich unsere Gefühle zu bekennen: „Ich habe eigentlich keine Lust, meinen Widersacher zu lieben“, „Ich weiß nicht, wie ich meinem Feind vergeben kann“, oder: „Ich werde nie in der Lage sein, meinen Gegner zu lieben, wenn du mir nicht die Kraft dazu gibst.“

Wenn Sie Schwierigkeiten damit haben, Ihre Feindseligkeit oder Bitterkeit loszulassen, dann sagen Sie es Gott. Geben Sie Ihr innerliches Widerstreben zu, und bitten Sie ihn, Ihnen zu helfen, sich mit Ihrem Unmut, Ihrer Feindseligkeit und Ihrer Wut auseinanderzusetzen. Bitten Sie Gott um die Fähigkeit, einen Menschen zu lieben, den Sie nicht einmal mögen.

Für Adolph Coors VI., den Sohn der bekannten Getränkedynastie in Colorado, dessen Vater ermordet wurde, als er selbst erst 14 Jahre alt war, löste dieser Schritt eine große Veränderung aus. Viele Jahre nach diesem Ereignis wurde Adolph Christ und erkannte, dass er dem Mann vergeben musste, der mit seinem Vater kein Erbarmen gehabt hatte.

„Mir war bewusst, dass ich nicht dazu in der Lage war zu vergeben“, sagte Adolph in einem Gespräch, das wir vor einiger Zeit führten. „Das überstieg meine Kraft. Aber ich fand die Antwort in der Bibel, in Vers 13 im 4. Kapitel des Philipperbriefes. Dort wird mir versichert, dass ich alles tun kann durch Christus, der mir die Kraft dazu geben wird.“

Adolph fand heraus, dass wir bei Gott Kraft anzapfen können, um das zu tun, von dem wir wissen, dass es richtig ist, das wir aber aus eigener Kraft nicht leisten können. Oftmals ist dies der einzige Weg, auf dem wir zu echter Vergebung gelangen können.

Adolph legte die ganze Angelegenheit Gott also im Gebet vor und traf die Willensentscheidung, einen konkreten Schritt in Richtung Vergebung zu gehen, indem er ins Gefängnis fuhr, um sich dort mit dem Mörder seines Vaters zu treffen. Als er dorthin kam, hatte Gott ihm die Kraft gegeben, die er brauchte, um noch einen Schritt weiterzugehen. Und als Adolph erst einmal in der Lage war, dem Mörder seines Vaters Vergebung anzubieten, konnte seine eigene emotionale Heilung beginnen.

Aber es genügt nicht, nur für uns zu beten, wir müssen auch für unsere Feinde beten. „Liebt eure Feinde und betet für alle, die euch verfolgen", drängt Jesus (Matthäus 5,44). Bitten Sie Gott, die Gesundheit Ihrer Feinde zu bewahren, ihre Familien zu segnen, sie zu ermutigen und ihnen zu helfen zu erkennen, wie sehr sie Gott brauchen. „Das ist das höchste Gebot", sagte Dietrich Bonhoeffer, der von den Nazis verfolgt und schließlich hingerichtet wurde. „Durch das Gebet gelangen wir zu unserem Feind, stehen an seiner Seite und flehen für ihn vor Gott."

Wenn Sie das tun, werden Sie Folgendes entdecken: Ihre Einstellung zu Ihrem Widersacher wird sich allmählich verändern. Ich habe am eigenen Leib erfahren, dass man nicht besonders lange für Menschen beten und sie immer noch hassen kann.

Ich erinnere mich noch gut daran, wie ich als Herausgeber einer Zeitung von einem schwierigen Mitarbeiter völlig entnervt war, der immer eifrig darauf bedacht zu sein schien, meine Autorität zu untergraben und meine Leitung in Frage zu stellen. Nachdem ich erkannt hatte, dass ich zunehmend Rachegefühle gegen ihn hegte und ihm gegenüber immer boshafter wurde (was natürlich nur dazu führte, dass seine eigene Abneigung gegen mich sich ebenfalls steigerte), entschloss ich mich, für ihn zu beten, auch wenn ich anfangs überhaupt keine Lust dazu hatte.

Im Laufe der Zeit besänftigte mich alleine die Tatsache, dass ich um seinetwillen immer wieder zu meinem himmlischen Vater ging. Als ich für sein Wohlergehen betete, fing ich allmählich tatsächlich an, mich für ihn zu interessieren. Und mit dieser neuen Haltung konnte ich ihm auch Böses mit Gutem vergelten, und das führte schließlich dazu, dass ich ihn für mich einnahm.

Wie steht es also mit dem Feind, an den Sie spontan gedacht haben, als Sie begonnen haben, dieses Kapitel zu lesen? Können Sie anfangen, für ihn oder sie zu beten? Oder wenn Sie sich dazu noch nicht durchringen können: Können Sie dann wenigstens Gott sagen, dass Sie seine Kraft brauchen, um die ersten Schritte in Richtung Vergebung zu unternehmen? Denn das ist die geistliche Voraussetzung für die nächsten vier Etappen des Prozesses.

Ein radikaler Perspektivenwechsel

Das erste „E" in „P-E-A-C-E" erinnert uns daran, *Empathie* mit anderen Menschen zu empfinden. Das bedeutet, unseren Feind aus einer völlig anderen Perspektive zu sehen.

Normalerweise messen wir den Wert eines Menschen auf der Grundlage seiner Beziehung zu und seines Nutzens für uns. Kann er uns helfen? Kann er uns verletzen? Aber wenn wir ihn stattdessen auf der Grundlage des Wertes betrachten, den er für Gott hat, fangen wir an zu erkennen, dass er einen viel höheren Wert hat, weil er das Bild Gottes in sich trägt, auch wenn es von Sünde verdreht und verdunkelt ist. Wenn wir anfangen, ihn als einen Menschen zu sehen, der Gott wichtig ist, wird er allmählich auch für uns wichtiger werden.

Das bedeutet jedoch nicht, dass wir stillschweigend hinnehmen müssen, was er uns angetan hat. Mit Sicherheit spielte Elizabeth Morris nicht herab, was Tommy Pigage ihrem Sohn angetan hatte. Aber sie vergab Tommy Pigage, dem Menschen – sie vergab ihm, weil Gott auch ihn nach seinem Ebenbild erschaffen hatte und weil er Gott genauso wichtig war wie sie. Sie billigte damit nicht, was Tommy getan hatte, aber sie akzeptierte ihn als Menschen, als Werk des Schöpfers des Universums.

William Barclay erzählt eine jüdische Geschichte, die betont, wie wichtig Gott alle seine Geschöpfe sind, auch wenn sie in Sünde gefallen sind. In dieser alten Erzählung freuen sich die Engel im Himmel lautstark, als die Fluten des Roten Meeres die ägyptischen Soldaten unter sich begraben und ertrinken lassen, während sie die Israeliten verfolgen. Mitten in ihrem Jubel hebt Gott seine Hand, um sie zum Schweigen zu bringen. „Das Werk meiner Hände versinkt im Meer", sagt Gott streng, „und ihr singt?"[5]

In Hesekiel 33, Vers 11 bestätigt die Bibel, dass Gott keine Freude daran hat, wenn Menschen wegen ihrer Vergehen zu Grunde gehen. Wenn Gott also sogar mit den von bösen Absichten getriebenen Ägyptern Mitleid hat, dann sollten Sie einen Augenblick innehalten und über die Person nachdenken, die Sie sich vergegenwärtigt haben. Fragen Sie sich: „Wie sieht dieser Mensch aus Gottes Perspektive aus?" Können Sie hinter sein oder ihr Verhalten sehen und einen Funken davon erkennen, warum er oder sie Gott wichtig ist? Wie Ralf Luther so treffend sagte: „Seinen Feind zu lieben bedeutet nicht, den Schlamm zu lieben, in dem die Perle liegt, sondern die Perle zu lieben, die im Schlamm liegt."

Unser Ende des Taus lockern

Außerdem sollten wir konkrete Schritte unternehmen, um unserem Feind Barmherzigkeit zu zeigen. Aus diesem Grund steht das „A" in „P-E-A-C-E" für „act", also für *Handeln*. Jesus wies darauf hin, als er sagte: „Liebt eure Feinde; tut denen Gutes, die euch hassen" (Lukas 6,27).

Wenn ein konkurrierendes Unternehmen Sie bei einer Ausschreibung aussticht, dann schicken Sie Ihre Glückwünsche. Wenn Ihr geschiedener Ehepartner schwere Zeiten durchlebt, bieten Sie großzügig Ihre Unterstützung an. Wenn Ihr Feind Hilfe braucht, um einen Platten zu wechseln, oder sich etwas ausleihen möchte, dann gehen Sie ihm zur Hand. Ich gebe zu, dass das ungewöhnliche Reaktionen sind, aber sie entsprechen genau dem, was Gott sich von uns wünscht.

Zu handeln bedeutet auch, bei Wortgefechten einen Waffenstillstand auszurufen. „Segnet die, die euch verfluchen", sagte Jesus (Lukas 6,28). Wir müssen uns dafür entscheiden, dem Drang zu widerstehen, zurückzuschießen, wenn uns jemand bittere Worte entgegenschleudert, und stattdessen freundlich und überlegt antworten. So schwierig das auch klingen mag: Wir müssen der Versuchung widerstehen, Zuflucht zu Gerüchten, Klatsch oder unfairer Kritik zu nehmen.

Was also den Feind betrifft, an den Sie gerade denken: Können Sie sich vornehmen, auf Situationen zu achten, in denen Sie ihm oder ihr dienen können? Können Sie Ihr Ende des Taus in Ihrem verbalen Tauziehen lockern? Solche kleinen Freundlichkeiten tragen über kurz oder lang dazu bei, feindselige Barrieren zu überbrücken, denn wenn wir uns dazu entscheiden, zum Besten eines Menschen zu handeln, stellen wir im Laufe der Zeit fest, dass sich unsere hartherzige Einstellung gegenüber diesem Menschen – sowie seine Meinung von uns – unweigerlich zu ändern beginnt.

Manchmal können wir uns jedoch einfach nicht dazu durchringen, dem anderen zu vergeben. Ist das der Fall, brauchen wir Hilfe von außen. Dazu finden Sie einige praktische Hinweise im Kapitel mit der Überschrift „5. Behauptung: Gott kann Ihnen Kraft geben, wenn Sie Kraft brauchen". Hier geht es darum, wie wir Gottes Kraftquelle anzapfen können, wenn wir das Gefühl haben, dass uns die Kraft fehlt, das zu tun, was wir eigentlich tun sollten.

Unsere Mitschuld bekennen

Das „C" in P-E-A-C-E fordert uns auf, unsere Schuld zu *bekennen* („confess"): Meist tragen wir nämlich eine Mitschuld daran, dass eine andere Person in die Rolle unseres Feindes geschlüpft ist. Manchmal sind es unsere Eifersucht, unsere eigene Sturheit, unser eigener Ehrgeiz oder unsere eigene negative Haltung, die zumindest zum Teil dazu beigetragen haben, einen Graben zwischen uns und dem anderen zu errichten.

Zwischen Schuldbekenntnis und Heilung besteht ein direkter Zusammenhang (siehe Jakobus 5,16). Und wenn wir objektiv an die Situation herangehen und ehrlich vor uns und auch vor Gott und unserem Widersacher zugeben, dass wir eine Teilschuld tragen, kann das ein großer Schritt zur Heilung von den Folgen des Hasses sein.

So geschehen beispielsweise in Mississippi, als eine Gruppe von Schwarzen und Weißen nach Jahren voller Argwohn und Feindseligkeit gemeinsam in einen Dialog eintrat. Irgendwann stand ein junger afroamerikanischer Pastor auf und sagte: „Im Bundesstaat Mississippi wurden über 700 Menschen gelyncht, aber ich habe noch nie gehört, dass ein weißer Pastor über das Thema ‚Rassismus' gepredigt hätte. Ich möchte gerne wissen, warum?"

Die Spannung im Raum stieg. Schließlich stand ein älterer weißer Pastor auf. Er hätte ärgerlich versuchen können, das Gegenteil zu beweisen. Er hätte eine vernünftige Erklärung dafür finden können. Er hätte stur leugnen können, irgendetwas falsch gemacht zu haben.

Aber stattdessen gab er zu: „Ich glaube, diese Frage ist an mich gerichtet. Um die Wahrheit zu sagen: Es war Angst. Wir hatten Angst – Angst vor unseren Leuten und vor dem Kongress. Also hielten wir uns einfach zurück. Und ich weiß nicht, wie ich das je wieder gutmachen kann. Ich würde die Zeit gerne zurückdrehen, aber das geht nicht. Ich kann Ihnen nur sagen, dass es mir leidtut. Es tut mir wirklich leid."

Und die beiden einstigen Widersacher gingen aufeinander zu und umarmten sich. Im ganzen Raum blieb kein Auge trocken. Und ich bin sicher, Gott freute sich darüber.

Wenige Dinge fördern den Friedensprozess so sehr wie ein demütiges Eingeständnis unserer eigenen Schuld und die Bitte um Vergebung. Dies vermittelt unserem Gegenüber, dass es uns ernst ist und wir wirklich die Spannungen zwischen uns abbauen wollen. Wir sind bereit, unseren Stolz und unsere eigenen Interessen zu opfern und zuzugeben, dass auch wir einen Teil der Verantwortung dafür tragen, dass es zum Bruch zwischen uns kommen konnte.

Wie steht es mit dem „Feind", den Sie beim Lesen dieses Kapitels vor Augen haben? Seien Sie ehrlich: Sind Sie nicht zumindest auch teilweise mitverantwortlich für den Konflikt? Und wenn ja, sollten Sie dann nicht die Initiative ergreifen und dafür um Vergebung bitten?

Ein Vorbild suchen

Der Apostel Paulus fordert uns auf: „Nehmt also Gott zum Vorbild" (Epheser 5,1)! So steht das zweite „E" in P-E-A-C-E auch für *nachahmen* („emulate"). Immer, wenn wir uns nicht sicher sind, wie wir einen Feind lieben können, immer, wenn wir zögern, weil wir ratlos sind, was wir tun sollen, immer, wenn wir uns fragen, ob wir uns ausreichend um Versöhnung bemüht haben, können wir auf das Vorbild Jesu schauen und uns an ihm orientieren. Er setzte den eigentlichen Standard in Sachen Vergebung, wie sich an folgender Beobachtung des britischen Pastors John Stott ablesen lässt:

„Jesus scheint sogar für seine Peiniger gebetet zu haben, während sie die Nägel durch seine Hände und Füße trieben; in der Tat lässt die Verwendung des Imperfekts im biblischen Bericht darauf schließen, dass er weiterhin *betete,* weiterhin *seine Eingangsworte wiederholte: ‚Vater, vergib ihnen, denn sie wissen nicht, was sie tun.‘ Wenn selbst die grausame Folter der Kreuzigung das Gebet unseres Herrn für seine Feinde nicht zum Schweigen bringen konnte, welcher Schmerz, welcher Stolz, welches Vorurteil oder welche Faulheit können dann als Rechtfertigung für unser Schweigen gelten?“*[6]

Wir können uns nicht damit entschuldigen, dass Jesus Gott ist und man deshalb von uns als Menschen nie erwarten könne, anderen so großzügig zu vergeben wie er. Denn als der Apostel Stephanus brutal zu Tode gesteinigt wurde, nachdem er verkündet hatte, dass Jesus der langersehnte Messias ist, waren seine letzten Worte, als er zu Boden fiel: „Herr, rechne ihnen diese Sünde nicht an“ (Apostelgeschichte 7,60).

Wie konnte Stephanus so großherzig den Menschen vergeben, die gerade Steine auf ihn warfen? Ein paar Verse zuvor finden wir darauf einen Hinweis: Stephanus war vom Heiligen Geist erfüllt (Apostelgeschichte 7,55).

Wir können Christus nur dann wirklich nachahmen, wenn wir ihn darum bitten, uns dabei zu helfen, ihm ähnlicher zu werden, und es ihm erlauben, in uns die Liebe, Freude, Geduld, Freundlichkeit, Güte, Treue, Sanftheit und Selbstbeherrschung hervorzubringen, die sich im Leben der Nachfolger Jesu im Laufe der Zeit zeigen werden, wie die Bibel verspricht (Galater 5,22–23).

Die beiden letzten Hürden nehmen

Die Aufforderung Jesu, unseren Feinden zu vergeben, gehört zu den herausforderndsten und schwierigsten Dingen, die er gelehrt hat. Jemand sagte einmal, dass man, wenn es einem zu leicht fiele, seinen Feinden zu vergeben, ihnen vermutlich überhaupt nicht vergeben habe. Dann habe man nur leere Worte gesprochen und sich auf keine Herzensveränderung eingelassen.

Wenn es Ihnen also schwerfällt, Jesu Anspruch umzusetzen, wie ich das in meinem Leben selbst erlebt habe, empfinden Sie das P-E-A-C-E-Konzept ja vielleicht als hilfreich. Aber wir sind noch nicht am Ende angelangt. Noch haben wir uns nicht mit allen wichtigen Aspekten dieser herausfordernden Aussage beschäftigt.

Als ich an der Universität von Missouri Journalistik studierte, paukten unsere Dozenten mit uns die sechs grundlegenden Fragen, die ein Reporter bei der Recherche einer Story unbedingt verfolgen muss: *Wer? Was? Wo? Wann? Warum?* und *Wie?* Auf der geistlichen Ebene leisten uns diese Fragen ebenso gute Dienste.

Wir haben uns bereits damit auseinandergesetzt, *wer* unsere Feinde sind, *was* wir tun sollen, *warum* diese außergewöhnliche Aussage sinnvoll ist und *wie* wir mit Hilfe des P-E-A-C-E-Konzepts Vergebung praktisch gewähren können. Bleiben noch die Fragen *Wann?* und *Wo*?. Aber die Antwort auf diese Fragen überlasse ich Ihnen.

Hier also Ihre Hausaufgabe: Denken Sie noch einmal an Ihren „Feind". Können Sie sein Gesicht vor sich sehen? Nun ist es an Ihnen – mit Gottes Hilfe wird es gelingen. Sie entscheiden, wann und wo Sie das P-E-A-C-E-Konzept auf diese Person anwenden werden – zu Ihrem eigenen Wohl, zum Wohl dieser Person und zum Wohl des Reiches Gottes.

2. Behauptung

Sie können sogar lernen, sich selbst zu vergeben

Vietnam, 1966. Der 22-jährige amerikanische Soldat Marshall und vier Kameraden aus seiner Einheit befinden sich auf einem Aufklärungseinsatz, der ihr Leben für immer verändern wird.

Vielleicht kennen Sie ihre Geschichte aus dem Film „Die Verdammten des Krieges" aus dem Jahr 1989. Der Film erzählt, wie die fünf Soldaten auf ihrer Patrouille eine Hütte entdecken. Vier von ihnen kidnappen eine junge vietnamesische Frau, zwingen sie, einen ganzen Tag lang barfuß und ohne Essen oder Trinken zu laufen, und missbrauchen sie dann sexuell. Später bringen sie die Frau um.

Obwohl die vier mehrfach versuchen, Marshall dazu zu bringen, sich an dieser Gewalttat zu beteiligen, weigert er sich standhaft. Aber sein Gewissen lässt ihm keine Ruhe, weil er es nicht geschafft hat, die Gewalt an der Frau zu verhindern. Auch als er die vier anderen Soldaten später anzeigt und drei von ihnen im Gefängnis landen, wird Marshall weiterhin von der Rolle verfolgt, die er bei diesem Vorfall gespielt hat.

Mehr als 20 Jahre, nachdem er Vietnam verlassen hatte, sagte Marshall in einem Interview, dass er für den Rest seiner Tage mit diesem Ereignis leben müsse. Und dann fügte er etwas hinzu, das tief blicken ließ: „Ich denke, Gott vergibt uns. Aber Gott vergibt uns leichter, als wir uns selbst vergeben."[1]

Es war im Jahr 1965 in einem Klassenzimmer einer zweiten Klasse in Illinois. Die Lehrerin hatte einen Hang zur Bösartigkeit und demütigte die Kinder manchmal, wenn diese etwas falsch gemacht hatten.

Eines Tages benahm sich ein Mädchen namens Marilyn kindisch. Um sie in Verlegenheit zu bringen, setzte die Lehrerin ihr eine Bommelmütze auf und forderte die Klasse auf, sich über sie lustig zu machen, weil sie sich wie ein Baby benommen hatte. Die Lehrerin bestimmte ein Mädchen namens Kelly, diese Demütigung auszuführen, und sie gab Kelly eine Babyflasche, die sie Marilyn in den Mund stecken sollte, während diese vor Scham weinte.

„Ja, Marilyn, du musst die Flasche nehmen, weil du ein Baby bist!“, spottete Kelly. „Die Lehrerin will es so.“

Über ein Vierteljahrhundert später fühlte Kelly sich wegen ihrer Rolle bei Marilyns Beschämung noch so schuldig, dass sie versuchte, ihr Gewissen zu erleichtern, indem sie an die Ratgeberseite einer Zeitung schrieb. Obwohl so viel Zeit vergangen war, fiel es ihr immer noch schwer, sich selbst zu vergeben.

„Warum habe ich nicht *das Gefühl*, mir ist vergeben?“

Um eines vorweg klarzustellen: Schuldgefühle sind nicht grundsätzlich etwas Schlechtes. In der Bibel lesen wir, dass eine der Aufgaben des Heiligen Geistes darin besteht, Menschen von ihrer Sünde zu überführen; Schuldgefühle sind also ein unangenehmes Mittel, um einen gewünschten Zweck zu erreichen. Wenn wir mit unserer Rebellion gegen Gott konfrontiert werden und vor Reue auf die Knie gehen, öffnen wir uns für die Vergebung und Gnade durch Jesus Christus. Wir werden von Schuldgefühlen gepackt, weil wir ja tatsächlich schuldig sind. Aber die Bibel versichert uns: „Vor dem Gericht Gottes gibt es also keine Verurteilung mehr für die, die mit Jesus Christus verbunden sind“ (Römer 8,1).

Doch manche Menschen werden weiterhin von Schuldgefühlen gequält. Ihnen wurde vom obersten Richter vergeben, aber sie scheinen von ihrem eigenen, nur aus ihnen selbst bestehenden, Geschworenengericht für immer verurteilt zu sein. Im Laufe der Jahre haben mir zahlreiche Menschen von ihren tiefsitzenden Schuldgefühlen erzählt: von ihrer Trauer über ihr Versagen als Eltern, von ihrer Verzweiflung über einen Seitensprung, von ihrer Scham, weil sie ein Verbrechen begangen haben, von ihrer Sorge über ihre Ehe, die zu scheitern droht, von ihrer Qual, weil sie einen anderen Menschen verletzt haben. Und oft kommt am Ende derselbe Refrain: „Warum kann ich mir selbst nicht vergeben? Was muss ich tun, damit ich *das Gefühl* habe, dass mir tatsächlich vergeben wurde?“

Wenn wir uns ständig selbst anklagen, wird dies auf Dauer einen zersetzenden Einfluss haben, denn wir halten dadurch den Schmerz, den wir in der Vergangenheit erlitten haben, am Leben. Es kann an unserem Selbstbewusstsein nagen und unser Selbstwertgefühl ankratzen. Es kann uns unseren Optimismus entziehen und uns völlig entmutigen.

Es wäre klasse, wenn es ein einfaches Mittel dagegen gäbe. Vor ein paar Jahren priesen ein paar Geschäftsleute tatsächlich ein Produkt namens „Schuld weg" an, eine als witziges Geschenk gedachte Sprühflasche, die mit parfümiertem Wasser gefüllt war. „Werden Sie von nagenden Schuldgefühlen gequält?", hieß es in der Werbung. „Dann werden Sie diese auf zeitgemäße Art und Weise los – sprühen Sie sie weg mit ‚Schuld weg'." Der Preis: Nur 3,98 Euro pro Flasche.

Aber leider ist es gar nicht so einfach, sich selbst zu vergeben. Ich weiß das, weil ich damit selbst lange gerungen habe. Ich habe festgestellt, dass es keine Zauberformeln oder schnelle und einfache Lösungen gibt – aber es gibt Hoffnung. Gott verspricht, dass wir durch biblische Weisheit und mit seiner Hilfe Schritte unternehmen können, die uns zu echter Heilung führen. Denn wenn er uns vergeben hat, besteht schließlich für uns kein Grund mehr, uns in unserer Selbstverdammnis zu suhlen.

Als ich mich mit diesem Thema beschäftigt habe, erkannte ich, dass es vor allem drei Kategorien von Umständen sind, bei denen es Menschen besonders schwer fällt, sich selbst zu vergeben. Auf den folgenden Seiten werde ich mich mit jeder dieser Kategorien näher beschäftigen und sowohl die Symptome beschreiben als auch erklären, wir man damit umgehen kann. Achten Sie doch einmal darauf, ob eine dieser Beschreibungen nicht auf Sie oder eine Person zutrifft, die Sie kennen.

1. Bereich der Selbstverdammung: Übertriebene Reaktionen auf reine Missverständnisse

Vor einiger Zeit war in einigen Kommunen der Trend festzustellen, eine Politik von „Null Toleranz für Drogen" auszurufen. Das hieß, dass bei illegalen Drogen so hart durchgegriffen wurde, dass jemand mit dem höchstmöglichen Strafmaß bestraft wurde, wenn bei ihm auch nur kleinste Spuren von Marihuana oder Kokain gefunden wurden.

Ebenso gibt es perfektionistisch veranlagte Menschen, die null Toleranz für von ihnen begangene Fehler zeigen. Diese bezieht sich nicht nur auf moralisches Versagen; es geht eigentlich um die ganz alltäglichen Fehler, die jedem von uns unterlaufen.

Für solche Menschen ist ein Fehler bei anderen zwar hinnehmbar, aber unentschuldbar, wenn er ihnen selbst unterläuft. Wenn sie also etwas falsch machen, verdammen sie sich so sehr und haben so große Schwierigkeiten damit, sich selbst zu vergeben, dass sie sich – bildlich gesprochen – in ein Gefängnis aus gegen sich selbst gerichteten Ärger stecken und dann den Schlüssel wegwerfen.

Wenn sie eine wichtige Telefonnummer verlieren, sich aus ihrem Auto aussperren oder aus Versehen eine Computerdatei löschen, dann sagen sie sich nicht: „Ups, das habe ich jetzt aber vermasselt. Aber was soll's, das kann jedem mal passieren. So ist das Leben. Macht nichts."

Stattdessen, so berichtet Dr. Chris Thurman in seinem Buch *The Truths We Must Believe*, gehen solche Menschen vor Wut die Wände hoch. Sie sind davon überzeugt, dass dieser kleine Lapsus nur ein weiterer überzeugender Beweis dafür ist, dass sie als Menschen keinen Wert haben.

Sie überreagieren und sagen: „Ich habe nicht nur etwas Dummes gemacht, ich *bin* dumm. Nur ein Vollidiot würde so etwas machen. Ich bin der größte Idiot der Welt! Das zeigt nur wieder, dass ich ein Versager bin. Alle werden auf mich wütend sein. Man darf einfach solche Fehler nicht machen." Und dann überhäufen sie sich mit Selbstverdammnis.

Je stärker unsere Gesellschaft die verzerrte Sichtweise propagiert, dass hervorragende Leistungen alles seien, was zählt, desto stärker werden Menschen über die positiven Aspekte dieses Wertes hinausgehen und in die Perfektionismusfalle tappen, indem sie unvernünftig hohe persönliche Maßstäbe setzen, die sie nie erreichen können. Studien belegen, dass perfektionistische Menschen häufiger unter gesundheitlichen Problemen, Problemen am Arbeitsplatz, Ängsten, Depressionen und schwach ausgeprägtem Selbstbewusstsein leiden. Perfektionisten verdienen durchschnittlich 15.000 Euro im Jahr *weniger* als andere!

Was sind die Ursachen dafür? Dr. Thurman fasst es folgendermaßen zusammen:

„Manche Menschen tragen tiefe Schuld- und Minderwertigkeitsgefühle mit sich herum. […] Sie sind überzeugt, dass sie diese Gefühle hinter sich lassen könnten, wenn es ihnen nur gelänge, keine Fehler mehr zu machen. […] Natürlich verschlimmert sich das Problem dadurch nur. Sie können nie wirklich erfolgreich sein, weil jeder neue Fehler, den sie machen, ihre fehlende Perfektion unterstreicht und so zu noch mehr Selbstanklagen und Depressionen führt. Sie befinden sich in einem endlosen Teufelskreis.“[2]

Unserer Selbstverdammung entgegenwirken

Ich war davon überzeugt, dass mein Wert als Person einzig von meiner Leistung abhing. Machte ich also einen ganz alltäglichen Fehler, war ich mir gegenüber erbarmungslos. Für mich war das nicht einfach ein unabsichtlicher Fehler; es war ein weiterer Grund, warum ich für andere Menschen oder für Gott nicht annehmbar war. Es war ein weiterer Beweis für meine Unfähigkeit.

Und das ist für Perfektionisten ganz typisch. „Ihre Beziehung zu Gott hängt davon ab, wie leistungsfähig sie sind“, erklärt Dr. David Stoop, ein anderer Psychologe. „Sie werden durch das Bewusstsein ihrer eigenen ‚Schlechtigkeit‘ vom Glauben an Gott angezogen, aber sie versuchen, diese ‚Schlechtigkeit‘ dadurch zu überwinden, dass sie sich noch stärker darum bemühen, noch vollkommener zu werden.“ Der Perfektionist kann zwar verstehen, dass Gott ihn alleine aus Gnade und Glauben errettet, „aber das ist nur der Anfang. Er muss beweisen, dass er dieser Gnade auch würdig ist. Er muss die perfekte Leistung erbringen.“[3]

Als ich versuchte, diesem Gefängnis zu entkommen, half mir die Geschichte, wie einige der religiösen Führer versuchten, Jesus in eine Falle zu locken. Seine Antwort brachte mich dazu, mich aus einer völlig neuen Perspektive zu sehen.

„Ist es nach dem Gesetz Gottes erlaubt, dem römischen Kaiser Steuern zu zahlen, oder nicht? Sollen wir es tun oder nicht?“ Jesus erkannte ihre Scheinheiligkeit und sagte: „Ihr wollt mir doch nur eine Falle stellen! Gebt mir eine Silbermünze; ich will sie mir ansehen." Sie gaben ihm eine und er erkundigte sich: „Wessen Bild und wessen Name sind denn hier aufgeprägt?"

„Das Bild und der Name des Kaisers", entgegneten sie. Da meinte Jesus: „Dann gebt dem Kaiser, was dem Kaiser gehört - aber gebt Gott, was Gott gehört!" (siehe Markus 12,13–17)

Als ich das las, ging mir ein Licht auf. Jesus erklärte ihnen, dass auf die Münze das Bild des Kaisers geprägt war, damit man sie ihm zurückgab, wenn es Zeit war, Steuern zu zahlen. Schließlich gehörten sie ihm bereits. Und im übertragenen Sinne bedeutet dies: Uns ist das Bild des Schöpfers eingeprägt und deshalb gehören wir letztlich ihm. Wir sind Gott wichtig, weil sein Bild in unsere Seelen eingraviert ist.

Plötzlich wurde mir klar, dass dies die Grundlage meines Wertes ist. Selbst als ich von Sünde befleckt war, war ich für Gott trotzdem liebenswert. Und er war bereit, mich wiederherzustellen, indem er meine Fehler einfach wegwischte, und nicht auf der Grundlage meiner eigenen Leistung – einfach, weil er sich entschieden hatte, mir gegenüber barmherzig zu sein. Meine Fehler zerstörten das Bild Gottes nicht, das in mich eingraviert war. Deshalb können meine Fehler auch nicht den Grund auslöschen, aus dem ich in seinen Augen wertvoll bin.

Als ich dies erkannte – dass ich Gott wichtig bin, gleichgültig, was passiert –, verschaffte mir dies eine gesündere Perspektive, und ich begann, mich weniger über meine alltäglichen Fehler zu ärgern. Auch wenn es lange dauern und ein komplizierter Prozess werden kann, mit dieser gegen die eigene Person gerichteten Wut fertigzuwerden, kann diese grundlegende Erkenntnis die Tür zur Heilung aufstoßen.

2. Bereich der Selbstverdammung: Ständiges Bedauern über lange zurückliegende Fehler

LaGena Lookabill Greene führte ein Bilderbuchleben. Ihre Schönheit, ihre Klugheit und ihre Begabungen brachten sie bis ins Finale der amerikanischen Junioren-Misswahlen, verschafften ihr ein Stipendium für ein Chemiestudium, brachten sie auf die Seiten der Zeitschrift *Glamour and People* und öffneten ihr die Türen zu Nebenrollen in Werbespots, Kino- und Fernsehfilmen. Sie schrieb es ihren stark ausgeprägten Südstaatenwerten zu, dass sie sich von dem Drogen- und Sexbetrieb Hollywoods fernhalten konnte.

Aber sie beging einen fatalen Fehler. Nachdem er sie fürstlich zum Essen ausgeführt hatte, gab sie sich nach einem stürmischen Wochenende in New York einem erfolgreichen Rennfahrer hin, der ihr die Ehe versprach. Es war ihre erste und einzige sexuelle Begegnung.

Aber bei dieser Gelegenheit infizierte sie sich mit HIV.

„Indem ich mich auf Sex vor der Ehe einließ, hatte ich Gottes Willen für mich nicht befolgt, und nun bezahle ich für diesen Fehler“, schrieb sie später. „Mir selbst zu vergeben war der schwierigste Abschnitt meiner geistlichen Reise.“[4] Damit erging es ihr wie dem Mann, der mit seiner Sekretärin ins Bett ging und am Ende seine Frau und seine Kinder verlor. Oder dem Rechtsanwalt, der mit Kokain herumexperimentierte, im Sumpf des Drogenmissbrauchs steckenblieb und sowohl die Achtung seiner Familie als auch seine Rechtsanwaltslizenz verlor. Oder dem Mitarbeiter bei der Kreisverwaltung, der dachte, niemand würde merken, wenn er Schmiergelder annahm, bis eines Tages die Polizei vor seiner Tür stand.

Als ich in den 1970er Jahren aufs College ging, kam die Verlobte eines meiner Freunde zu mir und bat mich um Rat in einer prekären Angelegenheit. (Das war zu einer Zeit, als ich noch kein Christ war.) „Kein Problem“, sagte ich. „Ich habe die perfekte Lösung. Alles ganz einfach. Kein Schmerz, kein Bedauern. Du musst nur abtreiben.“ Ich half ihr sogar, die Fahrt nach New York zu organisieren, wo Abtreibung damals legal war.

Als mir Jahre später klar wurde, was ich da eigentlich getan hatte, indem ich ihr dabei half, ein ungeborenes Kind zu töten, quälte ich mich mit Selbstvorwürfen. Wie konnte ich eine so unverantwortliche Entscheidung fällen? Wir konnte ich ihr spontan einen Rat geben, ohne auch nur irgendetwas über dieses Thema zu wissen?

Kommen Ihnen solche Selbstvorwürfe bekannt vor? Wenn ja, dann haben Sie die Wahl. Sie können sich entweder davon lähmen lassen oder aber Sie können sich dadurch in eine positive Richtung treiben lassen. In meinem Fall habe ich nicht nur meine Meinung zum Thema „Abtreibung" geändert. Ich habe auch oft genug andere Menschen sowohl im öffentlichen als auch im privaten Rahmen dazu aufgefordert, ihr Leben zu ändern. Da ich Gottes Vergebung erfahren hatte, war ich mit der Zeit auch in der Lage, mir selbst zu vergeben.

Bei meiner Suche nach Vergebung fand ich folgende drei Schritte besonders hilfreich: Gottes Barmherzigkeit zu verstehen und zu empfangen; diejenigen um Vergebung bitten, die wir verletzt haben, und uns nach Freunden umzusehen, denen wir am Herzen liegen. Im Folgenden möchte ich Ihnen diese drei Schritte näher erklären.

Gottes unermessliche Vergebung verstehen

Menschen, denen es schwerfällt, sich Dinge zu vergeben, die schon lange zurückliegen, begehen in der Regel einen von zwei Fehlern: Entweder glauben sie, ihr Fehler sei so schrecklich, dass er Gottes Macht zu vergeben übersteige. Oder aber sie halten Gottes Vergebung für zu gering, um ihre Fehler auszugleichen. Gleichgültig, welche Haltung sie einnehmen: Sie liegen schlicht und einfach falsch.

Ihre Sünde kann nie so schrecklich sein, dass sie Sie von der Vergebung des Vaters ausschließen würde. Sehen Sie es einmal von dieser Seite: Ungeachtet dessen, was Sie getan haben – was ist die schlimmste Strafe, die ein menschliches Gericht über Sie verhängen könnte? Die Todesstrafe, richtig? Gleichgültig, was Sie getan haben, dies ist die Höchststrafe, die ein weltliches Gericht fordern kann.

Und nun überlegen Sie weiter: Jesus hat bereits die Todesstrafe auf sich genommen, um für alle Ihre Sünden zu bezahlen. Er hat den höchsten Preis bezahlt. Und aus diesem Grund können Sie bei Jesus nie einen Scheck über Ihre Fehler einreichen, der mit dem Vermerk „nicht gedeckt" zurückkommt.

Und wer denkt, dass Gottes Vergebung zu gering sei, begeht normalerweise den Fehler zu denken, dass Gottes Gnade mit menschlicher Vergebung vergleichbar sei. Aber das ist sie einfach nicht.

- Menschen zögern oft zu vergeben. Aber in Psalm 86, Vers 5 heißt es: „Herr, du bist freundlich und bereit, Schuld zu vergeben; voll Güte begegnest du allen, die zu dir beten."
- Menschen vergeben, aber sie vergessen nicht. Wenn sie also in einen hitzigen Streit geraten, sind sie in der Lage, Ihnen Ihre Fehler aus der Vergangenheit an den Kopf zu werfen, um daraus einen strategischen Vorteil zu ziehen. Aber in Jesaja 43, Vers 25 steht: „Ich bin dir zu nichts verpflichtet. Und trotzdem vergebe ich deine Schuld und denke nicht mehr an deine Verfehlungen – weil ich es so will!"
- Menschen vergeben kleinere Verfehlungen, weigern sich aber manchmal, richtig große Verletzungen zu vergeben. Doch Gott versichert uns: „Eure Verbrechen sind rot wie Blut, und doch könnten sie weiß werden wie Schnee. Sie sind rot wie Purpur, und doch könnten sie weiß werden wie reine Wolle" (Jesaja 1,18).
- Menschen knüpfen ihre Vergebung an Bedingungen. Aber in Jesaja 55, Vers 7 heißt es: „Wer seine eigenen Wege gegangen ist und sich gegen den Herrn aufgelehnt hat, der lasse von seinen bösen Gedanken und kehre um zum Herrn, damit er ihm vergibt! Denn unser Gott ist reich an Güte und Erbarmen."
- Menschen vergeben vielleicht einen oder zwei Fehler, aber dann reicht es ihnen, und sie sagen: „Jetzt ist genug, jetzt geht nichts mehr." Aber in den Klageliedern steht: „Ich will mich an etwas anderes erinnern, damit meine Hoffnung wiederkommt: Von Gottes Güte kommt es, dass wir noch leben. Sein Erbarmen ist noch nicht zu Ende, seine Liebe ist jeden Morgen neu und seine Treue unfassbar groß" (Klagelieder 3,21–23).
- Menschen vergeben, aber sie sind nachtragend. „Ich will ihnen ihren Ungehorsam vergeben und nie mehr an ihre Schuld denken", sagt Gott im Gegensatz dazu (Jeremia 31,34).

Sie können daran leicht erkennen, wie sehr unser falsches Bild von Gottes Leidenschaft, Menschen zu vergeben, zu unserer Unfähigkeit beitragen kann, uns selbst zu vergeben. Wenn ich beispielsweise davon ausginge, dass meine Fehler zuoberst in

Gottes Gedächtnis gespeichert werden – und er sie somit griffbereit hat, um sie bei passender Gelegenheit als Waffe gegen mich zu verwenden –, dann blieben sie auch in meinem Gedächtnis lebendig, oder?

Wenn meine Sünden für Gott zu schlimm wären, bliebe dann nicht ihre Last auf meinen Schultern? Wenn ich denselben Fehler immer wieder beginge, würde ich dann nicht Gottes Barmherzigkeit überstrapazieren? Und wenn Gott Bedingungen an seine Vergebung knüpfte, würde das nicht bedeuten, ich müsste ihn davon überzeugen, dass es mir wirklich leidtut? Würde ich dann nicht unter einem Berg von Scham Trübsal blasen?

Aber ich sage es noch einmal: *Gottes Vergebung ist ganz anders als menschliche Vergebung.* Ihr Geltungsbereich, ihre Vollständigkeit und ihre Verfügbarkeit übersteigen die menschliche Fähigkeit zu vergeben bei Weitem. Der Apostel Johannes sagte: „Wenn wir aber unsere Verfehlungen eingestehen, können wir damit rechnen, dass Gott treu und gerecht ist: Er wird uns dann unsere Verfehlungen vergeben und uns von aller Schuld reinigen" (1. Johannes 1,9).

In der ganzen Geschichte der Menschheit war bislang noch nie die Größe einer Schuld für Gott ein Problem. Das Problem war immer die Frage, ob ein Mensch bereit war, sich selbst zu demütigen und mit Gott ins Reine kommen zu wollen.

Nachdem sie eine Weile damit gerungen hatte, sich selbst zu vergeben, kam die mit dem HI-Virus infizierte LaGena Lookabill zu folgendem Schluss: *„Ich weiß, dass Jesus bereit ist, auch unsere größten Fehler zu vergeben. Und dieses Wissen hat mir geholfen, mir selbst zu vergeben."*

Lesen Sie die Bibelstellen, die ich hier zitiert habe, immer wieder. Markieren Sie diese Verse in Ihrer Bibel. Denken Sie darüber im Gebet nach. Rufen Sie sie sich am Morgen, wenn Sie aufstehen, und am Abend, wenn Sie zu Bett gehen, ins Gedächtnis. Lernen Sie sie auswendig. Beschäftigen Sie sich so intensiv mit Ihnen, bis Sie sie verinnerlicht haben. Lassen Sie Ihren Verstand so mit den Tatsachen der Vergebung Gottes durchdringen, dass sie sich tief in Ihrem Herzen festsetzen. Halten Sie daran fest, um die Stimmen zu übertönen, die Ihre Verurteilung fordern.

Das ist bereits ein wichtiger Schritt hin zu dem Gefühl,

Vergebung empfangen zu haben, aber ich möchte noch etwas hinzufügen: Vergebung ist nicht von einem Gefühl abhängig. Wenn wir unsere Schuld bei Jesus abladen, ist uns vergeben, weil Gott sagt, dass es so ist, und zwar völlig unabhängig von unseren Gefühlen. Wir sollten also nicht denken: „Ich glaube, dass mir vergeben ist, wenn ich es fühle." Wir sollten vielmehr sagen: „Ich glaube, dass mir vergeben ist, weil Gott es gesagt hat."

Wenn wir uns immer mehr als Menschen sehen, denen vergeben ist, wird sich das Gefühl der Vergebung allmählich einstellen. Und wissen Sie was? Wenn die Realität der Vergebung das Ende dieses manchmal etwas schwierigen und umständlichen Weges von unserem Kopf (wo wir sie verstehen) zu unserem Herzen (wo wir sie auf der emotionalen Ebene spüren) erreicht, ist das eine atemberaubende Erfahrung.

Die Menschen um Vergebung bitten, die wir verletzt haben

Manchmal fällt es uns schwer, uns selbst zu vergeben, weil wir nie einen Schlussstrich unter unser Fehlverhalten gezogen haben, indem wir die Person, die wir verletzt haben, um Vergebung baten. Wir haben zwar vertikale – also göttliche – Vergebung bekommen, aber wir haben nicht das Gefühl, dass uns wirklich vergeben wurde, weil uns die horizontale Vergebung durch einen anderen Menschen fehlt.

Vielleicht können Sie sich nicht vergeben, dass Sie Ihre Kinder im Stich gelassen haben. Ihr Bedauern bleibt vielleicht bestehen, weil Sie sich nie bei Ihren Kindern entschuldigt und sie um Vergebung gebeten haben. Oder vielleicht haben Sie eine Beziehung in den Sand gesetzt, und Sie können dieses nagende Schuldgefühl nicht abschütteln, weil Sie nie versucht haben, sich zu versöhnen. Die Wunden der Vergangenheit bleiben offen, weil Sie nicht versucht haben, sie zu heilen und Dinge mit den betreffenden Personen zu klären.

Jesus nimmt dies so ernst, dass er sagte: Wenn Sie auf dem Weg zum Gottesdienst sind und merken, dass Sie eine Beziehung noch klären müssen, dann sollten Sie sich zuerst mit dieser Person versöhnen und erst danach zum Gottesdienst gehen. Warum nahm er diesen Punkt so wichtig? Weil unsere

Beziehung zu Gott beeinträchtigt ist, wenn wir uns stur weigern, unsere Beziehungsprobleme aufrichtig anzugehen. Der Apostel Johannes weist darauf hin, wenn er schreibt: „Wer Gott liebt, muss auch seinen Bruder und seine Schwester lieben" (1. Johannes 4,21).

Aber seien wir ehrlich: Es widerstrebt uns zutiefst, uns zu entschuldigen. Wir lassen uns gerne von folgenden Hürden abschrecken:

- *Die Hürde der Selbsttäuschung.* Wir sagen uns: „Ach was, ich hab doch niemandem wehgetan. Ich spiele nur meinen Part im Leben und das ist der des Opfers."
- *Die Hürde der Selbstverteidigung.* Wir sagen: „Okay, vielleicht habe ich ja jemanden verletzt, aber schau nur, was er mir angetan hat. Und außerdem hat er angefangen!"
- *Die Hürde des Eigennutzes.* Wir sagen: „Wenn ich dir gegenüber etwas zugebe, dann hast du etwas gegen mich in der Hand. Und das gibt dir Macht über mich, die ich dir nicht zugestehen möchte."
- *Die Hürde der Selbstzweifel.* Wir sagen: „Wenn ich dich dafür um Vergebung bitte, dass ich dich irgendwie verletzt habe, was dir selbst aber noch gar nicht bewusst ist, gebe ich damit zu, dass ich gar nicht so ein toller Kerl bin, wie ich immer tue. Und wenn die Leute erkennen, wie ich wirklich bin, werden sie nichts mehr mit mir zu tun haben wollen."
- *Die Hürde des Selbstschutzes.* Wir sagen: „Ich habe einfach Angst vor der peinlichen Situation, wenn ich um Vergebung bitten muss. Ich habe Angst, dass mein Gegenüber wütend darauf reagiert."
- *Die Hürde der Selbstherrlichkeit.* Wir sagen: „Warum sollte ich mich demütigen und jemand anderen um Vergebung bitten?"

Alle diese Hürden führen uns in Versuchung, auf dem Weg zur Vergebung kehrtzumachen. Aber wenn Sie sich für einen Rückzieher entscheiden, kann ich Ihnen genau sagen, was Sie dort finden werden, da ich diesen Weg selbst ausprobiert habe. Sie werden einen Pfad entlanggehen, der mit Schuldgefühlen gepflastert ist, die weiterhin an Ihnen nagen werden. Sie werden in Ihren Beziehungen auf Schlaglöcher stoßen, die nie geflickt werden. Und Sie werden frustriert sein, weil Ihr geistliches Leben auf der Strecke bleibt.

Aber wenn Sie sich um Versöhnung bemühen, kann der Gewinn für Sie unermesslich groß sein. Eine Frau schrieb Folgendes an eine Zeitungskolumne: Als Teenager setzte sie sorglos die Beziehung zu ihrer Mutter aufs Spiel, die sie nach dem Tod ihres Vaters alleine erzog. Schließlich ging sie eine Beziehung zu einem Mann ein, der sie körperlich misshandelte. Sie hatte Angst und schämte sich, und sie wusste nicht, wohin sie gehen und was sie tun sollte.

„Und wissen Sie, wohin ich ging?", fragte sie. „Zurück zu meiner Mutter. Wir sprachen uns aus und ich entschuldigte mich. Wir bauten die Brücken neu auf, die ich hinter mir eingerissen hatte. Während der nächsten vier Jahre wurde meine Mutter zu meiner besten Freundin. Als sie in Rente ging, hatte ich nicht genug Geld, um ihr ein großes Geschenk zu machen. Also lud ich sie ein, mit mir jeden Dienstag zu Mittag zu essen. Wie sich herausstellte, war dieses Geschenk, das eigentlich für meine Mutter gedacht war, ein Geschenk für mich selbst. Meine Mutter starb sechs Monate, nachdem sie in Rente gegangen war; die Erinnerungen an unsere gemeinsamen Essen bedeuten mir heute noch sehr viel."

Und sie schloss mit den Worten: „Ich lebe heute in Frieden – in Frieden mit mir selbst, weil ich die Beziehung zu meiner Mutter geklärt habe."

Wir können diesen Frieden erleben – diese glückselige Abwesenheit von Selbstanklage –, wenn wir versuchen, Brücken zu bauen, wie es diese Frau getan hat. Aber es gibt noch einige Dinge, die dabei zu bedenken sind.

Stellen Sie sich darauf ein, dass Ihr Bemühen um Versöhnung von der Person, die Sie verletzt haben, nicht positiv aufgenommen wird.
Unter Umständen erwarten Sie keine Umarmung und kein Kuss, nachdem Sie zugegeben haben, dass Sie die andere Person verletzt haben. Vielleicht wird sie Sie wütend mit hässlichen Anschuldigungen überhäufen. Vielleicht sagt sie: „Nach allem, was du mir angetan hast, erwartest du, dass ich dir vergebe?" Für manche Menschen ist es ein Hobby – sie genießen es, Sie

zu verachten, und wollen dieses Hobby nicht aufgeben. Dieses Risiko müssen wir eben eingehen. Der Apostel Paulus schrieb: „So weit es möglich ist und auf euch ankommt, lebt mit allen in Frieden“ (Römer 12,18). Denken Sie daran, dass Sie nur für Ihr Handeln, nicht aber für die Reaktionen des anderen verantwortlich sind.

Verletzen Sie niemanden unabsichtlich, wenn Sie sich entschuldigen wollen.
Rote Warnlampen sollten bei Ihnen aufleuchten, wenn es bei Ihrem Fehlverhalten um Ehebruch, Promiskuität oder andere Verfehlungen geht, bei denen die Bitte um Vergebung momentan unter Umständen mehr Schaden anrichten als Gutes bewirken würde. Wenn Sie beispielsweise eine Affäre mit der Frau eines anderen Mannes hatten, und er davon nichts gewusst hat, würde eine Entschuldigung bei ihm viel größeren Schaden anrichten. Wenn Sie ein uneheliches Kind gezeugt haben, mag es nicht immer im Interesse des Kindes liegen, es damit plötzlich zu konfrontieren. Der richtige Zeitpunkt muss für jede Situation gut überlegt sein. Wenn die Gefahr besteht, dass Sie jemanden verletzen, sollten Sie sich am besten mit einem weisen Christen zusammensetzen und ihn um Rat bitten.

Geben Sie nicht auf, wenn die Person, die Sie verletzt haben, tot ist oder Sie keine Möglichkeit haben, mit ihr zu sprechen.
Sie können den Prozess trotzdem fortsetzen. Manchmal hilft es, einen Brief zu schreiben, um Ihre Schuldgefühle zu verringern, selbst wenn die andere Person diesen Brief nie lesen wird. Am *Vietnam Memorial* in Washington, D. C., fand sich folgender Brief zusammen mit dem verblichenen Foto eines vietnamesischen Soldaten und seiner kleinen Tochter:

„Sehr geehrter Herr,
22 Jahre lang habe ich nun Ihr Foto in meiner Brieftasche mit mir herumgetragen. An dem Tag, an dem wir uns auf diesem Pfad in Chu Lai begegneten, war ich 18 Jahre alt. Warum Sie mir mein Leben nicht genommen haben, werde ich nie erfahren. Sie waren mit einer AK-47 bewaffnet und haben mich lange angestarrt, und doch haben Sie nicht abgedrückt. Vergeben Sie mir, dass ich Ihnen Ihr Leben genommen

habe. Ich habe so reagiert, wie man es mir beigebracht hat – ich habe einen Vietcong getötet …

In den letzten Jahren habe ich oft das Foto von Ihnen und Ihrer kleinen Tochter angeschaut, das Sie bei sich trugen. Und jedes Mal schmerzten mein Herz und meine Seele, weil ich mich so schrecklich schuldig fühlte. Inzwischen habe ich selbst zwei Töchter.

Ich halte Sie für einen treuen Soldaten, der nur seine Heimat verteidigt hat. Darüber hinaus kann ich jedoch inzwischen verstehen, welche Bedeutung das Leben für Sie hatte. Ich vermute, dass ich deswegen heute hier sein kann. Es ist für mich an der Zeit, das Leben weiterzuleben und meinen Schmerz und meine Schuld loszulassen.

Vergeben Sie mir."[6]

Wenn Sie einen solchen Brief schreiben, kann dies viel zu einem Gefühl der Befreiung beitragen. Aber ich möchte Ihnen aus persönlicher Erfahrung sagen: Ihr Bedauern kann noch verstärkt werden, wenn Sie nicht die Kraft aufbringen, aktiv zu werden. Das habe ich vor Jahren in der Beziehung zu meinem Vater erfahren.

Als ich in der Oberstufe war, rebellierte ich gegen meinen Vater. Ich belog ihn, bestahl ihn, täuschte ihn bewusst und tat hinter seinem Rücken mit Absicht all die Dinge, die er mir verboten hatte. Als er es merkte, war er zutiefst verletzt. Unsere Probleme entluden sich in einem riesigen Streit, in dem harte Worte fielen und der damit endete, dass ich von zu Hause auszog.

Ich kam schließlich zurück, aber mein Vater und ich kehrten unseren Konflikt lieber unter den Tisch, statt uns damit auseinanderzusetzen. Im Laufe der Jahre merkte ich, dass ich Schwierigkeiten damit hatte, mir selbst dafür zu vergeben, wie ich mit meinem Vater umgegangen war. Ich fühlte mich schuldig und spürte Bedauern. Und doch fand ich immer wieder Gründe, die dagegen sprachen, dies direkt anzusprechen und ihn um Vergebung zu bitten.

Manchmal verdrängte ich es auf der rationalen Ebene: „Er hat auch noch einiges, wofür er sich bei mir erst einmal entschuldigen sollte." Manchmal kam mir auch mein Stolz in die Quere: „Warum soll ich vor ihm kriechen?" Manchmal schob ich es einfach von mir: „Ich kann mich später immer noch damit auseinandersetzen, oder?"

Aber es gab kein Später. Obwohl ich dachte, er hätte noch viele Jahre zu leben, starb mein Vater im Alter von 64 Jahren.

Kurz vor der Beerdigung bat ich darum, noch einmal mit ihm alleine sein zu können. Ich stand in der Aussegnungshalle vor dem offenen Sarg. Nachdem ich lange geschwiegen hatte, gelang es mir schließlich, die Worte auszusprechen, die ich gerne viele Jahre früher gesagt hätte: „Es tut mir leid, Papa."

Bitte nehmen Sie meinen Rat an: Wenn es Menschen gibt, denen Sie Unrecht getan haben, dann gehen Sie auf sie zu. Egal, ob es Ihr Sohn oder Ihre Tochter ist, Ihre Mutter oder Ihr Vater, Ihre Schwester oder Ihr Bruder, ein früherer Freund oder Arbeitskollege – lassen Sie sich nicht von vermeintlich rationalen Gründen davon abhalten. Stolpern Sie nicht über Ihren Stolz. Denken Sie nicht an das, wofür sich der andere vielleicht bei Ihnen entschuldigen sollte. Gehen Sie hin, schreiben Sie einen Brief, rufen Sie an, und klären Sie dann Ihre Seite der Beziehung. Machen Sie das um Ihretwillen genauso wie um der anderen Person willen.

Und lassen Sie Gott dies als Schritt auf dem Weg nutzen, sich selbst zu vergeben.

Knüpfen Sie vertraute Beziehungen

Eine weitere Möglichkeit, das Gefühl von Vergebung tatsächlich zu empfinden, sind sichere und vertraute Beziehungen zu anderen Christen, die uns dabei helfen, unsere Schuldgefühle im rechten Licht zu betrachten.

Ich meine damit Menschen, die uns zuhören, wenn wir unsere Fehler zugeben, und sagen: „Du meinst, das sei schlimm? Warte erst einmal, was ich mir letzte Woche geleistet habe!" Oder jemand offenbart Ihnen: „Schau, ich habe dasselbe auch schon erlebt" oder: „Ich weiß, wie du dich fühlst; ich hätte das auch fast mal gemacht."

Diese Freunde spielen nicht herunter, was wir getan haben, oder tun es mit einem Schulterzucken ab, aber sie ermutigen uns, Gottes Vergebung in Anspruch zu nehmen. Sie nehmen Anteil an unserem Leben und helfen uns zu erkennen, dass wir nicht alleine dastehen. Und sie machen am Ende des Gesprächs deutlich: „Weißt du, letztlich ist nicht entscheidend, *was* du getan hast. Es ändert nichts an der Tatsache, dass du Gott immer noch wichtig bist und dass du mir immer noch wichtig bist."

In der Bibel lesen wir: „Überhaupt sollt ihr einander eure Verfehlungen bekennen und füreinander beten, damit ihr geheilt werdet" (Jakobus 5,16). Gott kann solche Beziehungen gebrauchen, um uns von unseren Schuldgefühlen zu befreien.

Trotzdem brauchen manche Menschen mehr als nur einen guten Zuhörer. Es gibt Personen, die Schuldgefühle geradezu anziehen. Sie haben die tiefverwurzelte Gewohnheit, sich selbst an allem die Schuld zu geben, was in ihrem Umfeld geschieht, gleichgültig, ob es berechtigt ist oder nicht. Sie gehören zu den Personen, die im *Central Park* überfallen werden und sich schlecht fühlen, weil sie keine zweite Uhr haben, die sie dem Räuber auch noch geben könnten! Oft hat sich diese Haltung schon früh in der Kindheit entwickelt, wenn sie kritische Eltern hatten, die nie mit ihnen zufrieden waren.

Gott wirkt oft durch einen fähigen Chirurgen, um einen Menschen von einer körperlichen Krankheit zu heilen. Und manchmal wirkt Gott auch durch Pastoren und christliche Seelsorger, um Menschen zu heilen, indem sie ihnen helfen, die Beweggründe für ihr Verhalten zu erkennen. Wenn Sie chronisch dazu neigen, (unverschuldet) Schuld auf sich zu häufen, dann sollten Sie sich am besten professionelle christliche Hilfe suchen, um diese Neigung zu unterbinden.

Und natürlich muss sich jeder von uns an Jesus wenden, der uns versprochen hat, unsere Lasten zu tragen. Wir müssen ihn bitten, uns dabei zu helfen, den Punkt zu erreichen, an dem wir uns zwar noch an die Fehler der Vergangenheit erinnern, an dem aber der Schmerz weniger stark ist und die Schuld weniger schwer wiegt.

Genau darum geht es, wenn man sich selbst vergeben will.

3. Bereich der Selbstverdammung: Permanentes Bedauern von versäumten Gelegenheiten

Endlich kam der Tag – der Augenblick, den alle Eltern gleichzeitig fürchten und herbeisehnen. Unser erstes Kind, Alison, zog aus, um zu studieren.

Leslie und ich standen mit ihr auf dem Campus der Universität von Illinois in Champaign und weinten gemeinsam. Natürlich waren viele der Tränen Freudentränen. Wir waren stolz auf sie und begeistert, dass sie nun diesen spannenden Lebensabschnitt vor sich hatte. Aber ich muss auch zugeben, dass einige meiner Tränen einem Gefühl des Bedauerns entsprangen.

Als Alison noch ein kleines Mädchen war, verbrachte ich fast meine gesamte Zeit in der Zeitungsredaktion und nicht mit ihr. So weinte ich an diesem Tag auch über die verpassten Möglichkeiten, die nicht mehr zurückkehren: gemütliche Nachmittage auf dem Spielplatz, die wir nie erlebt hatten; die besonderen Augenblicke, in denen sie auf meinen Knien saß, was wirklich selten vorkam; die Zeiten, in denen wir gemeinsam lasen, was so gut wie nie vorkam. Ich weinte über die Entscheidungen, die ich getroffen hatte. Ich trauerte über das, was hätte sein können.

Jedes Mal, wenn wir uns im Leben für einen bestimmten Weg entscheiden, entscheiden wir uns gleichzeitig gegen andere Möglichkeiten. Am Ende ärgern wir uns dann über die Entscheidungen, die wir getroffen haben. Studien zeigen, dass Menschen mehr unter dem leiden, was sie zu tun versäumt haben, als unter dem, was sie tatsächlich getan haben.

Können Sie sich Charlie Brown vorstellen, wie er heute in 60 Jahren als verbitterter, einsamer alter Mann dasitzt und sich mit der Frage quält: „Warum hatte ich nur nicht den Mut, dieses kleine rothaarige Mädchen zu fragen? Sie ist die Einzige, die ich wirklich geliebt habe! Vielleicht wäre mein ganzes Leben anders verlaufen!“

Oder den Teenager, der sagt: „Warum habe ich mich nur nicht dafür entschieden, mit dem Sex noch zu warten? Welchen Schmerz hätte ich mir erspart!“ Eine aktuelle Umfrage zeigt, dass dies die meisten sexuell aktiven Teenager denken.

Oder der leitende Mitarbeiter eines Unternehmens, der sehnsüchtig aus dem Fenster seines Büros schaut und sagt: „Wie konnte es nur geschehen, dass ich an einen Schreibtisch gekettet bin und einen Job habe, den ich hasse? Ich bin so gerne im Freien. Warum habe ich mir bloß keinen Beruf gesucht, der mir wirklich Spaß gemacht hätte?“

Oder ein Mensch, der zurückschaut und sagt: „Warum habe ich die Schule nicht ernster genommen? Wenn ich einen Schulabschluss hätte, wer weiß, was dann aus mir geworden wäre?“ Umfragen zeigen, dass vergebene Ausbildungschancen der Punkt sind, der die Leute am meisten umtreibt.

Das „Hätte ich doch nur …“-Syndrom

Menschen, die im „Hätte ich doch nur …“-Denken gefangen sind – wie der Psychologe Arthur Freeman diese Haltung nennt –, ärgern sich über ihre Angst vor dem Versagen, über ihre Weigerung, Risiken einzugehen, oder über ihre Kurzsichtigkeit, die sie davon abhält, gleich den richtigen Weg einzuschlagen.

Finden Sie sich darin wieder? Gibt es in Ihrem Leben einen wunden Punkt, bei dem Sie sich sagen: „Hätte ich mich bloß anders entschieden?“ Wenn ja, was sollten Sie dann tun? Eine Möglichkeit besteht darin, verschiedene Ratgeber zu lesen, wo Sie hilfreiche Tipps wie die Folgenden finden:

- Lernen Sie aus Ihren Fehlern, damit Sie denselben Fehler das nächste Mal, wenn Sie eine Entscheidung treffen müssen, nicht noch einmal machen. Wenn Sie beispielsweise den falschen Weg eingeschlagen haben, weil es Ihnen an Durchsetzungsvermögen mangelt, können Sie versuchen, sich in der Zukunft besser durchzusetzen.
- Denken Sie darüber nach, ob Sie nicht immer noch auf den Weg umschwenken können, den Sie gleich hätten einschlagen sollen. Vielleicht können Sie ein nachträglicher Berufswechsel oder nachgeholte Schulabschlüsse an den Punkt zurückbringen, an dem Sie den falschen Weg eingeschlagen haben.
- Vermeiden Sie es, unnötig in der Vergangenheit zu schwelgen. „Wenn man ständig darüber nachdenkt, was schiefgelaufen ist und warum es schiefgelaufen ist, führt dies zu Untätigkeit und Aufgabe“, sagt Dr. Freeman. „Wenn man jedoch darüber nachdenkt, was man wieder ins Lot bringen kann, was man tun kann, welche Möglichkeiten es gibt, führt dies zu Aktion, zu Veränderung, zu Hoffnung und zu einer neuen Haltung gegenüber den Möglichkeiten, die das Leben bietet.“[6]

Der Apostel Paulus schrieb zu diesem Thema: „Ich bilde mir nicht ein, Brüder und Schwestern, dass ich es schon geschafft habe. Aber die Entscheidung ist gefallen! Ich lasse alles hinter mir und sehe nur noch, was vor mir liegt. Ich halte geradewegs auf das Ziel zu, um den Siegespreis zu gewinnen. Dieser Preis ist das ewige Leben, zu dem Gott mich durch Jesus Christus berufen hat" (Philipper 3,13–14).

Tipps, die mir geholfen haben

Als ich mich mit meinem Bedauern über die unbeschrittenen Wege meiner Vergangenheit auseinandersetzte, waren für mich zwei biblische Ratschläge besonders hilfreich.

Zum einen halfen mir die folgenden Aussagen des Apostels Paulus, die mir versicherten, dass Gott meine negativen Entscheidungen doch noch in etwas Gutes verwandeln kann: „Was auch geschieht, das eine wissen wir: Für die, die Gott lieben, muss alles zu ihrem Heil dienen. Es sind die Menschen, die er nach seinem freien Entschluss berufen hat" (Römer 8,28). Dieser außergewöhnliche Vers gab mir die Zuversicht, dass Gott unabhängig von dem, was hätte sein können, das, was war, nehmen und etwas Gutes daraus machen kann.

Betrachten Sie es doch einmal so: Sie sind im Grunde die Summe aller Lebenserfahrungen, die Sie gemacht haben. Sie wünschen sich vielleicht, einen anderen Weg eingeschlagen zu haben, aber Sie haben es nicht getan. Sie wurden von den zahlreichen Entscheidungen geprägt, die Sie getroffen haben, sowohl von den guten als auch von den schlechten. Und hier sagt Gott, dass er das Rohmaterial, das Sie darstellen, nehmen und daraus eine auf Sie zugeschnittene hoffnungsvolle Zukunft machen kann.

Wenn ich daran denke, wie egoistisch, selbstzerstörerisch, oberflächlich und wütend ich war, als ich zwischen 20 und 30 Jahre alt war, wünschte ich aufrichtig, ich hätte damals einen anderen Weg eingeschlagen. Rückblickend wünschte ich mir, ich hätte bereits als Teenager angefangen, Jesus nachzufolgen. So hätte ich den Schmerz umgehen können, den diese Jahre mir und meiner Familie zugefügt haben. Aber ich habe es eben nicht getan und daran kann ich heute nichts mehr ändern. Und doch sagt Gott, dass er trotz meiner Sünde und Rebellion aus diesen Jahren noch etwas Positives machen kann – und genau das habe ich erlebt.

Eben weil ich diese extremen und turbulenten Jahre erlebt habe, kann ich mich heute mit Menschen zusammensetzen, die denselben Lebensstil leben, und ihnen sagen, dass es einen anderen Weg gibt. Wenn ich ihnen sage, dass es einen Gott gibt, der sie erlösen kann, bin ich mitfühlender, verständnisvoller und glaubwürdiger, weil ich das alles selbst erlebt habe. Und Gott hat mir Zufriedenheit und Erfüllung geschenkt, während er den Schmerz meiner Vergangenheit gebraucht hat, um andere Menschen mit seiner Liebe und Gnade zu erreichen.

Der zweite entscheidende Vers wurde von Matthäus niedergeschrieben. Diese Worte überzeugten mich davon, dass ich in der Zukunft bessere Entscheidungen treffen könnte, die ich später nicht bedauern würde: „Sorgt euch zuerst darum, dass ihr euch seiner Herrschaft unterstellt, und tut, was er verlangt, dann wird er euch schon mit all dem anderen versorgen" (Matthäus 6,33).

Mit anderen Worten: Wenn ich bei meinen Entscheidungen Gott an die erste Stelle setze, kann ich zuversichtlich sein, dass ich die richtigen Wege im Leben einschlage. Dies ist eine wesentlich gesündere Strategie zur Entscheidungsfindung als alle, die ich in der Vergangenheit angewendet habe: Berechnung und sofortige Bedürfnisbefriedigung oder persönlicher Aufstieg und Narzissmus.

Es gibt ein altes Sprichwort: „Liebe Gott, und dann tu, was du möchtest." Das ist eine prägnante Beschreibung dessen, wie man ein Leben mit minimalem Bedauern lebt. Denn wenn Sie Gott wirklich lieben, setzen Sie *ihn* an die erste Stelle, machen *seine* Prioritäten zu Ihren Prioritäten, bitten ihn um *seine* Führung, wenn Sie Entscheidungen treffen, und folgen *seinen* Geboten, wenn Sie Entscheidungen zu Ihrem Wohl und dem Ihrer Familie fällen. Seit ich Christ wurde und anfing, diese Strategie anzuwenden, gibt es viel weniger Dinge, die ich bedaure und die mich in Zukunft belasten werden.

Am 4. Mai 1983 kam es wegen des Abschlussballs zu einem Streit zwischen einer 15-jährigen Teenagerin und ihrer Mutter. „Ich wollte länger bleiben, als meine Mutter mir erlauben wollte", erzählte sie später. „Ich legte meinen Standpunkt dar, sagte einiges, was ich später bedauern sollte, und stampfte wütend in mein Zimmer."

Am nächsten Tag warf sie einen flüchtigen Blick auf ihre Mutter, die schlafend auf der Couch lag, und nahm sich etwas Geld aus deren Geldbeutel, das sie für ihr Mittagessen benötigte. Und das war das letzte Mal, dass sie ihre Mutter lebend sehen sollte.

„Ich hätte nie damit gerechnet, an diesem Tag, dem 5. Mai 1983, aus meiner Klasse geholt zu werden, um zu hören, dass meine Mutter, die bis dahin meine beste Freundin gewesen war, gerade von meinem Stiefvater erschossen worden war."

Ihre Wut war zwar nur kurz aufgeflammt, doch sie sollte dies für den Rest ihres Lebens bedauern.

„Ich hatte die beste Mutter der Welt", meinte sie. „Der Tag, an dem ich ihr das endlich sagen konnte, war der Muttertag, als ich mit meiner Schwester am offenen Sarg stand und wir uns von ihr verabschiedeten. Um sie herum war alles voller Karten, auf denen Worte voller Liebe und Hoffnung standen, die sie aber niemals würde lesen können. Viele Jahre sind seither vergangen, doch die Schuld wiegt immer noch schwer. Ich werde darüber nie hinwegkommen."

Bedauern. Gegen sich selbst gerichtete Wut. Die Unfähigkeit, uns selbst zu vergeben, was wir getan haben oder wo wir versagt haben. Das alles kann uns verfolgen oder sogar aufzehren – aber wie wir gesehen haben, finden wir bei Jesus Christus echte Hoffnung.

Es ist eine provokante Aussage, aber sie ist wahr: Er möchte uns an einen Ort führen, an dem uns unsere in der Vergangenheit begangenen Fehler von Zeit zu Zeit vielleicht immer noch unliebsam in Erinnerung kommen, an dem der Schmerz jedoch gelindert sein wird. Der Schmerz wird schwächer. Er wird im Schatten des Kreuzes verblassen, diesem absoluten Symbol für völlige und ewige Vergebung.

Dann werden wir wissen, dass wir uns endlich selbst vergeben haben, genau so wie uns auch von Jesus völlig vergeben ist.

3. Behauptung

Sie können die Schlammschlacht überleben, ohne zum Schwein zu werden

Ich saß in meinem Büro bei der *Chicago Tribune,* hatte die Füße auf meinen Schreibtisch gelegt, lehnte mich in meinem Drehstuhl zurück und sog die Schlagzeile in mich auf: „Geheime Memos zeigen: ‚Ford' ignorierte die Feuergefahr beim ‚Pinto'." Meine Augen wanderten weiter zum fett gedruckten „Exklusiv!" und meinem Kürzel über dem Artikel.

Ich wünschte, ich könnte sagen, dass mir etwas an den Menschen gelegen hätte, die bei Unfällen mit dem umstrittenen Kleinwagen tödliche Verbrennungen davongetragen hatten. Aber das stimmte nicht. Ich war zu jener Zeit Atheist, machte mir nur Gedanken um mein berufliches Vorwärtskommen und wusste, dass diese Story meiner Karriere einen Schub geben würde.

Ich war beim Überprüfen einer Gerichtsakte auf einen Umschlag mit geheimen Dokumenten der *Ford Motor Company* gestoßen. Auf der Grundlage dieser Memos und anderer Nachforschungen beschrieb mein Artikel detailliert, dass der Automobilhersteller im Voraus genau gewusst hatte, dass der *Pinto* explodieren konnte, wenn von hinten ein anderer Wagen mit einer Geschwindigkeit von ungefähr 30 Stundenkilometern auf ihn auffuhr. Aber dennoch entschied man sich dagegen, seine Sicherheit zu verbessern, um pro Auto ein paar Dollar einzusparen.

Während ich Folgeartikel plante, klingelte mein Telefon. Der Anrufer stellte sich als Rechtsanwalt vor, der gerade eine mehrere Millionen Dollar schwere Zivilklage gegen *Ford* ausfocht.

„Schauen Sie", drängte er mich, „ich bin in einer verzweifelten Lage. Wenn ich diese Dokumente nicht schnell bekomme, geht meine Klage den Bach runter. Das bedeutet, dass die Familien einiger Leute, die bei einem Unfall getötet wurden, nie eine Entschädigung für ihren Verlust bekommen. Können Sie mir Kopien dieser Unterlagen machen?"

„Tut mir leid, aber das kann ich nicht", erwiderte ich. „Es würde meiner Journalistenethik widersprechen, wenn ich Ihnen gegen ‚Ford' helfen würde. Als Reporter muss ich Neutralität wahren."

„Mit anderen Worten", sagte er, „Sie halten an Ihren ethischen Richtlinien fest, selbst wenn das bedeutet, dass die Gerechtigkeit dabei auf der Strecke bleibt und einige unschuldige Opfer nie das bekommen, was ihnen zusteht?"

Ich hielt inne, um über dieses Dilemma nachzudenken, aber er musste mein Schweigen als Ablehnung interpretiert haben.

„Gut", meinte er abschließend, „ich werde morgen nach Chicago fliegen. Treffen Sie mich am Flughafen O'Hare. Ich werde eine Brieftasche dabeihaben, die 5.000 Dollar enthält. Sie geben mir Kopien dieser Dokumente, ich gebe Ihnen diese Brieftasche. Niemand wird je etwas davon erfahren."

Er wartete einen Augenblick, damit ich über sein Angebot nachdenken konnte. „Was sagen Sie dazu?", fragte er.

Eine Charakterkrise

Ford wurde schließlich wegen Totschlags im Fall von drei Teenagern verurteilt, die bei einem Auffahrunfall mit dem Schrecken davongekommen wären, wäre ihr *Pinto* nicht explodiert. Das Urteil war ein Meilenstein in der Geschichte des Rechtswesens: Zum ersten Mal wurde ein US-Unternehmen gerichtlich dafür belangt, dass es vorsätzlich ein Produkt hergestellt und vermarktet hatte, das unverhältnismäßig gefährlich war.

Verbraucheranwalt Ralph Nader sagte, es wäre „Mangel an ethischem Mut, 1,5 Millionen ‚Pintos' mit diesem grausamen Benzintank auf die Straßen zu schicken". Während des neun Monate dauernden Prozesses hörte ich ebenfalls den Kommentar eines früheren *Ford*-Managers: Bei der Entscheidung, das Auto zu produzieren, „überwog der Ehrgeiz … das ethische Bewusstsein".

Ford bestand hartnäckig darauf, nichts falsch gemacht zu haben, und nachdem der Richter den Geschworenen Akteneinsicht in die geheimen *Ford*-Unterlagen verweigerte, die ich bereits veröffentlicht hatte, wurde das Unternehmen freigesprochen. Aber der Autohersteller wurde mit Zivilklagen über mehrere Millionen Dollar überzogen und erlitt einen Imageschaden, weil er sich weigerte, das Sicherheitskonzept des *Pinto* zu verbessern, bevor er sich schließlich dem Druck von staatlicher Seite beugen musste.[1]

Die Diskussionen um den *Pinto*, die durch die Zeitschrift *Mother Jones* ausgelöst wurden, schienen den Beginn einer Ära einzuläuten, in der das moralische Image Amerikas wiederholt beschädigt wurde. Innerhalb von zehn Jahren wurden 115 der 500 größten Unternehmen des Landes – gut etablierte Firmen mit gut etablierten Namen – wegen ernstem kriminellem oder zivilrechtlichem Fehlverhalten verurteilt.

Wie konnte das geschehen? Ich glaube nicht, dass die Manager dieser Unternehmen plötzlich eines Tages im Büro verkündet hatten: „Lasst uns doch mal unsere ethischen Überzeugungen und unsere Integrität über Bord werfen."

Viel wahrscheinlicher ist, dass es sich hier um den Tiefpunkt eines lange andauernden, schleichenden Abwärtstrends handelte. Mitarbeiter eines Unternehmens begannen, sich zu sagen: „Das ist schon in Ordnung – die Konkurrenz macht es genauso." Oder: „Die Gewerbeaufsicht wird schon nicht allzu genau hinschauen." Man suchte sich Abkürzungen. Kleinere Schummeleien wurden erst übersehen, dann toleriert und plötzlich verlangt.

Und allmählich stellte sich ein Unternehmen nicht mehr die Frage: „Was ist richtig?", sondern: „Was ist gesetzlich erlaubt?" Was schließlich in „Womit kommen wir durch?" mündete.

Die Bedeutung von Integrität

Sie und ich sollten nicht allzu scheinheilig tun: Dieser moralische Verfall vollzieht sich nicht nur in den Vorstandsetagen großer Unternehmen. Dieser Niedergang kann sich auch im Leben ganz normaler Menschen ereignen, wenn sie im Alltag herausgefordert sind, fair, ehrlich und gesetzestreu zu sein und hart zu arbeiten. Und das alles in der düsteren Umgebung ihres Arbeitsumfelds, in dem es weitaus mehr ehrgeiziges Grau gibt als die scharfen Gegensätze von Schwarz und Weiß.

Und wenn Sie sich im täglichen Sog der Arbeitswelt befinden – gleichgültig, ob als Arbeitnehmer oder als Manager, ob als Verkäufer oder als Chef, ob im Blaumann oder im weißen Hemd –, werden Sie unausweichlich mit ethischen Fragen konfrontiert werden. Früher oder später werden Sie in Versuchung geraten, Ihre Integrität auf dem Altar des Kommerzes zu opfern.

„Das Problem mit den gnadenlosen Schlammschlachten ist", so brachte es die Komödiantin Lily Tomlin auf den Punkt, „dass man zwar gewinnt, aber trotzdem zum Schwein wird." Aber das muss nicht notwendigerweise so sein. Gottes provokante Behauptung lautet, dass man den gnadenlosen Konkurrenzkampf überleben kann, ohne dabei zum Schwein zu werden.

Allerdings lassen sich nur schwer einfache Lösungen finden. Aber wir werden in diesem Kapitel sehen, dass es für uns eine starke Motivation geben sollte, unseren Werten treu zu bleiben, auch wenn wir Rädchen in einer Wirtschaft sind, in der Geld wichtiger zu sein scheint als Moral, in der Profit mehr zählt als Prinzipien und Ergebnisse mehr als Rechtschaffenheit.

Integrität, so sagt man, fängt bei einem selbst an. Es fängt damit an, wie Sie und ich tagein, tagaus in Kontakt mit Kunden und Mitarbeitern, mit Patienten und Klienten, mit Chefs und den Leuten aus den Vorstandsetagen stehen. Warren Wiersbe erklärt: „Ein integrer Mensch handelt nicht widersprüchlich oder tut nur so, als ob. Er ist ‚ganzheitlich'; sein Leben bildet ein Ganzes und alles passt harmonisch zusammen. Integre Menschen haben nichts zu verbergen und nichts zu fürchten. Ihr Leben ist ein offenes Buch."[2]

Leben, was wir glauben

Für Christen bezeichnet Integrität die Übereinstimmung zwischen Charakter und Glaubensbekenntnis, zwischen Überzeugungen und Verhalten. Es bedeutet, dass wir Gott mit unserem ganzen Sein lieben und unserem Glauben zugestehen, unser ganzes Leben zu beeinflussen, auch unser Berufsleben. Und hier wird es heikel. Zum Beispiel:

- Christen glauben, dass alle Menschen Gott wichtig sind. Aber zeigt sich diese Haltung wirklich in unserem Umgang mit Kunden, Arbeitskollegen und Wettbewerbern?
- Christen sprechen immer von Demut und sagen, dass es besser sei zu dienen, als sich dienen zu lassen. Aber zeigt sich das darin, wie wir mit den Menschen umgehen, die für uns arbeiten, oder darin, wie wir unsere Arbeitsleistung anpreisen, um befördert zu werden?
- Christen sind dafür, die Wahrheit zu sagen. Aber setzen wir diesen Glauben in die Praxis um, wenn wir ein Produkt verkaufen, über einen Konkurrenten sprechen, ein Auslieferungsdatum versprechen oder ein Geschäft abschließen?
- Christen predigen Ehrlichkeit. Aber haben wir das auch verinnerlicht, wenn wir Spesenabrechnungen erstellen oder eine Werbekampagne entwerfen?
- Christen sollen anderen Jesu Liebe zeigen. Aber wie äußert sich das, wenn wir in der Firma Arbeitsplätze abbauen oder in unserem Umgang mit leistungsschwachen Angestellten?
- Man erwartet von Christen, dass sie andere Menschen so behandeln, wie sie selbst behandelt werden wollen. Aber wie kann man dann rechtfertigen, dass sie für das Gehalt eines vollen Arbeitstages nicht die Leistung eines vollen Arbeitstages bringen? (Man schätzt die Kosten, die in den USA auf Grund mangelnder Arbeitsmoral pro Jahr entstehen, auf 350 Milliarden Dollar.[3])

Ich bin nicht naiv. Ich sage nicht, dass es einfach ist, den christlichen Glauben in den beruflichen Alltag zu integrieren, weil ich weiß, dass es das nicht ist. Es wäre einfacher, wenn es mehr Menschen tun würden. Aber Studien haben gezeigt, dass auch regelmäßige Kirchgänger im Durchschnitt keinen moralisch besseren Lebensstil haben als Menschen, die nicht regelmäßig zur Kirche gehen. Eine Gallup-Umfrage ergab, dass 43 % kirchenferner Menschen schon einmal das Eigentum ihres Arbeitgebers haben mitgehen lassen. Dieser Zahl stehen 37 % regelmäßiger Kirchgänger gegenüber, die dies auch bereits getan haben.

Offensichtlich sagen viele Menschen das eine, während sie am Sonntagvormittag in den Kirchenbänken sitzen, und tun etwas ganz anderes, nachdem sie am nächsten Morgen die Stechuhr passiert haben. Bedauerlicherweise ist der Glaube für viele eine schöne Wochenendtheorie, aber keine Alltagsrealität.

Die Kosten der Integrität tragen

Integrität beginnt mit einer Entscheidung. Und wenn wir uns entscheiden, keinen Schubladen-Glauben zu leben, der unseren Beruf und Gott trennt, sondern einen ganzheitlichen Glauben, der Gott einlädt, mit uns zusammen an den Arbeitsplatz zu gehen, müssen wir im Voraus wissen, worauf wir uns einlassen. Deshalb möchte ich hier ein erprobtes Werkzeug aus der Wirtschaft – die Kosten-Nutzen-Analyse – einsetzen, um zu sehen, ob der Nutzen, den wir haben, wenn wir unseren Glauben auch am Arbeitsplatz leben, die Kosten übersteigt, die unter Umständen auf uns zukommen.

Und ich gebe gleich zu, dass es durchaus Kosten gibt. „Moralische Wertvorstellungen klingen gut, aber wie sieht das in Euro und Cent aus?", fragen sich vielleicht manche. „Wenn ich mir keine gute Begründung ausdenke, warum ich dieses Projekt nicht pünktlich abgeschlossen habe, dann geht der Kunde zur Konkurrenz. Oder wenn ich beim Kostenvoranschlag nicht schwindle, werde ich diesen Auftrag nicht bekommen. Oder wenn ich die Mängel des Produkts, das ich verkaufe, nicht beschönige, bekomme ich keine Verkaufsbeteiligung – und meine nächste Ratenzahlung ist nächste Woche fällig."

Das ist der Druck, dem wir im wahren Leben ausgesetzt sind. Das sind die Punkte, an denen wir spüren, dass unsere Integrität auf die Probe gestellt wird, und an denen wir versucht sind, kurzfristige Interessen zu verfolgen, selbst wenn es auf lange Sicht bedeutet, dass unser Charakter leidet oder unser Ruf beschädigt wird. In der Bibel steht: „Sie säen Unheil – und das ernten sie!" (Hiob 4,8). Vielleicht geschieht das nicht unmittelbar, aber irgendwann bestimmt.

Ja, es kann auch Geld kosten, im Beruf integer zu bleiben. Doch letztendlich sind diese Kosten nicht so hoch wie der langfristige Schaden, der entsteht, wenn wir unseren Charakter auf dem Altar des Mammon opfern.

Und das ist durchaus nicht naiv gedacht. Viele prominente Führungskräfte teilen diese Meinung. „Um ein Gewinner zu sein“, sagte Albert Carr in der *Harvard Business Review*, „muss man auf Sieg spielen. Das bedeutet nicht, dass man rücksichtslos, grausam, hart oder betrügerisch handeln muss. Ganz im Gegenteil: Je besser der Ruf eines Menschen hinsichtlich Integrität, Ehrlichkeit und Lebenswandel ist, desto bessere Chancen hat er, auf lange Sicht zu den Gewinnern zu zählen.“[4]

Den Preis von prinzipientreuem Handeln bezahlen

Wir erleiden möglicherweise nicht nur finanzielle Einbußen, wenn wir uns weigern, etwas zu tun, das wir für falsch halten. Wir müssen auch mit wirtschaftlichen Opfern rechnen, wenn wir uns für das entscheiden, was wir für richtig halten. Das erlebte auch Jack Eckerd, Besitzer einer Supermarktkette, ein paar Tage, nachdem er Christ geworden war.

Eckerd sah sich in einem seiner Märkte um und bemerkte, dass einige Exemplare pornografischer Zeitschriften zum Verkauf auslagen. Da er die Situation mit den Augen eines frisch bekehrten Christen sah, ordnete Eckerd an, sofort alle Zeitschriften dieser Art in allen seinen 1.700 Filialen aus dem Verkauf zu nehmen. Als er gefragt wurde, ob er dies auf Grund seiner Entscheidung, Jesus nachzufolgen, getan hatte, antwortete Eckerd: „Natürlich. Warum sonst sollte ich ein paar Millionen Dollar zum Fenster hinauswerfen?“[5]

Es führt kein Weg daran vorbei: Manchmal müssen wir finanzielle Einbußen hinnehmen, wenn wir tun, was richtig ist. Aber das ist eben der Preis, wenn wir versuchen, Jesus nachzufolgen.

Ein weiterer Preis, den wir unter Umständen bezahlen, ist eine gewisse Entfremdung von unseren Arbeitskollegen. Wenn Sie beispielsweise Ihrem Arbeitgeber plötzlich ehrlich alle Ihre Privatgespräche zahlen, sehen Ihre Arbeitskollegen im Vergleich zu Ihnen ziemlich alt aus und werden vermutlich wütend auf Sie. Wenn sie das Gefühl bekämen, Sie seien selbstgerecht und überheblich, würde das Ihre Beziehung untereinander sicher belasten und vielleicht sogar Ihren Aufstieg verzögern.

Manche dieser Ängste sind überzogen. Integer zu sein bedeutet nicht, dass man zum unausstehlichen Moralapostel wird, der jedes Mal fromm daherredet, wenn sich die Firma in moralisch trübe Gewässer begibt. Viele Dinge können taktvoll geregelt werden, indem man Alternativen vorschlägt und innerhalb des Systems arbeitet, um das moralische Klima im Laufe der Zeit zu verbessern. Eine Studie ergab, dass nur 30 Prozent derer, die einen ethisch klaren Standpunkt vertraten, negative Konsequenzen tragen mussten.

Aber wenn Sie einen klaren Standpunkt beziehen, stehen Sie manchmal alleine da. Und wenn Sie alleine dastehen, geben Sie unter Umständen eine gute Zielscheibe ab und müssen damit rechnen, dass es Sie etwas kostet.

Auf der Kostenseite unserer Kosten-Nutzen-Analyse stehen also ein paar Punkte, die dagegen sprechen, integer zu sein. Doch auf der Nutzenseite finden sich fünf Kategorien von Vorteilen, die wir genießen dürfen, wenn wir unseren Glauben am Arbeitsplatz leben. Auf den nächsten Seiten werden wir uns mit jeder dieser Kategorien beschäftigen – mit den persönlichen, den familiären, den geschäftlichen, den gesellschaftlichen und den geistlichen Vorteilen.

Persönlicher Nutzen: Vergesslich sein dürfen

Wenn Sie jemanden fragen, der sich darum bemüht, ein integres Leben zu führen, was für ihn der größte persönliche Nutzen ist, wird er wahrscheinlich antworten: ein reines Gewissen. „Wer geradlinig lebt, lebt ohne Angst; wer krumme Wege geht, wird irgendwann ertappt“ (Sprichwörter 10,9).

Das ist ein sehr großer persönlicher Nutzen. Wenn wir im Beruf integer sind, brauchen wir nicht in ständiger Furcht zu leben, dass irgendjemand unsere Lügen aufdecken könnte. Wir müssen nicht mit einer permanenten unterschwelligen Angst leben, dass uns jemand bei irgendetwas ertappen könnte. Wir müssen uns keinen Vorrat an Entschuldigungen anlegen oder uns vernünftige Erklärungen ausdenken. Wir können unsere Einkommenssteuererklärung abgeben und nachts wie ein Baby schlafen.

Einer meiner Freunde, Russ Robinson, bemüht sich, als

Anwalt integer zu arbeiten. „Einer der größten Vorteile ist für mich, dass ich vergesslich sein darf", sagte er. „Ich meine damit, dass ich mich nicht mühsam daran erinnern muss, wann ich die Wahrheit gesagt und wann ich gelogen habe. Ich muss nicht eine Menge Energie aufwenden, damit meine Geschichten schlüssig klingen. Und das finde ich sehr befreiend."

Familiärer Nutzen: Unsere Kinder durch unser Vorbild lehren

Die Bibel erwähnt den familiären Gewinn ganz konkret im Zusammenhang mit biblischer Ethik: „Ein Gerechter, der unsträflich wandelt, dessen Kindern wird's wohl gehen" (Sprichwörter 20,7).

Schauen wir den Tatsachen ins Gesicht: Kinder kommen mit hypersensiblen Scheinheiligkeitsdetektoren auf die Welt. Sie spüren Widersprüchlichkeiten auf einen Kilometer Entfernung auf. Und wenn Sie mit einem widersprüchlichen Glauben leben, ist es nur eine Frage der Zeit, bis Ihre Kinder die Risse entdecken und Ihre ganze Glaubwürdigkeit in sich zusammenfällt.

Wenn Sie Ihren Kindern beispielsweise beibringen wollen, den Besitz anderer Menschen zu respektieren, Ihre Kinder aber sehen, wie Sie Sachen an Ihrem Arbeitsplatz mitgehen lassen, werden sie irgendwann zu dem Schluss kommen: „Oh, jetzt habe ich es verstanden! Der Trick besteht darin, sich nicht erwischen zu lassen!"

Oder wenn sie miterleben, wie Sie bei einem Telefonat mit Ihrem Chef windige Entschuldigungen erfinden, warum das Projekt noch nicht fertig ist, schließen sie daraus: „Ich verstehe! Wenn man in der Klemme steckt, dann windet man sich mit Hilfe von Lügen wieder raus."

Es ist wie in der Geschichte von der Lehrerin, die ein Elterngespräch mit dem Vater von Johannes führte: „Johannes stiehlt immer wieder Sachen von anderen Kindern", sagte sie. „Er nimmt ihre Stifte, ihr Papier, ihren Kleber – und ich weiß nicht, warum er das macht."

Auch Johannes' Vater war erstaunt. „Ich weiß nicht, warum

er das Gefühl haben müsste, so etwas zu tun", entgegnete er. „Johannes weiß doch, dass ich ihm alles, was er an Schulmaterial braucht, von der Arbeit mitbringen kann."

Wenn wir unseren Kindern unklare Signale senden, bekommen wir Kinder, die sich im Unklaren darüber sind, wie sie ihr Leben leben sollen. Wir haben die Wahl: Entweder bringen wir sie durcheinander, indem wir ihnen ein Leben vorleben, das widersprüchlich ist und sich auf mehreren Ebene abspielt. Oder aber wir leben ihnen integres Verhalten vor, damit sie sehen können, dass unser Glaube tatsächlich unser Verhalten bestimmt.

Beruflicher Nutzen: Liebe als legitime Strategie

Kristine Hanson, Harvard-Absolventin und Managerin, und der Philosoph Robert Solomon führen schon seit langem gemeinsam Management-Seminare durch, bei denen sie ihre praktische Berufserfahrung und sein akademisches Wissen über Ethik verbinden. Sie kommen darin zu folgendem Schluss:

„Die erfolgreichsten Menschen und Unternehmen sind diejenigen, die ethische Werte ernst nehmen. Das ist nicht weiter überraschend, da eine ethische Haltung weitgehend bestimmt, wie jemand Angestellte, Lieferanten, Aktionäre und Kunden behandelt, und ebenso, wie er mit Konkurrenten und anderen Mitgliedern der Gesellschaft umgeht. Und dies beeinflusst wiederum unweigerlich, wie er im Gegenzug behandelt wird. Nach ethischen Maßstäben handelnde Manager und nach ethischen Maßstäben arbeitende Unternehmen genießen tendenziell ein höheres Vertrauen, eine bessere Behandlung und leiden weniger unter Anfeindungen, Uneffektivität, Rechtsstreitigkeiten und staatlicher Einflussnahme. Ethische Maßstäbe sind einfach gut fürs Geschäft."[6]

In einer Zeit, in der die meisten Menschen glauben, dass sich die Moral im Berufsleben verschlechtert hat, haben Unternehmen, für die Ehrlichkeit ein wichtiges Prinzip ist, klare geschäftliche Vorteile.

Ich unterhielt mich einmal mit einem Manager, der kurz zuvor nach einer sehr erfolgreichen Karriere als Vizepräsident eines der größten Unternehmen des Landes in den Ruhestand gegangen war. Er war für eine Abteilung verantwortlich gewesen, die über 750 Beschäftigte hatte. Und er wurde im ganzen Land als außergewöhnlicher Manager gepriesen.

„Was ist das Geheimnis Ihres außergewöhnlichen Erfolgs als Manager?", fragte ich ihn.

Seine Antwort: Er übertrug einfach biblische Prinzipien – wie Wahrhaftigkeit, Konfliktlösung, dienende Führung und so weiter – auf sein berufliches Umfeld. Seine größte Entdeckung, so sagte er, sei gewesen, dass „Liebe in Aktion eine legitime Geschäftsstrategie" darstelle. Dies bewies er durch die Art und Weise, wie er seine Angestellten und Kunden behandelte. Sie waren erfolgreich – und er dadurch ebenfalls.

Das gilt auch im kleineren Rahmen. Ich sprach mit jemandem, der in seiner Firma nach biblischen Maßstäben handelte. Er gab zu, dass er im Laufe der Jahre einige Kunden verloren hatte, weil er sich geweigert hatte, auf ihre Forderungen einzugehen, bei denen er sich außerhalb ethischer Maßstäbe bewegt hätte. Aber er sagte, dass sein Unternehmen insgesamt erfolgreich war, weil er sich den Ruf erworben hatte, vertrauenswürdig zu sein.

Wenn wir als Christen dafür bekannt sind, dass wir Menschen sind, die Verträge einhalten, Versprechen einlösen und gradlinig nach ethischen Maßstäben handeln, dann heben wir uns deutlich von einer Gesellschaft ab, in der Betrug, Täuschung und Unehrlichkeit den Ton angeben. Und dies verschafft uns eine gute Position in der Geschäftswelt.

Sozialer Nutzen:
Der Einfluss eines gottesfürchtigen Menschen

Wenn wir unseren Glauben in unseren beruflichen Alltag integrieren, ist dies auch von Nutzen für die Gesellschaft als Ganzes. Tatsache ist, dass die ethische „Temperatur" eines Unternehmes, eines Industriezweigs oder einer ganzen Nation nur dann um eine Klasse besser werden kann, wenn Einzelpersonen – eine nach der anderen – sich dem Handeln nach ethischen Maßstäben im Beruf verschreiben.

Tatsache ist, dass ein Mensch etwas verändern *kann*, wenn er klar Standpunkt bezieht. Ich konnte das bei einem meiner Bekannten sehen, dessen Firma regelmäßig mit einem bestimmten Amt in der Landesregierung von Cook County in Illinois zusammenarbeiten musste. Normalerweise übernahm einer seiner Assistenten diese Dinge, aber eines Tages war niemand da, und so begab sich mein Bekannter selbst aufs Amt.

Dort begegnete ihm eine vermeintlich unbedeutende Form der Erpressung, die jeder seit Jahren tolerierte, gewissermaßen als Preis dafür, dass er Geschäfte machen durfte. Aber statt sich an diesen illegalen Aktivitäten zu beteiligen, sagte mein Freund einfach: „Nein, ich werde nicht bezahlen."

Er brüllte nicht herum oder machte eine Szene; er weigerte sich einfach, die Korruption weiterzuführen. Und diese leise, aber entschiedene Reaktion eines Einzelnen setzte eine ganze Kette von Ereignissen in Bewegung, die schließlich zu einer Untersuchung durch die Staatsanwaltschaft führte und zu einer Razzia bei der Regierung, und am Ende wurde eine kleine Ecke der Landesregierung gesäubert.

Es hat ohne Frage Vorteile für die ganze Gesellschaft, wenn Menschen ethische Werte hochhalten. John Eckerds teure Entscheidung, keine Magazine für Erwachsene mehr in seinen Geschäften zu verkaufen, ließ das ganze Land erbeben. Nachdem er alle Dinge aus seinen Läden verbannt hatte, die in irgendeiner Form pornografisch waren, wandte er sich in einem Schreiben an die Geschäftsführer anderer Supermarktketten und bat sie, sich seinem Schritt anzuschließen. Als Folge seines Engagements und unter dem Druck christlicher Organisationen begannen andere Ketten, Produkte, die auf dem Index standen, aus ihrem Sortiment zu nehmen oder zumindest ihre Bemühungen zu verstärken, sie Kindern nicht zugänglich zu machen.

„Was man nicht durch Gesetze erreichen konnte, wurde erreicht, als ein Mann sein Leben Jesus gab und sich seiner Herrschaft unterstellte", sagte Charles Colson, ein Freund Eckerds. „Erzählen Sie mir nicht, dass ein Einzelner nichts verändern kann!"[7]

Geistlicher Nutzen: Näher zu Gott finden

Von allen Vorteilen, die wir genießen, wenn wir im Beruf biblische Maßstäbe setzen, sind die wertvollsten die auf der geistlichen Ebene.

Wenn Sie Gott am Wochenende die Treue halten, dem Mammon jedoch unter der Woche, treiben Sie einen Keil zwischen sich und Gott. Es ist, als würden Sie zu Ihrer Ehefrau sagen: „Solange ich zu Hause bin, bin ich dir ganz treu. Aber wenn ich ins Büro fahre, na ja, dann könnte es schon sein, dass ich ein bisschen fremdgehe." Das würde bestimmt einen Keil in Ihre Beziehung treiben, oder?

Ähnlich verhält es sich, wenn Sie einen Schubladen-Glauben leben. Dann sagen Sie im Prinzip zu Gott: „Ich bin dir in bestimmten Bereichen meines Lebens treu. Aber du musst eines wissen: Wenn ich bei der Arbeit bin, habe ich eine Geliebte, die ‚Karriere' heißt." Erscheint es nicht plausibel, dass dies Ihrer Beziehung zu Gott hinderlich ist?

„Niemand kann zwei Herren dienen", warnte Jesus. „Ihr könnt nicht Gott dienen und dem Mammon" (Matthäus 6,24). Menschen sind fest davon überzeugt, dass sie es doch können, aber wenn es hart auf hart kommt, zeigt sich unweigerlich, wer der wahre Herr ihres Lebens ist.

Das widerfuhr auch dem erfolgreichen Geschäftsmann, der ein Zeitgenosse von Jesus war. Er war davon überzeugt, dass er mit diesen zwei Herren ziemlich gut jonglieren könnte. Aber um seinen wahren Herren zu demaskieren, stellte Jesus ihn auf die Probe und sagte: „Geh hin, verkaufe alles, was du hast, und gib's den Armen, so wirst du einen Schatz im Himmel haben, und komm und folge mir nach!" (Markus 10,21).

Plötzlich traten die wahren Prioritäten des Geschäftsmannes klar zutage. Er ging voller Verzweiflung weg, weil ihm klar wurde, dass sein Reichtum und sein Ehrgeiz seine Seele so fest im Griff hatten, dass er nicht den Mut besaß, sie aufzugeben.

Wenn wir versuchen, zwei Herren zu dienen, bleibt unsere Beziehung zu Gott immer hinter ihren Möglichkeiten zurück. Wir müssen uns klar vor Augen halten, dass nicht unser Beruf unser Herr ist, sondern Gott. Mit anderen Worten: Der gnadenlose Konkurrenzkampf ist nicht das Wichtigste im Leben.

Wie der Apostel Paulus schon sagte: „Doch ich habe mit vollem Einsatz gekämpft; jetzt ist das Ziel erreicht, und ich bin Christus im Glauben treu geblieben. Nun hält Gott für mich auch den Siegespreis bereit: seine Gerechtigkeit. Er, der gerechte Richter, wird ihn mir am Tag des Gerichts geben; aber nicht mir allein, sondern allen, die wie ich voller Sehnsucht auf sein Kommen warten" (2. Timotheus 4,7–8). Dies ist der unbezahlbare Lohn, den wir in der Ewigkeit erhalten, wenn wir unsere geistlichen Prioritäten richtig setzen.

Und mehr noch: Schon allein die Tatsache, dass wir unser Leben nach biblischen Maßstäben ausrichten, bringt uns näher zu Gott. Wir werden enger mit ihm verbunden, wenn wir uns im oft schwierigen Umgang mit den ethischen Zwickmühlen, die uns im Berufsalltag begegnen, ständig von seiner Führung abhängig machen.

Statt uns die Bibel zu geben, hätte Gott uns auch ein dickes, fettes Buch mit detaillierten Regelungen in die Hand drücken können – vergleichbar etwa mit dem Steuergesetzbuch –, das konkrete Antworten auf jede nur erdenkliche ethisch fragwürdige Situation gibt. Aber das hätte uns veranlasst, uns auf Regeln statt auf eine Beziehung zu verlassen.

Stattdessen beinhaltet die Bibel breiter angelegte moralische Prinzipien, die uns ermutigen, Gott unsere konkreten Fragen zu stellen, unsere Probleme gemeinsam mit ihm zu lösen und ihn um seine Führung zu bitten, wenn wir nicht sicher sind, welche Richtung wir einschlagen sollen. Diese Abhängigkeit und die Interaktion mit Gott bereichern unsere Beziehung zu ihm. Gott, so steht es in der Bibel, macht „die Rechtschaffenen … zu seinem Vertrauten" (Sprichwörter 3,32).

Kosten und Nutzen abwägen

Im Grunde geht es gar nicht um die Frage, ob die Kosten oder die Vorteile überwiegen, wenn wir unseren Glauben im Beruf leben. Ja, es mag finanzielle Verluste oder zwischenmenschliche Spannungen geben. Wir müssen anerkennen, dass es diese Nachteile gibt, und uns bereits im Vorfeld darüber Gedanken machen, wie wir mit ihnen umgehen wollen.

Aber werfen Sie nur einen Blick auf die andere Seite der Medaille. Ein klares Gewissen zu haben, das auf einen Charakter zurückgeht, an dem kein Preisschild baumelt, ein vertrauenswürdiges Vorbild für unsere Kinder zu sein, einen Beitrag dafür zu leisten, dass die moralische Temperatur unserer Gesellschaft ansteigt und alle davon profitieren, eine engere Beziehung zu Gott zu haben, Gottes Verheißung zu haben, dass wir die Ewigkeit mit ihm verbringen werden, ein ganzheitliches Leben zu führen, das ihm gefällt und das er zu Recht von seinen Nachfolgern erwarten kann – diese Vorteile überwiegen bei weitem alle Kosten, die wir unter Umständen kurzfristig tragen müssen.

Davon abgesehen erklärt der Apostel Petrus: „[...] wenn ihr das Rechte getan habt und dafür leiden müsst" – das heißt, wenn Ihnen Kosten entstehen, weil Sie im Beruf nach biblischen Maßstäben handeln – „ist das eine Gnade von Gott" (1. Petrus, 2,20).

Was halten Sie von *dieser* Verheißung? Sie ist unsere absolute Garantie dafür, dass wir eigentlich nicht verlieren können, wenn wir täglich im Beruf beschließen, uns nach den Maßstäben zu richten, die im Buch der Bücher niedergeschrieben sind.

Im Spannungsfeld zwischen Beruf und Glaube

Wie treffen wir nun Entscheidungen, die Gott gefallen, wenn wir berufliche Probleme zu lösen versuchen? Der Komiker Paul Reiser hat einen ganz einzigartigen Lösungsansatz, wenn es darum geht, zwischen verschiedenen Möglichkeiten zu wählen:

„Das ist so eine Sache mit den Entscheidungen. Ich kann *sie treffen. Ich bin mir hinterher bloß nicht sicher, ob's die Richtigen waren. Einer meiner Freunde sagte: ‚Entscheide einfach aus dem Bauch heraus.' Während ein anderer meinte: ‚Weißt du was? Du solltest einfach auf dein Herz hören.' Nun muss ich also noch eine weitere Entscheidung fällen: Soll ich auf mein Herz oder auf meinen Bauch hören? Ich kann mich nicht entscheiden. Also muss ich eine komplette Autopsie vornehmen. Mein Herz sagt Ja, mein Bauch sagt Nein, mein Darm ist unentschlossen – ich weiß einfach nicht, auf wen ich hören soll."*[8]

Es gibt zwar keine Lösung, die eine Antwort auf alle Fragen bezüglich ethischer Entscheidungen im Berufsleben liefert, aber es gibt ein paar Schritte, die uns dabei helfen, Entscheidungen nach biblischen Prinzipien zu treffen.

Zunächst einmal müssen wir akzeptieren, dass es bestimmte Spannungen zwischen unserem Glauben und der Geschäftswelt gibt, die sich nie ganz klären lassen. Laura Nash zog diesen Schluss nach ihrer umfangreichen Studie darüber, inwiefern ihr Glaube Christen darin beeinflusst, wie sie mit beruflichen Führungsaufgaben umgehen.

Nash, die früher ein Mitglied der *Harvard Business School* war, interviewte Führungskräfte, die „aufrichtig mit ihrem christlichen Gewissen und ihren beruflichen Verpflichtungen ringen, um eine Lösung zu finden, die beides möglichst gut miteinander vereinbart. Selbst wenn sie wissen, dass der ‚vollkommene' Christ, der vollkommene christliche Werke tut, jenseits menschlicher Möglichkeiten liegt."[9]

In ihrem Buch *Believers in Business* („Christen im Beruf") erläutert Nash sieben Spannungsfelder, denen Christen im Berufsleben begegnen:

- die Liebe zu Gott und das Streben nach Profit,
- Liebe und Wettbewerb,
- menschliche Bedürfnisse und finanzielle Zwänge,
- Demut und das Ego des Erfolgs,
- Familie und Arbeit,
- Wohltätigkeit und Reichtum,
- treues Glaubenszeugnis in einer säkularen Welt.[10]

Sie fand heraus, dass Christen – wenn sie nicht vor diesen Spannungen zurückschrecken, sondern sich tatkräftig damit auseinandersetzen – unerwartete, kreative und praktikable Lösungen für zunächst scheinbar unüberwindliche moralische Zwickmühlen finden.

Sie führt das Beispiel eines Kunstzentrums an, das einer Druckerei den Auftrag erteilte, Werbeflyer für eine Veranstaltung zu drucken, bei der Spenden für ein AIDS-Hospiz gesammelt werden sollten. Kurz vor der Auslieferung erfuhr der Drucker, der Christ war, dass bei der Veranstaltung auch ein

Schwulenchor mitwirken sollte. Da er aus diesem Grund seine Arbeit nicht mit seinem Glauben vereinbaren konnte, weigerte er sich, die Werbezettel auszuliefern. Es war für das Zentrum jedoch zu spät, eine neue Druckerei zu engagieren. Da es der Veranstaltung nun an Werbung fehlte, machte das Kunstzentrum Verluste, und das Hospiz bekam überhaupt kein Geld.

Für den Drucker ging es hier um eine einfache Entweder-oder-Entscheidung, da er Stellung gegen Homosexualität beziehen musste. Aber war es das wirklich? Was ist mit christlicher Barmherzigkeit gegenüber Hospizpatienten? Und was ist mit der Tatsache, dass er sein ursprüngliches Versprechen gebrochen hatte, die Werbeflyer zu drucken? Wenn Sie sich intensiver mit dieser Frage beschäftigen, werden Sie spüren, dass es hierbei um Spannungen zwischen legitimen, aber konkurrierenden Werten geht.

Ein anderer Drucker, der ebenfalls Christ war, ging mit einer ähnlichen Situation anders um. Nachdem er gebetet und über die verschiedenen Sichtweisen nachgedacht hatte, konnte er keine Lösung finden, die alle biblischen Blickwinkel perfekt berücksichtigte. Er kam zu dem Schluss, dass er seine Zusage einhalten musste, die Werbezettel zu drucken, entschied aber, dass er mit diesem Auftrag keinen Gewinn erzielen und gleichzeitig ein gutes Gewissen haben konnte. Also schrieb er seiner Kundin keine Rechnung, erklärte ihr aber, dass er in Zukunft keine Werbezettel für vergleichbare Veranstaltungen mehr drucken würde.[11]

Welche Entscheidung war „richtig“? Manchmal ist es nicht so einfach, wie es auf den ersten Blick erscheint. Aber generell gilt: Wenn wir so tun, als gäbe es keine Spannungen, treffen wir am Ende oft oberflächliche und kurzsichtige Entscheidungen. Wenn wir aber beten und uns die widerstreitenden Haltungen genauer ansehen, werden wir oft von unseren Entscheidungen überrascht werden.

Wappnen Sie sich gegen zunehmende ethische Nachlässigkeit

Im Laufe der Jahre habe ich festgestellt, dass Christen, die ethisch besonders geschickt durchs Berufsleben navigieren, bestimmte Charakterzüge aufweisen. Beispielsweise ist Gebet ein besonders wichtiger Bestandteil ihres Lebens und die Bibel ist ihre wertvollste Quelle. König David sagte: „Dein Wort ist eine Leuchte für mein Leben, es gibt mir Licht für jeden nächsten Schritt" (Psalm 119,105). Dieses Bild bekam für mich eine besondere Bedeutung, als ich 1987 ein ländliches Gebiet in Indien besuchte.

In einer dunklen Nacht wanderten einige von uns von einem Dorf zu einem anderen. Dabei wurden wir von einem Dorfbewohner geführt, der eine Laterne trug, um den dunklen, schmutzigen Pfad etwas zu erhellen. Da mich sein langsames Tempo frustrierte und ich der Überzeugung war, ich könnte den Weg selbst im schwachen Mondlicht finden, verließ ich den Pfad und überholte ihn. Unglücklicherweise tat ich dies an genau der Stelle, an der der Pfad auf eine Brücke mündete. Ich konnte nicht sehen, wohin ich ging, und landete schließlich in einem ausgetrockneten Flussbett!

Ebenso habe ich festgestellt, dass ich unausweichlich ins Straucheln gerate, wenn ich meine, meinen Weg durch ein ethisches Minenfeld im schwachen Licht meiner eigenen Instinkte manövrieren zu können. Aber wenn ich die Weisheit, die Prinzipien und die Gebote der Bibel in die Situation hineinscheinen lasse, wirft dies ein besseres Licht auf meine Möglichkeiten.

Menschen, die nach festen ethischen Grundsätzen handeln, nehmen sich bereits im Vorfeld Zeit, darüber nachzudenken, was die neuralgischen Punkte ihres Berufslebens sind, an denen ihre Integrität sehr wahrscheinlich herausgefordert wird. Indem sie mögliche Problemfelder genau lokalisieren und beobachten, sind diese Christen drauf vorbereitet, ethische Nachlässigkeit schnell zu unterbinden.

Außerdem beobachten sie auch das Handeln anderer sorgfältig – in der Regel, damit sie genau das Gegenteil tun können! „Passt euch nicht den Maßstäben dieser Welt an. Lasst euch vielmehr von Gott umwandeln, damit euer ganzes Denken erneuert wird", schrieb der Apostel Paulus an die Gemeinde in Rom. „Dann könnt ihr euch ein sicheres Urteil bilden, welches Verhalten dem Willen Gottes entspricht, und wisst in jedem einzelnen Fall, was gut und gottgefällig und vollkommen ist" (Römer 12,2). Doug Sherman und William Hendricks erklären:

„In unklaren Situationen kann man darauf wetten, dass die Masse zusammenhält – und falsch liegt. [...] Wenn also in moralisch unklaren Situationen am Arbeitsplatz alle in dieselbe Richtung zu laufen scheinen, dann sollten Sie nicht automatisch mit der Menge mitlaufen. Natürlich werden alle behaupten, ‚ihr eigenes Ding' zu machen, aber es ist bemerkenswert, wie oft das damit endet, dass alle dasselbe Ding machen – nämlich das Falsche. Sie sollten derjenige sein, der wirlich seine eigene Agenda verfolgt."[12]

Schließlich suchen Christen, die bewusst ihren Glauben und ihren Beruf unter einen Hut bringen wollen, den Kontakt zu kritischen und ähnlich gesinnten Menschen aus demselben Berufsfeld. Sie pflegen regelmäßigen Austausch, halten sich zur Verbindlichkeit an, beten füreinander und geben sich gegenseitig klugen und bibelorientierten Rat für den richtigen Umgang mit den ständigen Spannungen zwischen Gewissen und Beruf.

Als ich diesen Abschnitt verfasste, bekam ich witzigerweise einen Anruf von einer weit entfernt lebenden Journalistin, die mich um einen Rat bat, da ich früher selbst in diesem Berufszweig tätig gewesen war. Ihre Nachrichtenagentur wollte sie als Korrespondentin für den Bereich „Religion" einsetzen, aber gleichzeitig engagierte sie sich in ihrer Freizeit zunehmend als ehrenamtliche Mitarbeiterin eines immer einflussreicher werdenden christlichen Dienstes. Stellte dies einen Interessenskonflikt dar? Wenn ja, wie konnte sie damit ethisch verantwortlich umgehen?

Wir unterhielten uns etwa eine halbe Stunde darüber und schauten uns diese Frage aus einer Reihe unterschiedlicher Blickwinkel an. Schließlich sagte sie: „Okay, Lee, ich denke, ich weiß jetzt, was ich tun soll. Danke für deine Anregungen." Als ich den Hörer auflegte, kam mir das biblische Bild von Eisen, das Eisen schärft, in den Sinn. Unsere ethischen „Schneiden" bleiben gut geschliffen, wenn wir ein offenes Ohr für den Rat anderer Christen haben (Sprichwörter 27,17).

Es führt kein Weg daran vorbei: Wenn wir den gnadenlosen Konkurrenzkampf überleben wollen, müssen wir zu Vertrauten werden, die einander genug lieben, um uns gegenseitig die

Wahrheit zu sagen. Genauso wichtig ist, dass wir eine lernbereite Haltung wahren, die uns dafür offen sein lässt, das Richtige zu tun – selbst wenn das Falsche so anziehend zu sein scheint.

Nun, was die 5.000 Dollar betrifft ...

Hmmmm. 5.000 Dollar bar auf die Hand, steuerfrei. Ich hätte dafür nur meine journalistische Ethik verletzen müssen. Was hätten Sie an meiner Stelle getan? Da ich den Bestechungsversuch des Rechtsanwalts zu Beginn dieses Kapitels erwähnt habe, ist es nur fair, dass ich Ihnen erzähle, was daraus geworden ist. Mein erster Gedanke war: *Komme ich damit durch?* Ich fing an, mir vorzustellen, was ich alles mit dem Geld anfangen könnte. Dann überlegte ich sachlich: *Wenn ich die einzige Person bin, die diese Memos zur Verfügung stellen kann, damit einer trauernden Familie vor Gericht geholfen ist, vielleicht sollte ich es tun.*

Aber auch wenn ich damals noch kein Christ war, so überschlug ich doch meine eigene Kosten-Nutzen-Bilanz. Sicher, ich wäre um 5.000 Dollar reicher, aber könnte ich mich noch im Spiegel anschauen? Wie könnte ich mit der Angst leben, dass diese Bestechung irgendwann herauskäme? Ich wäre gedemütigt, meine Karriere wäre am Ende, ich würde den Respekt meiner Familie verlieren, ich könnte wegen Steuerbetrugs im Gefängnis landen. Davon ganz abgesehen: Wenn mein Preis nur 5.000 Dollar betrüge, dann wäre ich wirklich nicht viel wert.

Also lehnte ich die Zahlung ab. Und viele Monate später las ich in der Zeitung einen Artikel über den Fall. Es stellte sich heraus, dass die Familie vor Gericht Recht bekam und für ihren Verlust entschädigt wurde – ganz ohne meine illegale Unterstützung.

Aber rechnen Sie mir das nicht zu hoch an. Denn auch wenn ich mich richtig entschieden hatte, so doch aus den falschen Beweggründen. Ich lehnte die Bestechung nicht ab, weil ich die in ethischer Hinsicht richtige Entscheidung treffen wollte.

Doch selbst als Atheist erkannte ich das Offensichtliche: Christliche Ethik ist auch im Berufsleben sinnvoll. Sinnvoller als die täglichen Schlammschlachten zu gewinnen, dabei aber zum Schwein zu werden.

4. Behauptung

Sie können etwas bewirken, das für die Ewigkeit Bestand hat

Der Zeichentrick-Held Homer Simpson hatte seine fromme Nachbarin Maude Flanders schon seit einiger Zeit nicht mehr gesehen.

Ehrlich gesagt bin ich mir nicht sicher, ob er sie vermisst hat. Dass Maude und ihr Ehemann Ned ständig so schrecklich fröhlich waren, ärgerte ihn. Dass ihre Kinder immer so entsetzlich wohlerzogen waren, hob das teuflische Verhalten von Homers eigenem verdorbenem, stachelhaarigem Sohn Bart nur umso mehr hervor. Und der sich in Gemeinplätzen äußernde Glaube der Flanders' schien mit dem Leben des Simpson-Clans, der sich durch seinen Alltag wurstelte, so überhaupt nichts zu tun zu haben.

Aber als Homer sah, dass Maude in ihrem Garten war, begrüßte er sie trotzdem herzlich. „Hallo, Maude, ich hab dich ja schon so lange nicht mehr gesehen", sagte er. „Wo warst du?"

„Oh", antwortete Maude mit Begeisterung in der Stimme, „ich war im Bibel-Camp. Dort habe ich gelernt, wie ich die Menschen noch besser verurteilen kann."

Autsch!

Ich konnte mir lebhaft vorstellen, wie Millionen von Zuschauern im ganzen Land in Gelächter ausbrachen und „Amen!" flüsterten.

Leider denken viele Menschen heutzutage so über Christen. Wenn bei den *Simpsons* Bibelschwinger gezeigt werden, dann vertreten sie einen Glauben, der rigide und oberflächlich, aufdringlich und moralisierend, zuckersüß und völlig realitätsfern ist. Und als ich dem christlichen Glauben noch skeptisch gegenüberstand, beschrieb ich die Christen genau so. Wie Sheldon Vanauken schon sagte: „Das beste Argument für den christlichen Glauben sind die Christen: ihre Freude, ihre Gewissheit, ihre Vollständigkeit. Aber das stärkste Argument gegen den christlichen Glauben sind ebenfalls Christen – wenn sie düster und freudlos sind, wenn sie selbstgerecht und selbstzufrieden sind, wenn sie engstirnig und repressiv sind, dann stirbt der christliche Glaube tausend Tode."

Die Schriftstellerin Annie Dillard ist genauso freimütig: „Wie schade", sagte sie, „dass die Christen nicht allzuweit entfernt sind, wenn man Christus kennenlernt." Und dann ist da noch William Hart, der Jesus in seinem Buch über die 100 einflussreichsten Persönlichkeiten der Geschichte an dritter Stelle auflistet (nach Mohammed und Sir Isaac Newton): „Auf Grund seiner eigenen Verdienste wäre Jesus wohl die einflussreichste Person, die jemals gelebt hat. Das Problem sind seine Nachfolger. Sie haben sich bei der Verbreitung seiner Botschaft ziemlich armselig angestellt."

Jesus muss gewusst haben, was passieren würde. Und doch hielt ihn das nicht davon ab, eine seiner provokantesten Behauptungen aufzustellen.

Gottes Marketing-Herausforderung

Es geschah auf einem Hügel in der Nähe von Kapernaum. Jesus hatte gerade eine Menschenmenge durch eine verblüffende Botschaft in Erstaunen versetzt: Genau die Menschen, von denen sie dachten, sie würden nie für das Reich Gottes in Betracht kommen, sind eingeladen – und zwar nicht, weil *sie* so gut wären, sondern weil *er* so gut war.

Und Jesus wollte, dass diese lebens- und ewigkeitsverändernde Botschaft auf der ganzen Welt und durch die ganze Geschichte hindurch verbreitet würde. Aber wie? Wie sah seine Marketing-Strategie aus?

An diesem Punkt enthüllte Jesus seinen strategischen – und scheinbar außergewöhnlichen – Plan. Im Wesentlichen sagte er seinen Nachfolgern: „*Ihr* seid meine Marketing-Strategie. *Ihr* seid diejenigen, durch die meine Botschaft in euren Familien, in eurer Nachbarschaft, an eurem Arbeitsplatz und in eurer Schule verbreitet wird. Ihr werdet das schaffen, indem ihr Salz und Licht seid. *Das* ist Plan A. Und das sollte lieber funktionieren, denn es gibt keinen Plan B."

Jesus gebrauchte das Bild von Salz und Licht eindeutig im positiven Sinne. Er erklärte den Menschen, dass sie wie Salz sein sollten, indem sie ein Leben lebten, durch das andere Durst nach Gott bekamen, das die Welt etwas schmackhafter machen und den moralischen Verfall der Gesellschaft aufhalten sollte. Und so wie Licht anzieht und aufdeckt, sagte Jesus: „Ich möchte, dass ihr so lebt, dass euer Leben meine Wahrheit für andere sichtbar macht, dass es meine Barmherzigkeit in die Hoffnungslosigkeit und Verzweiflung hineinstrahlt und dass es Menschen zu mir zieht – denn ich bin das Licht des Lebens."

Was für eine ausgefallene Idee – dass schwächliche und fehlbare, furchtsame und sprachlose, unsichere und unbeständige Menschen wie Sie und ich die Hauptüberbringer dieser monumentalen Nachricht sein sollten, die die Ewigkeit eines Menschen verändern kann. Es war eine Strategie mit einem hohen Einsatz. Und die Ergebnisse waren … nun, geben wir es zu: etwas durchwachsen. Denn obwohl Jesus die Bilder von Salz und Licht positiv verwendete, haben einige Christen es geschafft, sie zu negativen Metaphern zu machen.

Salz, das beißt, und Licht, das blendet

Wenn Sie jemals Salz in eine Wunde bekommen haben, wissen Sie, wie schmerzhaft das ist. Wenn Sie Ihr Essen zu stark gesalzen haben, spucken Sie es schnell wieder aus. Auch starkes Licht kann schlecht sein, etwa wenn Sie auf einer zweispurigen Straße unterwegs sind und das Fernlicht eines entgegenkommenden Fahrzeugs Sie blendet, sodass Sie die Augen abwenden müssen.

Und das ist auch das Problem mit manchen Christen: Sie haben zwar gute Absichten, treiben aber unabsichtlich Menschen vom Reich Gottes eher weg, als dass sie sie anziehen. Zumindest dachte ich dies, als ich noch Atheist war.

Im Wesentlichen gibt es vier Arten von Christen, die mich damals vom christlichen Glauben abstießen. Wenn Sie spirituell auf der Suche sind, dann achten Sie doch einmal darauf, ob Sie das nachvollziehen können. Und wenn Sie Christ sind, dann fragen Sie sich ehrlich, ob Sie sich in eine dieser Kategorien einordnen müssen.

Erstens sind da die allzu offensichtlichen Christen, die ihre Botschaft mit der Hammer-Methode verbreiten. Ein Beispiel dafür war der Mann, an dem ich auf dem Weg zu meinem Büro bei der *Chicago Tribune* vorbeikam. Er brüllte in ein Megafon, das seine Worte so stark verzerrte, dass ich keine Ahnung hatte, was er überhaupt sagte. Aber er wedelte wütend mit einer Bibel in der Luft herum, sodass ich die wesentlichen Inhalte erahnen konnte. Und ich sagte mir: „Wenn das der christliche Glaube ist, dann braucht ihr nicht mit mir zu rechnen!"

Kürzlich stieß ich auf ein Handbuch, das detaillierte Anweisungen enthielt, wie Christen einen Lautsprecher auf ihrem Autodach befestigen können, damit sie unterwegs predigen können. Haben Sie schon einmal von „Drive-by Shootings" gehört, bei denen Bandenmitglieder an gegnerischen Gangs vorüberfahren und mit Waffen aus dem Auto heraus auf diese feuern? Nun, dann haben wir es hier wohl mit „Drive-by Shoutings" zu tun, bei denen Christen aus dem fahrenden Wagen mit Worten auf „normale" Menschen schießen!

Das Handbuch gab so hilfreiche Ratschläge wie folgenden: „Je schneller Ihr Auto fährt, desto kürzer sollte Ihre Predigt sein." Es führte auch Beispielsätze an. Wenn Ihr Auto beispielsweise an einer roten Ampel hält, können Sie verkünden: „Fahren Sie jetzt an den Straßenrand und bitten Sie Jesus, Ihre Seele zu retten!"

Wenn mir einer dieser allzu offensichtlichen Christen Flugblätter in die Hand drückte, wenn ich unterwegs war, dann warf ich diese in den nächsten Abfalleimer. Wenn ein mit einer Bibel bewaffnetes Paar an meiner Haustür klingelte, tat ich so, als sei ich nicht zu Hause.

Diese Personen bemühten sich immer, ein Gespräch über geistliche Themen zu den unpassendsten Zeiten zu beginnen. Ich sehe mich beispielsweise noch, wie ich mich in einem überfüllten Kino durch die Reihen zwängte und nach einem freien Platz Ausschau hielt.

„Ist dieser Platz reserviert?", fragte ich die Person, die neben dem freien Sitz saß.

„Nein, ist er nicht", brüllte diese los und deutete drohend auf mich. „Aber die eigentliche Frage ist doch, ob für Sie ein Platz im Himmel reserviert ist!"

Ich sage Ihnen was: Ich hastete, so schnell ich konnte, zu einem freien Platz auf der anderen Seite des Kinosaals! Mir widerstrebt es einfach grundsätzlich, wenn fremde Menschen sich uneingeladen in etwas so Persönliches wie meine Glaubensüberzeugungen drängen.

Außerdem stießen mich „Grußkarten-Christen" ab, deren Glaubensverständnis so seicht war, dass sie darüber nur in dummen Klischees sprechen konnten, wie man sie auf Weihnachtskarten findet. Wenn ich ihnen eine 1-Million-Dollar-Frage über den christlichen Glauben stellte, gaben sie mir eine 25-Cent-Antwort. Oder überhaupt keine Antwort. Für sie war der christliche Glaube etwas Emotionales, nichts Rationales. Das stieß mich ab, denn ich dachte: *Wie können sie etwas glauben, das sie offensichtlich nie durchdacht haben?*

Zudem stießen mich moralisierende Christen ab. Selbstzufrieden und selbstgerecht stellten sie sich als viel besser dar, als sie tatsächlich waren. Sie brandmarkten alle anderen als viel schlechter, als wir tatsächlich waren, so als ob alle sozialen Probleme in Amerika daher rührten, dass nicht alle hundertprozentig mit ihnen übereinstimmten. Das machte mich wirklich sauer.

Solche Christen vertraten eine „Wir gegen die anderen"-Einstellung. Sie waren die Guten und sie mussten sich von den Bösen – zu denen natürlich ich zählte – fernhalten. Ich hatte den Eindruck, dass – falls ich aus Versehen in eine ihrer Kirchen ginge – die Leute hinter meinem Rücken panisch flüstern würden: „Schaut! Das ist einer von diesen Heiden, die zur Hölle fahren! Schnell, sperrt die Wertsachen weg! Rettet die Kinder! Schützt die Frauen!" Das war wirklich zum Abgewöhnen.

Die anderen, die mich vom Glauben wegjagten, waren „kosmetische" Christen. Sie besaßen eine oberflächliche Spiritualität, die von außen ziemlich gut aussah, aber nicht tief genug reichte, um ihr Verhalten und ihre Einstellungen zu verändern.

Wie der Journalist, der einer der skrupellosesten Reporter Chicagos war, aber alle wissen ließ, dass er jeden Sonntag zum Gottesdienst ging. Oder der Politiker, der stolz zu Wahlkampfzeiten mit seiner Kirchenverbundenheit warb, aber hinter verschlossenen Türen bösartig und heimtückisch war. Oder der Polizeibeamte, der der größte Rassist war, den ich je kennengelernt habe, der aber nie einen Sonntagsgottesdienst ausließ. Ehrlich gesagt glaube ich, dass nichts auf andere so abstoßend wirkt wie die Scheinheiligkeit solcher kosmetischer Christen.

Zum Glück traf ich in meinen Jahren als Skeptiker nicht nur auf Christen, die sich in diese vier Kategorien einordnen ließen. Ich lernte auch Christen wie Ron, David, Linda und Jerry kennen, deren Salzgehalt in mir den Durst weckte, mehr über diesen Jesus zu erfahren, den sie so gut zu kennen schienen.

Was war bei ihnen anders? Wie verkörperten sie das Bild Jesu von Salz und Licht in Begriffen des 20. Jahrhunderts? Ich möchte diese Frage beantworten, indem ich Ihnen erzähle, wie der Heilige Geist ihren Charakter und ihre Einstellung gebrauchte, um mich sanft, aber nachdrücklich zu Jesus hinzuziehen.

Ein teurer Glaube

Ron war aus folgendem Grund für mich Salz und Licht: Er lebte seinen Glauben, auch wenn er ihn etwas kostete.

Ich begegnete Ron, als ich Reporter für die *Chicago Tribune* und für die Gerichtsreportagen in einem düsteren Anbau des Gefängnisses von Cook County im Westen Chicagos zuständig war. Tag für Tag beobachtete ich einen steten Strom von Angeklagten – die meisten von ihnen eindeutig schuldig –, die verzweifelt versuchten, jedes Schlupfloch auszunutzen, das ihnen die gerechte Strafe würde ersparen können. Jeder bemühte sich, mit den Geschworenen zu verhandeln, sie zu täuschen, sie auszutricksen, das Strafmaß zu drücken – alles, aber bloß nicht die Verantwortung für das zu übernehmen, was sie getan hatten.

Und dann kam Ron, der alles auf den Kopf stellte. Ich möchte Ihnen aber zunächst etwas darüber erzählen, wo er herkam.

Als er acht Jahre alt war, schlug Ron jemandem einen Hammer auf den Kopf und landete im Jugendgefängnis. Das war der erste von vielen Zusammenstößen mit dem Gesetz. Später flog er von der Schule, kam in Kontakt mit Drogen und stieg zum stellvertretenden Chef der *Belaires* auf, einer schlimmen Straßengang, die in den 1960er und 1970er Jahren bestimmte Gebiete Chicagos terrorisierte.

Richtig große Probleme bekam er, als er 21 Jahre alt war. Eine rivalisierende Gang, die *Palmer Street Gaylords,* überfielen brutal einen von Rons Freunden, und er schwor Rache. Er lieh sich ein Gewehr aus und machte Jagd auf Bob, der den Angriff der *Gaylords* angeführt hatte.

Es dauerte nicht lange, bis Ron ein paar *Gaylords* aufgespürt hatte, die gerade aus einer Kneipe kamen. Bob war zwar nicht darunter, dafür aber dessen Bruder Gary. In Rons Hirn lief sofort ein Film ab: Er beschloss, Gary umzubringen, und wenn Bob dann zur Beerdigung seines Bruders kam, würde er diesen aus dem Hinterhalt ebenfalls erschießen. Auf diese Weise konnte er gleich zwei *Gaylords* umbringen.

Also sprang Ron aus der Deckung, drückte Gary das Gewehr auf die Brust, brüllte, „Belaires!" – und drückte ab.

Klick.

Das Gewehr versagte. Nun stand Ron sechs sehr wütenden *Gaylords* gegenüber. Als sie ihn verfolgten, hielt Ron das Gewehr in die Luft und drückte noch einmal ab. Dieses Mal ging der Schuss los und ließ die *Gaylords* in alle Himmelsrichtungen auseinanderstieben.

Ron verfolgte Gary durch eine Gasse und schoss im Laufen auf ihn. Schließlich erreichte eine Kugel ihr Ziel, traf Gary im Rücken und blieb neben seiner Leber stecken. Gary brach mit dem Gesicht nach unten auf dem Pflaster zusammen.

Ron rannte zu ihm und drehte ihn um. „Erschieß mich nicht!", flehte Gary. „Schieß nicht noch mal! Bring mich nicht um!"

Aber ohne einen Funken Mitleid oder das leiseste Zögern hielt Ron das Gewehr in Gary Gesicht und drückte ab.

Klick!

Dieses Mal war das Gewehr leer.

In der Ferne heulte eine Sirene auf. Ron entkam der Polizei, aber sie gaben umgehend eine Fahnung wegen versuchten Mordes nach ihm heraus. Bei Rons umfangreicher Akte bedeutete das für ihn zweifellos 20 Jahre im Gefängnis.

Diesen Gedanken konnte Ron nicht ertragen. Er und seine Freundin flohen nach Kanada, gingen dann nach Westen und landeten schließlich in Portland/Oregon. Dort fand Ron seinen ersten richtigen Job und arbeitete in einem Metallwarenladen. Durch göttliche Fügung waren seine Arbeitskollegen Christen und durch ihr Vorbild kam Ron zum Glauben an Jesus Christus.

Im Laufe der Zeit veränderten sich Rons Werte und sein Charakter allmählich. Auch seine Freundin wurde Christ und die beiden heirateten. Sie bekamen später ein kleines Mädchen namens Olivia. Ron wurde ein vorbildlicher Angestellter, aktives Gemeindemitglied und geachteter Bürger seines Wohnortes.

Aber etwas nagte an ihm. Auch wenn er mit Gott versöhnt war, war er noch nicht mit der Gesellschaft versöhnt. Gegen ihn lag noch immer ein Haftbefehl vor. Und auch wenn die Polizei nicht mehr aktiv nach ihm suchte und er vermutlich den Rest seines Lebens in Oregon verbringen könnte, ohne gefasst zu werden, so spürte er doch, dass es nur ehrlich wäre, sich zu stellen und der Möglichkeit ins Auge zu sehen, 20 Jahre getrennt von seiner Familie im Gefängnis zu verbringen.

Andernfalls, so sagte er sich, wäre sein Leben eine Lüge. Und als Christ entschied er, dass das einfach keine Alternative war.

Ich war zugegen, als Ron im Gerichtssaal erschien. Anders als die anderen Angeklagten, die versuchten, sich aus der Verantwortung zu ziehen, schaute Ron dem Richter erstaunlicherweise gerade in die Augen und sagte: „Ich bin schuldig. Ich habe es getan. Ich übernehme dafür die volle Verantwortung. Wenn das bedeutet, dass ich ins Gefängnis muss, ist das in Ordnung. Aber ich bin mittlerweile Christ geworden, und deshalb ist es mir wichtig zuzugeben, was ich getan habe, und um Vergebung zu bitten. Was ich getan habe, war falsch, ganz einfach, und es tut mit leid. Es tut mir wirklich leid."

Ich war völlig platt! Das war kein oberflächliches Christentum. Wenn jemand einen solchen Schritt geht, der ihn so viel kosten kann, dann weiß man, dass dafür nur ein Glauben verantwortlich sein kann, der ihn ganz radikal verändert hat.

Und das zog mich zum christlichen Glauben hin. Warum? Weil wir in unverbindlichen Zeiten leben, in denen das allgemeine Motto zu lauten scheint: „Nimm den einfachen Weg." Wenn jemand also sagt: „Ich mache etwas nicht, weil es so üblich oder einfach ist, sondern weil es richtig ist", dann macht das andere neugierig oder inspiriert sie sogar. Es bringt andere dazu, Respekt für diesen tiefen Glauben zu empfinden. Solche Menschen nannte man früher „Helden“.

Ich war so von dem fasziniert, was Ron gemacht hatte, dass er überhaupt nicht auf mich zukommen und über seinen Glauben sprechen musste. Vielmehr fragte ich ihn nach seinem Glauben. Und als er mir davon erzählte, wie Jesus ihn verändert hatte und er vom Anführer einer Straßengang zu einem Nachfolger Jesu geworden war, hatte er meine ungeteilte Aufmerksamkeit. Und er war für mich völlig glaubwürdig. Sowohl sein Vorbild als auch seine Worte beeindruckten mich nachhaltig.

Wenn Sie also wissen wollen, was es bedeutet, Salz und Licht zu sein – hier haben Sie eine Antwort: *Leben Sie Ihren Glauben, selbst wenn Sie dafür einen Preis zahlen müssen.* Denn wenn Sie Ihren Glauben so ernst nehmen, werden andere, die Sie dabei beobachten, auch anfangen, ihn ernst zu nehmen.

Die Kosten sehen vermutlich für jeden anders aus. Für den einen kann es bedeuten, in beruflicher Hinsicht einen Preis zu zahlen und sich zu weigern, ethische Werte außer Acht zu lassen, auch wenn es der Chef oder Kunde vielleicht wünscht. Es kann bedeuten, einen gesellschaftlichen Preis zu zahlen, indem man inmitten einer Gruppe von Menschen, die sich über den christlichen Glauben lustig macht, über seinen Glauben spricht. Es kann bedeuten, das man etwas von der knapp bemessenen Freizeit opfert und sich um einen Nachbarn kümmert. Es kann bedeuten, dass man den eigenen Stolz überwindet und jemanden um Vergebung bittet.

Es kann bedeuten, etwas, das man sehr mag, herzugeben, weil ein anderer Mensch es nötiger braucht. Es kann bedeuten, im Beruf auf eine Beförderung zu verzichten, und stattdessen mehr Zeit für die Familie zu haben. Dadurch vermitteln Sie nach außen, welche Prioritäten Ihnen wichtig sind. Es kann auch bedeuten, zuzugeben, dass Sie Arbeitsmaterialien vom Arbeitsplatz zum persönlichen Gebrauch mit nach Hause genommen haben, und zu sagen, dass Sie dafür Schadenersatz leisten werden.

Dies alles sind salzige Schritte, aber auch Schritte, die ihren Preis haben.

Ron ging davon aus, dass er einen teuren Preis zahlen und 20 Jahre im Gefängnis verbringen müsste. Aber witzigerweise sagte der Richter, er sei so beeindruckt davon gewesen, wie

Gott Rons Leben verändert hatte, dass es aus seiner Sicht nicht mehr notwendig sei, ihn ins Gefängnis zu schicken. Stattdessen schloss er, dass Ron nicht länger eine Gefahr für die Gesellschaft darstellte, und entließ ihn auf Bewährung. „Gehen Sie nach Hause und bleiben Sie bei Ihrer Familie“, sagte er.

Dieser Urteilsspruch überraschte mich. Als die Verhandlung unterbrochen wurde, eilte ich auf den Flur, um Ron zu interviewen. „Wie finden Sie das, was der Richter gemacht hat?“, fragte ich ihn.

Ron schaute mich direkt an: „Der Richter hat mir Gnade erwiesen – so wie es auch Jesus getan hat“, antwortete er. „Und, Lee, darf ich Ihnen etwas sagen? Wenn Sie es zulassen, wird Gott auch Ihnen Gnade erweisen. Vergessen Sie das nicht.“ Und da dieser Satz von einem Menschen wie Ron kam, hatte er eine Menge Gewicht.

Am Ende verschwand Ron so schnell aus meinem Leben, wie er es betreten hatte. Aber unsere kurze Begegnung erwies sich als einer der entscheidenden Augenblicke, die dazu beitrugen, etwas in meinem Leben zu verändern, das für die Ewigkeit Bestand haben sollte.

Ein mitfühlender Glaube

Auch ein anderer Christ vermittelte mir eine Ahnung davon, wie Jesus ist. Er hieß David, und er sagte mir nicht einfach nur, dass Gott mich liebte, sondern er zeigte es mir durch sein Handeln.

Vor fast 30 Jahren bekamen Leslie und ich unser erstes Kind, eine Tochter, der wir den Namen Alison Joy gaben. Wie alle frischgebackenen Eltern waren wir über dieses langersehnte Ereignis völlig begeistert und euphorisch.

Ich weiß noch, wie ich Verwandte aus der Klinik anrief: „Wisst ihr, dass alle neugeborenen Babys voller Falten und hässlich sind?“, sagte ich. „Alison ist völlig anders! Sie ist einfach wunderschön!“

Am nächsten Tag warteten Leslie und ich in ihrem Zimmer darauf, dass die Krankenschwester Alison für ihre 1-Uhr-Mahlzeit bringen würde. Aber sie kam nicht. Gerade, als wir losgehen und nachsehen wollten, was los war, klopfte es an der Tür. Ein ganzer Schwung ernst dreinblickender Ärzte strömte herein und überbrachte uns eine Nachricht, bei der uns das Herz in die Hose sank.

Irgendetwas war mit Alison nicht in Ordnung. Sie wussten nicht, was es war, aber es war ernst. Alison befand sich bereits auf der Intensivstation. Wir mussten einige Dokumente unterzeichnen, damit sie bei ihr eine Rückenmarkspunktion und weitere Tests durchführen konnten. Wir sollten uns schon mal auf das Schlimmste gefasst machen.

Wir brachen in Tränen aus, hatten Angst und machten uns Sorgen. Warum sie? Warum wir? Die nächsten Tage waren sehr schmerzhaft. Es quälte uns zu sehen, wie unsere winzige Tochter an Maschinen hing, mit einem intravenösen Zugang am Knöchel und einer Reihe von surrenden Monitoren um sie herum. Für uns war es besonders schwer, denn wenn man nicht an Gott glaubt, hat man wirklich niemanden, an den man sich wenden kann.

Aber ich erinnere mich noch sehr gut, wie ich inmitten dieses Horrors spät am Nachmittag einen Anruf bekam. Es war David, ein Mann, den ich vor einigen Jahren kennengelernt, zu dem ich aber seit langem keinen Kontakt mehr hatte.

Ich bin nicht stolz darauf, aber ich muss zugeben, dass ich David im Verlauf unserer Bekanntschaft angelogen, getäuscht, mich über ihn lustig gemacht, meine Versprechen nicht eingehalten und seine Gemeinde und alles, wofür sie stand, rücksichtslos kritisiert habe. Aber David nahm seinen Glauben ernst und aus diesem Grund rief er mich an jenem Tag an.

„Ich habe gehört, was mit eurem kleinen Mädchen los ist“, meinte er. „Was kann ich für euch tun? Soll ich vorbeikommen und einfach eine Zeitlang bei euch bleiben? Braucht ihr jemanden zum Reden? Kann ich euch etwas bringen? Gibt es etwas, das ich für euch erledigen kann? Lee, sag einfach, was ihr braucht, und ich komme, sobald ich kann. Und in der Zwischenzeit werde ich für eure Tochter beten, wie auch meine Freunde in der Gemeinde.“

Ich dachte: *Das ist unglaublich! Ich kann nicht glauben, dass er bereit ist, alles stehen und liegen zu lassen und 100 Kilometer zu fahren, nur um mich zu trösten und mir in dieser Krise beizustehen.*

Ich kann nicht glauben, dass er Zeit auf seinen Knien verbringen wird, um seinen Gott darum zu bitten, dass er meine Töchter gesund macht. Ich verdiene das nicht – geschweige denn von ihm.

Noch drei Jahrzehnte später könnte ich Sie genau an die Stelle führen, an der ich seinen Anruf bekommen hatte. So tief hat sich diese Begebenheit in mein Gedächtnis eingegraben. Und so sieht der Einfluss aus, den Christen haben, wenn sie bereit sind, nicht nur schöne Worte zu machen, sondern auch die Liebe Christi in Aktion zu setzen.

Jesus wusste das und aus diesem Grund sagte er auch: „Genauso soll euer Licht vor allen Menschen leuchten. An euren Taten sollen sie euren Vater im Himmel erkennen und ihn auch ehren" (Matthäus 5,16). Das bedeutet es, Licht zu sein.

Christen vergessen das von Zeit zu Zeit, werden aber ab und zu wieder daran erinnert. Ich las beispielsweise ein Buch, dessen Autor Terry Muck von einem Mann berichtete, der absolut kein Interesse an geistlichen Dingen hatte.

Sein Nachbar war Christ, aber sie hatten nur eine oberflächliche Beziehung – Gespräche über den Gartenzaun, gegenseitig ausgeliehene Rasenmäher, solche Dinge eben. Dann erkrankte die Frau des Nichtchristen an Krebs und starb innerhalb von drei Monaten. Im Folgenden lesen Sie einen Auszug aus einem Brief, den er später schrieb:

„Ich war völlig verzweifelt. Ich durchlebte die Vorbereitungen für die Beerdigung und den Gottesdienst wie in Trance. Und nach dem Gottesdienst ging ich zu dem Pfad am Fluss und lief die ganze Nacht. Aber ich lief nicht alleine. Mein Nachbar – der vermutlich Angst um mich hatte – blieb die ganze Nacht bei mir.

Er sprach nicht; er lief nicht einmal neben mir. Er folgte mir einfach. Als die Sonne schließlich über dem Fluss aufging, kam er zu mir und sagte: ‚Lass uns etwas frühstücken.'

Ich gehe heute zur Kirche. In die Gemeinde meines Nachbarn. Ich wollte einfach mehr über eine Religion herausfinden, die Menschen hervorbringen kann, die so liebevoll und fürsorglich sind wie mein Nachbar. Ich möchte auch so sein. Ich möchte für den Rest meines Lebens auch so lieben und geliebt werden."[1]

Wenn Sie Salz und Licht sein wollen, wozu Jesus uns auffordert, dann beispielsweise so: Bringen Sie einem Nachbarn, Arbeitskollegen, Freund oder Fremden, der in Not ist, Mitgefühl entgegen. Statt in Untätigkeit zu verharren, fragen Sie sich einfach: „Was würde Jesus tun?"

Worte sind schnell verpufft, aber Menschen merken sich, wenn man ihnen einen freundlichen Dienst erweist. Nur wenige Dinge sind so appetitanregend wie Salz oder so anheimelnd leuchtend wie eine einfache Freundlichkeit im Namen Jesu.

Ich kann das bestätigen, denn ich werde David nie vergessen.

Ein konsequenter Glaube

Von allen Menschen, die meine geistliche Reise beeinflusst haben, sind Linda und Jerry vermutlich die Wichtigsten. Sie waren Salz und Licht für mich, indem sie echt waren, auch wenn sie nicht wussten, dass sie beobachtet wurden.

Vor vielen Jahren wohnten Linda und Jerry im selben Apartmenthaus wie Leslie und ich und so lernten wir uns gegenseitig ganz gut kennen. Unsere Tochter Alison (die sich völlig von ihrer immer noch mysteriösen Erkrankung nach ihrer Geburt erholt hatte) wurde die beste Freundin ihrer Tochter Sara.

Aber Linda und Jerry wussten nicht, dass wir ihren Lebensstil zu jener Zeit ganz genau unter die Lupe nahmen. Sie machten kein Geheimnis daraus, dass sie Christen waren, und wir waren neugierig, ob sie auch echt waren. Verstehen Sie, was ich damit meine?

Wir wollten sehen, ob wir bei ihnen eine moralisierende Haltung gegenüber denen entdecken konnten, die ihre Theologie nicht teilten. Wir wollten sehen, wie sie mit ehelichen Konflikten umgingen. Wir wollten sehen, ob sie ein immer fröhliches christliches Gesicht aufsetzen und vorgeben würden, nie wütend, voller Sorgen oder frustriert zu sein.

Wir wollten sehen, ob sie aufrichtig waren und ob sie um Vergebung baten, wenn sie einen Fehler begangen hatten. Wir wollten sehen, ob sie in Bezug auf die kleinen Dinge des

Lebens ehrlich waren. Wir wollten hören, wie sie über Leute sprachen, die nicht anwesend waren.

Wir beobachteten sie über einen langen Zeitraum, und wissen Sie, was wir herausgefunden haben? Wir stellten fest, dass sie nicht vollkommen waren. Aber das hatten sie auch nie behauptet.

In erster Linie sahen wir liebevolle Annahme für uns; viel mehr Demut als Stolz; die Bereitschaft, Fehler zuzugeben; das Bemühen um Versöhnung, wenn es Konflikte gab; die Bereitschaft, die Ecken und Kanten ihres Charakters anzuerkennen und daran zu arbeiten; die Weigerung vorzugeben, dass das Leben als Christ immer eitel Sonnenschein ist; und sie gestanden ebenfalls ein, dass auch sie von Zeit zu Zeit mit ihrem Glauben rangen. Und bei alledem sahen wir den aufrichtigen Wunsch, Jesus Stück für Stück immer ähnlicher zu werden.

Kurzum: Sie waren echt. Sie waren Salz und Licht – und Leslie und ich wurden überwiegend auf Grund ihres Vorbilds Bürger von Gottes Reich.

Ich möchte Sie nicht erschrecken, aber wenn Sie Nachfolger Jesu sind, dann sollten Sie eines wissen: Sie werden beobachtet. Ihre Freunde, Nachbarn und Bekannten durchleuchten Ihr Leben mit dem Heuchelei-Radar, denn sie wollen wissen, ob Sie authentisch sind. Und was sie sehen, wird sie auf ihrer geistlichen Reise entweder voranbringen oder behindern.

Deshalb stelle ich Ihnen nun ganz direkt eine Frage: Was werden sie entdecken? Na los, seien Sie ehrlich. Können Sie ehrlich sagen, dass sie jemanden sehen, der ein integres Leben führt, so wie Linda und Jerry?

„Du zeigst mir, wie Jesus ist"

Maggie ist ein Beispiel für einen Menschen, dessen Haltung zum Glauben durch „unechte" Christen negativ beeinflusst wurde. Ich begegnete ihr, nachdem sie sehr zögerlich in die *Willow Creek*-Gemeinde gekommen war. Es war ihr erster Besuch einer religiösen Institution seit ihrer Kindheit. Allmählich begab sie sich auf eine spirituelle Suche und schrieb mir später den folgenden verstörenden Brief über ihre ersten Erfahrungen mit Christen:

„Der christliche Glaube, mit dem ich aufwuchs, war für mich als Kind sehr verwirrend. Die Leute sagten das eine, taten aber das andere. Sie schienen in der Öffentlichkeit sehr geistlich zu sein, waren aber sehr ausfallend im privaten Bereich. Was sie sagten und was sie taten, passte nie zusammen. Die Diskrepanz war so groß, dass ich den christlichen Glauben schließlich verabscheute, und ich weigerte mich, etwas mit irgendeiner Kirche zu tun zu haben."

Sehen Sie, wie kosmetisches Christentum ihre Reise zu Gott aus der Bahn geworfen hatte? Aber dann erklärte sie, dass sie einige Christen aus unserer Gemeinde kennengelernt und sich sogar einer Kleingruppe von Suchenden angeschlossen hatte, die von einem gläubigen Ehepaar geleitet wurde. Sie schrieb:

„Als ich also in diese Kleingruppe von Willow Creek *kam, brauchte ich Freundlichkeit. Ich musste in der Lage sein können, jede Frage zu stellen. Ich musste das Gefühl haben, dass meine Fragen ernst genommen wurden. Ich musste Respekt und Wertschätzung spüren.*

Vor allem musste ich Menschen erleben, deren Handeln mit dem übereinstimmte, was sie sagten. Ich suche nicht nach Vollkommenheit, aber nach Echtheit. Integrität ist der Begriff, der mir spontan dazu einfällt. Ich muss echte Menschen über das echte Leben sprechen hören, und ich muss wissen, ob Gott ein Teil des echten Lebens ist – oder sein kann.

Kümmern ihn die Wunden, die ich habe? Kümmert es ihn, dass ich einen Ort zum Leben brauche? Kann ich jemals zu einem heilen und gesunden Menschen werden? Ich habe solche Fragen gestellt. Und ich wurde weder ausgelacht noch ignoriert, noch niedergemacht. Ich wurde in keiner Weise beeinflusst und es übte auch niemand Druck auf mich aus."

Dann fügte sie Folgendes hinzu:

„Ich verstehe die Fürsorge nicht, die ich erlebt habe. Ich verstehe nicht, warum die Leiter keine Angst vor meinen Fragen zu haben scheinen. Sie sagen keine Sätze wie: ‚Du hast einfach nicht genug Glauben.' Oder: ‚Du musst mehr beten.' Sie scheinen keine Angst zu haben zu sagen, wer sie wirklich sind. Sie scheinen echt zu sein."

Die junge Frau schloss ihren Brief mit einem wunderschönen Gedicht ab, das sie verfasst hatte. Es enthält die Gefühle eines

Suchenden gegenüber denen von uns, die Christen sind. Lesen Sie diese Worte sorgfältig, und stellen Sie sich dabei vor, dieser Mensch spräche direkt zu Ihnen. Denn er tut es.

„Weißt du,
Verstehst du,
Dass du mir zeigst,
Wie Jesus ist?

Weißt du,
Verstehst du,
Dass, wenn du mich freundlich behandelst,
In mir die Frage aufkommt,
Ob er vielleicht auch freundlich ist?

Weißt du,
Verstehst du,
Dass, wenn du meine Fragen anhörst
Und nicht lachst,
Dass ich dann denke:
‚Was, wenn Jesus sich auch für mich interessiert?'

Weißt du,
Verstehst du,
Dass, wenn ich dich über Streit,
Konflikte und Narben aus der Vergangenheit sprechen höre,
Dass ich dann denke:
‚Vielleicht bin ich einfach ein ganz normaler Mensch
Und kein schlechtes, ungezogenes Mädchen,
Das Strafe verdient?'

Wenn du dich um mich sorgst,
Denke ich, dass er sich vielleicht auch um mich sorgt –
Und dann ist da diese Flamme der Hoffnung,
Die in mir brennt,
Und eine Zeitlang
Habe ich Angst zu atmen,
Weil sie ausgehen könnte.

Weißt du,
Verstehst du,
Dass deine Worte seine Worte sind?
Dein Gesicht, Sein Gesicht
Für jemanden wie mich?

Bitte sei, der du sagst, dass du bist.
Bitte, Gott, lass das nicht nur wieder ein Streich sein.
Bitte, lass das echt sein.
Bitte.

Weißt du,
Verstehst du,
Dass du mir zeigst,
Wie Jesus ist?"

Tränen stiegen mir in die Augen, als ich dieses Gedicht zum ersten Mal las. Ich spürte aber auch den Stachel des Bedauerns über die Gelegenheiten, bei denen Menschen, die auf der Suche waren, mein Leben angeschaut und nicht hatten sehen können, wie Jesus ist. Ich trauerte um die Gelegenheiten, bei denen meine Gleichgültigkeit, Dummheit oder mein Desinteresse jemanden auf seiner geistlichen Reise ausgebremst hatten. Und ich beschloss wieder einmal, echt sein zu wollen – gegenüber Gott und anderen Menschen.

Ich hatte das Gefühl, dass Maggies Worte so viel Kraft besaßen, dass ich sie der ganzen Gemeinde vorlesen wollte. Also rief ich sie eines Abends an, um ihre Erlaubnis einzuholen.

„Maggie, mir hat dein Gedicht sehr gut gefallen", erklärte ich ihr. „Wäre es in Ordnung, wenn ich es dieses Wochenende im Gottesdienst vorlese?"

„Oh, Lee", entgegnete sie, „hast du es denn noch nicht gehört?"

Mein Herz blieb beinahe stehen. Was war passiert? War sie jemandem begegnet, der wie Salz, das beißt, und wie Licht, das blendete, war? Hatte die Heuchelei von jemandem diese junge Frau wieder einmal von Gott weggetrieben?

„Nein, Maggie", antwortete ich mit einem Zittern in der Stimme. „Ich habe nichts gehört. Was ist passiert?"

„Nein, du verstehst nicht – es ist eine gute Nachricht“, entgegnete sie. „Vor ein paar Tagen habe ich mein Leben Jesus anvertraut.“

Ich fiel fast vom Stuhl. „Maggie, das ist ja toll!“, rief ich. „Das ist die beste Nachricht, die ich seit langem gehört habe. Was hat dich davon überzeugt, dass die Bibel doch Recht hat? Welche Fakten haben dir klargemacht, dass die Auferstehung tatsächlich stattgefunden hat?“ Schließlich waren das die Fragen, die auf meinem Weg zum Glauben eine große Rolle gespielt hatten.

„Nein, für mich war es etwas ganz anderes“, antwortete sie. „Weißt du, mir sind einfach ganz viele Menschen begegnet, die mir vorgelebt haben, wie Jesus ist.“ Sie hielt kurz inne, als ob sie mit den Schultern zuckte. „Mehr brauchte es für mich nicht“, sagte sie.

Ich seufzte. Was für eine Lektion für jemanden wie mich, der instinktiv zuerst versucht, Menschen mit Beweisen, Daten, Geschichte und Logik in das Reich Gottes hineinzuargumentieren.

Was für eine Lektion für jeden Christen: Maggie brauchte nur ein paar Menschen, die Salz und Licht für sie waren – ganz so, wie Jesus es mit seiner außergewöhnlichen Strategie beabsichtigt hatte, der es auch nach 2.000 Jahren immer noch gelingt, auf dieser Welt ein Leben nach dem anderen zu verändern.

5. Behauptung

Gott kann Ihnen Kraft geben, wenn Sie Kraft brauchen

Seit ich lesen kann, wollte ich Zeitungsreporter werden. Als ich 16 Jahre alt war, beschloss ich, meinen ersten Ferienjob in diesem Metier anzutreten und mich auf der Journalistenkarriereleiter emporzuarbeiten.

Ich bewaffnete mich mit einem Verzeichnis aller täglich und wöchentlich erscheinenden Zeitungen im Norden von Illinois, schwänzte einen Tag den Schulunterricht und fing an, bei Zeitungsredaktionen anzurufen. Ich rief sie in alphabetischer Reihenfolge an und erkundigte mich, ob sie bereit wären, einen unerfahrenen Teenager anzustellen.

Ich telefonierte mit Herausgebern in Addison, Antioch, Arlington Heights und Barrington – „Tut uns leid, kein Interesse".

Ich versuchte es in Crystal Lake, Dundee, Elgin, Glencoe, Joliet – und ein Herausgeber nach dem anderen lehnte mich ab.

Nachdem ich fast den ganzen Tag damit verbracht hatte, Ablehnung um Ablehnung zu verdauen, kam ich dem Ende des Alphabets bedenklich nahe. Mir blieben nur noch wenige Möglichkeiten, als ich den *Daily Sentinel* in Woodstock anrief, auch wenn ich nicht wusste, wo dieser Ort lag. Ich bereitete mich innerlich auf eine weitere unfreundliche Absage vor, aber stattdessen sagte der Herausgeber: „Vielleicht bin ich interessiert. Komm vorbei und lass uns darüber reden."

Wie sich herausstellte, lag Woodstock etwa 50 Kilometer von meinem Heimatort entfernt. Da ich kein Auto hatte, nahm ich den Zug, stellte mich für den Job vor und bekam ihn! Ich war begeistert – bis mir klar wurde, dass der *Sentinel* eine Nachmittagszeitung war. Das bedeutete, dass die Arbeit früh um sechs Uhr begann, noch bevor der erste Zug mich dorthin bringen konnte.

Es gab nur eine Möglichkeit: Ich musste mit meinen Eltern

sprechen. „Ihr wisst, wie gerne ich bei einer Zeitung arbeiten will", sagte ich, „und jetzt habe ich die Chance dazu. Aber ich muss dafür von zu Hause ausziehen. Ich werde 70 Dollar in der Woche verdienen und habe eine Pension gefunden, in der ich für 15 Dollar in der Woche wohnen kann. Ich kann mich also selbst finanzieren. Was meint ihr dazu? Ich weiß, dass ich erst 16 bin, aber erlaubt ihr mir, während dieser Zeit dort zu wohnen, damit ich der Erfüllung meines Traums näherkommen kann?"

Es gibt die unterschiedlichsten Eltern auf dieser Welt. Einige halten ihre Kinder fest im Zaum, was für manche sicher angemessen ist, aber dabei besteht immer die Gefahr, dass sie sie unabsichtlich ersticken.

Meine Eltern gehörten eher zum „bevollmächtigenden" Typ. Sie wollten mich auf verantwortliche Weise befähigen und ausrüsten, damit ich die Chance hatte, mich weiterzuentwickeln und zu lernen. Also willigten meine Mutter und mein Vater ein, und nach meinem vorletzten Jahr auf der Highschool zog ich von zu Hause aus, um bei der Zeitung von Woodstock zu arbeiten. Schlussendlich arbeitete ich dort drei Sommer lang, und fast ohne es zu merken, kletterte ich auf der Karriereleiter nach oben und landete schließlich bei der *Chicago Tribune*.

Was ich damit sagen will: Meine Eltern hatten nahezu absolute Macht über mein Leben, aber sie gebrauchten ihre Autorität nicht, um mich zu unterdrücken. Weil ihnen meine persönliche Entwicklung und meine Zukunft am Herzen lagen, gaben sie mir stattdessen ihren Segen, damit ich mich frei entfalten konnte.

Und das bringt mich zu einer weiteren provokanten Behauptung Gottes: Obwohl kein Zweifel daran besteht, dass er allmächtig ist, entschließt er sich dazu, ein Gott zu sein, der seine Macht teilt. Wir liegen ihm so sehr am Herzen, dass er bereit ist, uns etwas von seiner Stärke abzugeben – wenn wir damit angemessen umgehen. Kurz gesagt: Er kann uns Kraft geben, wenn wir Kraft brauchen.

Ich möchte dies mit einem Abschnitt aus der Bibel illustrieren, der nicht nur wegen seiner anschaulichen Beschreibungen so großartig ist, sondern auch ermutigt und ein überraschendes Ende hat.

Die Kraft eines Wüstensturms

Als König David auf kreative Weise versuchte, Gottes unglaubliche Stärke in Worte zu fassen, erinnerte er sich zurück an seine Zeit als Hirt, als er ehrfurchtgebietende Stürme von erschreckender Intensität durch die Wüste toben sah. Daraufhin schrieb er den Text nieder, den wir heute Psalm 29 nennen. Hier rühmt er in seiner anschaulichen Sprache Gottes Allmacht:

„Die Stimme des Herrn erschallt über die Meere …“

Offensichtlich zog ein Sturm vom Mittelmeer herauf.

„… der erhabene Gott lässt den Donner grollen.
Er ist der Herr, der über den Weltmeeren thront.
Wie gewaltig ist seine Stimme,
wie herrlich und furchtbar zugleich!
Sie spaltet mächtige Bäume,
ja, der Herr zersplittert die starken Libanonzedern.“

Wissen Sie, wie hoch die Zedern im Libanon werden können? Sie können einen Durchmesser von zehn Metern haben und so hoch wie ein zwölfstöckiges Gebäude werden. Aber David sagt, dass ein Flüstern Gottes bereits ausreicht, um diese turmhohen Bäume einfach so in Kleinholz zu verwandeln. Das ist wirklich stark!

„Das Libanongebirge lässt er wie ein Kalb hüpfen,
der Berg Hermon springt wie ein junger Stier.“

Der Hermon ist fast 3.000 Meter hoch. Mit anderen Worten: Gottes Stimme wirkt wie ein heftiges Erdbeben, das die Ebenen und Berge erschüttert, das sie erbeben und tanzen lässt.

„Die Stimme des Herrn lässt Blitze zucken …“

Denken Sie an die unglaubliche Energie, die von den 40 Millionen Blitzen freigesetzt wird, die sich statistisch gesehen jedes Jahr über den Vereinigten Staaten entladen. Im Bruchteil einer

Sekunde entlädt ein Blitz 20.000 Ampere an Elektrizität und 13.000 Millionen PS, und das bei einer Temperatur, die die Oberflächentemperatur der Sonne um das Fünffache übersteigt. Und doch ist ein einziges Wort Gottes weitaus stärker als alle Blitze der 2.000 bis 3.000 Gewitter, die sich zu jedem beliebigen Zeitpunkt auf der ganzen Welt entladen.

„… sie erschüttert die Wüste,
ja, die Wüste Kadesch bebt."

Kadesch liegt im Süden; der Hermon ist im Norden – das bedeutet, dass Gottes ungeheure Macht durch das ganze Land fließt. Niemand kann sich ihr entziehen.

„Die Hirschkühe kalben, wenn der Donner des Herrn sie in Schrecken versetzt,
sein tosender Sturm reißt die Wälder kahl."

Erinnern Sie sich an die Bilder vom Ausbruch des Mount St. Helens? Bei einer Explosion, die die Kraft von 500 Atombomben hatte, wurden gigantische Bäume wie Streichhölzer durch die Luft gewirbelt und auf einer Fläche von 600 Quadratkilometern entrindet. Millionen von Bäumen, genug um 300.000 Häuser zu bauen. Man brauchte also nur ein Murmeln Gottes, um die komplette Fläche des Amazonas-Regenwaldes zu roden.

Wie antworten wir also auf einen Gott, dessen Stärke so ungeheuer ist, dass sie die unglaubliche Energie, die in einem Wüstensturm freigesetzt wird, völlig in den Schatten stellt?

„In seinem Heiligtum rufen alle: ‚Ehre sei dem Herrn!'
Der Herr thront über den Fluten,
als König herrscht er für alle Zeit."

Was können wir anderes tun, als ihn dafür anzubeten, dass er so ein mächtiger und atemberaubend ehrfurchtgebietender Gott ist, der es wirklich verdient, über seine ganze Schöpfung zu regieren?

Aber dann nimmt Davids Lied eine entscheidende und wichtige Wendung. Nachdem er Gottes Macht beschrieben hat, kommt der Psalm zu einer plötzlichen Schlussfolgerung, die eine völlig unerwartete Wendung enthält:

„Der Herr wird seinem Volk Macht verleihen,
er wird es segnen und ihm Frieden schenken."

Hier ist das Entscheidende: Unser allmächtiger Gott behält seine Macht nicht einfach nur für sich. Stattdessen ist er ein bevollmächtigender Gott, der anbietet, seine Macht mit seinen Geschöpfen zu teilen. Und das ist etwas Gutes, denn dadurch können wir Frieden finden, wenn wir in Panik geraten, weil uns alles aus der Hand gleitet. Wir finden Ausdauer, wenn wir uns ausgebrannt fühlen. Wir finden Mut, wenn uns eher nach Davonlaufen zu Mute ist. „Denn Gott hat uns nicht einen Geist der Feigheit gegeben", schrieb der Apostel Paulus, „sondern den Geist der Kraft und der Liebe und der Besonnenheit" (2. Timotheus 1,7).

Was für eine außergewöhnliche Aussage von einem außerordentlich starken Gott!

Wer würde nicht gerne auf eine solche Kraft zurückgreifen? Wer würde nicht gerne Gottes großzügiges Angebot annehmen, der uns mit seiner übernatürlichen Stärke ausstatten will? Es gibt eine Menge Bereiche, in denen wir davon profitieren würden, aber ich möchte mich nur auf die drei konzentrieren, in denen wir am häufigsten Bedarf haben: Wir brauchen Kraft, wenn wir Schmerzen leiden, wenn wir auf die Probe gestellt werden und wenn es darum geht, das Richtige zu tun.

Kraft, wenn ein rauer Wind weht

Wir brauchen Gottes Kraft beispielsweise, um schmerzhafte Zeiten zu überstehen, die wir – so glauben wir jedenfalls – nicht aus eigener Kraft überstehen können. Ich möchte Ihnen ein Beispiel erzählen.

An einem Samstag im August saß ich gerade beim Mittagessen, als das Telefon klingelte. Der Anrufer sagte, er sei Arzt in der Notaufnahme und ein Freund von mir, der Bob hieß, müsse mich unbedingt sprechen. Mein erster Gedanke war:

„Oh, oh. Ich kenne Bob und weiß, wie er lebt, ich wette, er hatte einen Herzanfall."

Der Arzt gab den Hörer an Bob weiter, aber das Geräusch, das durch den Hörer kam, klang nicht menschlich – es war ein ängstlicher und herzzerreißender Klagelaut.

„Bob", sagte ich, „beruhige dich. Was ist denn los?"

Bob brauchte einige Augenblicke, um sich zu fangen und sich einigermaßen zusammenzureißen. „Es geht um meine Tochter", schaffte er zu sagen, bevor er wieder in Tränen ausbrach. „Sie wurde von einem betrunkenen Autofahrer angefahren. Sie sagen, dass sie bereits hirntot ist! Bitte, Lee, komm ins Krankenhaus!"

Ich war nur wenige Minuten später in der Intensivstation des örtlichen Krankenhauses. Da lag sie, die eine Seite des Kopfes von der Notoperation rasiert, die Augen zugeschwollen, ihr Gesicht voller blauer Flecken, neben ihr eine Maschine, die ihre Atmung übernahm. Es war ein schrecklicher Anblick.

Ich nahm Bobs Hand, und ich nahm ihre Hand, die feucht und kalt war, und ich betete für beide. Und während ich betete, musste ich immer an meine einzige Tochter denken und daran, wie ich mich einst als Atheist so machtlos gefühlt hatte, als ich an ihrem Bettchen auf der Neugeborenenintensivstation stand und zuschaute, wie sie um ihr junges Leben kämpfte.

Ich möchte Ihnen etwas sehr Ernüchterndes sagen: Was meinem Freund Bob zustieß, wird auch Ihnen zustoßen. Vielleicht nicht dieselbe Art von Tragödie, aber es wird unausweichlich passieren, dass Sie – irgendwann und irgendwie – etwas erleben, das Ihnen das Herz bricht; einen Verlust, der zu schmerzhaft ist, als dass man ihn ertragen könnte. Sie sind nicht dagegen immun und ich auch nicht.

Jesus sagte dazu: „Dies alles habe ich euch gesagt, damit ihr in meinem Frieden geborgen seid. In der Welt wird man euch hart zusetzen, aber verliert nicht den Mut: Ich habe die Welt besiegt!" (Johannes 16,33). Er sagte deutlich, dass wir in einer Welt leben, die von Sünde verdreht und korrumpiert ist, und dass wir die Konsequenzen davon erleiden werden.

Aber in diesem Vers macht Jesus zugleich auch Hoffnung. Er sagt, dass wir genau die beiden Dinge bekommen können, die wir am meisten brauchen, wenn wir einem rauen Wind ausgesetzt sind – Frieden und Mut. Und woher stammen sie? Von einem Gott, der uns die Kraft gibt, den Schmerz auszuhalten, von dem wir nie gedacht hatten, dass wir ihn aushalten könnten.

Wenn Sie heute mit meinem Freund Bob bei einer Tasse Kaffee sitzen würden, dann würde er Ihnen in unmissverständlichen Worten erklären, dass der Tod seiner Tochter das tiefste und dunkelste Tal war, das er je durchqueren musste. Aber er würde Ihnen auch sagen, dass er es nie durch das Tal geschafft hätte, wäre Gott nicht mit ihm gegangen und hätte ihm Kraft und Stärke gegeben. Nein, auf keinen Fall.

Wenn der Tag kommt, an dem Sie Zugang zu dieser Art von Stärke brauchen, wie werden Sie dann diese Kraft bekommen? Das ist die entscheidende Frage, oder? Wie? Halten Sie noch ein paar Augenblicke aus, dann werde ich dieses Thema weiter erörtern.

Kraft, wenn die Versuchung lauert

Wir brauchen Gottes Stärke nicht nur, wenn wir von Tragödien heimgesucht werden, sondern auch, um das zu vermeiden, von dem wir wissen, dass wir es nicht tun sollen.

Versuchungen lauern uns jeden Tag auf. Ich sah einmal einen Aufkleber mit der Aufschrift: „Führe mich nicht in Versuchung; die finde ich schon alleine." C. S. Lewis formulierte es folgendermaßen: „Eine weit verbreitete dumme Ansicht lautet, dass gute Menschen nicht wissen, was Versuchung ist. Das ist eindeutig eine Lüge. Nur wer versucht, der Versuchung zu widerstehen, weiß, wie stark sie ist."

Unter Versuchungen versteht man unethische oder unmoralische Abkürzungen, die uns unausweichlich in eine Sackgasse führen:

- Sollen Sie Ihren Lebenslauf etwas frisieren? So etwas überprüft doch sowieso niemand.
- Sollen Sie mit der neuen Arbeitskollegin flirten? Wenn Sie diskret sind, schöpft Ihre Ehefrau keinen Verdacht.
- Sollen Sie sich diesen Film für Erwachsene ausleihen? Wo ist das Problem? Schließlich sind Sie ja erwachsen.

- Sollen Sie die Lorbeeren für die Ideen Ihres Assistenten einheimsen? Wenn Sie es geschickt anstellen, wird er es nie herausfinden und Sie werden den Ruhm ernten.
- Sollen Sie dieses Nebeneinkommen versteuern? Natürlich nicht; das Finanzamt kann die Gelder sowieso nicht zurückverfolgen.
- Sollen Sie Ihr finanzielles Limit noch weiter überschreiten und sich das teure Auto kaufen? Sie verdienen doch ein bisschen Spaß, oder?

Bevor ich Christ wurde, hatte ich zwei Kriterien, nach denen ich entschied, ob ich einer Versuchung nachgeben sollte oder nicht. Erstens: Wie viel Vergnügen würde es mir machen? Und zweitens: Was war der Preis, wenn ich dadurch in Schwierigkeiten geriet? Folglich gab ich vielen Dingen nach, die mir kurzfristig Vergnügen verschafften, mir auf lange Sicht aber unweigerlich Kopfschmerzen bereiteten.

Nachdem ich ein Nachfolger Jesu geworden war, stellte ich fest, dass die Versuchungen nicht einfach aufhörten. Und das war noch nicht alles. Ich stellte auch fest, dass meine Vorstellung von Gottes Einstellung zu Versuchungen völlig falsch war. Für mich war Gott jemand gewesen, der ein Halsband um meinen Hals legte – wie ich es in meiner Kindheit bei meinem großen Hund Nick getan hatte. Immer, wenn Nick drohte, irgendwohin zu laufen, wo er sich etwas Spaß versprach – um vielleicht die Bekanntschaft der niedlichen kleinen Pudeldame am Ende der Straße zu machen –, zog ich fest an der Leine, und er lief wieder brav neben mir her. So, das stellte ich mir jedenfalls vor, hielte Gott auch meine Leine, und kaum drohte ich, einer Gefahr zu erliegen, packte er mich ärgerlich am Genick. Dieser Gedanke schüchterte mich ein und ließ mich mit dem Gefühl zurück, alleine zu sein.

Aber als ich die Bibel las, merkte ich, dass Gottes Haltung ganz anders aussieht. Er legt es nicht darauf an, mir den Spaß zu verderben; er möchte mich vielmehr liebevoll vor den negativen Auswirkungen auf unsere Emotionen, unseren Körper, unsere Beziehungen und unsere Spiritualität bewahren, die uns begegnen können, wenn wir uns auf Versuchungen einlassen.

Tatsächlich steht er auf meiner Seite: „Dieser Oberste Priester ist nicht einer, der kein Mitgefühl für unsere Schwächen haben könnte. Er wurde ja genau wie wir auf die Probe gestellt – aber er blieb ohne Sünde" (Hebräer 4,15).

Es ist immer einfacher, mit jemandem über Versuchungen zu sprechen, der damit selbst schon Erfahrungen gemacht hat. Wenn ich nun mit Jesus über den Druck spreche, dem ich ausgesetzt bin, wenn ich Kompromisse eingehe, die meinen Moralvorstellungen widersprechen, oder ethisch fragwürdige Abkürzungen nehme, stelle ich mir nicht vor, wie er sagt: „Ts, ts, Schande über dich, dass du überhaupt auf diese Idee kommen konntest!" Stattdessen stelle ich mir vor, wie er sagt: „Ich weiß, das kenne ich. Glaub mir, ich verstehe dich. Soll ich dir helfen?"

Und er hilft mir: „Aber Gott ist treu und wird nicht zulassen, dass die Prüfung über eure Kraft geht", versichert uns der Apostel Paulus. „Wenn er euch auf die Probe stellt, sorgt er auch dafür, dass ihr sie bestehen könnt" (1. Korinther 10,13).

Aber auch hier lautet die eigentliche Frage wieder: Wie? Konkret gefragt: Wie können wir diese Kraft anzapfen? Warten Sie noch ein kleines bisschen, dann werden wir uns damit beschäftigen.

Kraft, um richtig zu leben

Gott sagt, er könne uns helfen, Dinge zu vermeiden, von denen wir wissen, dass wir sie lieber lassen sollten. Aber wie sieht die Kehrseite aus? Tatsache ist, dass wir Gottes Hilfe auch dabei brauchen, das zu tun, von dem wir wissen, dass wir es tun sollten – wozu uns aber die Kraft fehlt.

Wenn Sie die Bibel lesen, wissen Sie, dass darin eine Menge darüber steht, wie wir leben sollten, wenn wir Männer und Frauen sein wollen, die Jesu Charakter widerspiegeln. Aber ich geben gerne zu, dass ich ohne Gottes Hilfe eine Menge davon einfach nicht schaffe.

- Anderen dienen? Tut mir Leid, aber mir sind meine Bedürfnisse einfach wichtiger.
- Demütig sein? Jeder weiß, dass man heute nur vorwärts kommt, wenn man sein eigener größter Fan ist.

- Großzügig sein? Ich neige eher dazu, mich an meinen Besitz zu klammern.
- Geduldig sein? Unwahrscheinlich, wenn man wegen einer Baustelle im Stau oder an der Schnellkasse im Supermarkt hinter jemandem steht, der 30 Artikel aufs Band legt.
- Denen vergeben, die mich verletzt haben? Mensch, ich bin aus Chicago! Dort lebt man nach dem Motto: „Mensch ärgere dich nicht – räche dich!"

Wenn wir Christen sind, sollten wir uns darum bemühen, dass Christus in uns „Gestalt annimmt" (Galater 4,19). Der Weg dorthin ist oft beschwerlich und von Unterordnung, Wachstum und Reife geprägt. Ehrlich gesagt kann ich ihn auch gar nicht aus eigener Kraft gehen. Ich brauche Gottes Kraft, um auf diesem Weg Fortschritte zu machen – aber auch hier stellt sich die Frage nach dem Wie. Ist das nicht der Schlüssel? Wir alle wollen Gottes Kraft, aber wie bekommen wir sie? Ich möchte Sie nun nicht länger auf die Folter spannen.

Zugang zur Kraft Gottes bekommen wir nicht, indem wir die richtigen Knöpfe drücken oder die richtigen Lieder singen, woraufhin wir dann plötzlich in eine christliche Version der *Power Rangers* verwandelt werden. Aber es gibt einige biblische Schritte, die wir gehen können, wenn wir das Gefühl haben, dass uns eine Tragödie überwältigt, wir gegen bestimmte Versuchungen einfach nicht gefeit oder zu schwach sind, um uns weiterzuentwickeln. Oder auch wenn wir uns ängstlich und niedergeschlagen fühlen und uns gar nicht mehr sicher sind, ob oder was wir überhaupt glauben.

Ich habe die folgenden Schritte bei meinem Bibelstudium entdeckt und im Laufe der Jahre in meinem eigenen Leben gemerkt, dass sie eine unschätzbare Hilfe sind. Überlegen Sie doch einmal während des Lesens, wie es Ihnen mit Hilfe dieser Schritte gelingen kann, die Kraft unseres allmächtigen Gottes „anzuzapfen".

Schritt 1: Geben Sie zu, dass Sie ohne Gott schwach sind

Wenn ich in eine Krise gerate, versuche ich normalerweise zuerst, sie alleine zu bewältigen, weil ich nicht gerne von anderen abhängig bin. Aber der Punkt ist: Wir können nicht mit der

Kraft Gottes erfüllt werden, wenn wir uns nicht zuvor von der Vorstellung freimachen, dass wir alles aus eigener Kraft schaffen können.

Wir müssen zugeben, dass wir diese Tragödie nicht alleine durchstehen, dass wir dieser Versuchung nicht ohne Hilfe widerstehen und dass wir unseren Charakter nicht ohne irgendein Eingreifen von außen formen können. In der Bibel können wir an zahlreichen Stellen nachlesen, dass Menschen – von Mose bis Paulus – demütig zuerst ihre Schwäche zugaben und dann erlebten, dass Gott sie mit seiner Kraft erfüllte.

Paulus schrieb einmal: „Aber der Herr hat zu mir gesagt: ‚Du brauchst nicht mehr als meine Gnade. Je schwächer du bist, desto stärker erweist sich an dir meine Kraft.' Jetzt trage ich meine Schwäche gern, ja, ich bin stolz darauf, weil dann Christus seine Kraft an mir erweisen kann" (2. Korinther 12,9).

Je länger wir dem Offensichtlichen so dickköpfig widerstehen – dass wir letztlich aus uns heraus kraftlos sind –, desto tiefer versinken wir im Morast. Wir können uns einfach nicht nach Gottes Kraft ausstrecken und an ihr festhalten, wenn wir gleichzeitig damit beschäftigt sind, uns an unsere Unabhängigkeit zu klammern.

„Nichts ist für unser Gebetsleben so förderlich wie das Gefühl unserer eigenen Hilflosigkeit", schrieb Ole Hallesby in seinem Buch über das Gebet. „Nur wenn wir hilflos sind, öffnen wir Gott unser Herz wirklich."

Schritt 2: Erkennen Sie Gottes Kraft und Gegenwart an

Wenn wir erst einmal erkannt haben, dass wir schwach sind, müssen wir uns daran erinnern, dass wir einem allmächtigen Gott nachfolgen, der in der Geschichte immer wieder unter Beweis gestellt hat, dass er seinen Nachfolgern Stärke geben kann.

In der Bibel steht, dass wir diese Wahrheit ganz zuoberst im Gedächtnis speichern sollen: „Geht zum Herrn, denn er ist mächtig; sucht seine Nähe zu aller Zeit! Erinnert euch an seine machtvollen Taten, an seine Wunder und Gerichtsurteile" (1. Chronik 16,11–12).

Mit anderen Worten: Denken Sie immer wieder einmal darüber nach, wie Gott Mose bevollmächtigt hat, wie er David gestärkt, Daniel gegürtet, Petrus ermutigt und Paulus unterstützt hat. Erinnern Sie sich daran, in welcher Weise Gott immer wieder seine Vertrauenswürdigkeit unter Beweis gestellt hat.

Vor einiger Zeit begegnete ich einer jungen Frau, die immer wieder Zweifel am Glauben hatte. In unserem Gespräch wurde der Grund dafür bald offensichtlich: Sie hatte die Bibel nie richtig gelesen. Sie kannte die großartige Geschichte Gottes mit seinen Nachfolgern nicht. Also nahm ich einen Zettel und schrieb ihr ein einfaches Rezept auf: „Lies die Bibel!" Lesen Sie nicht nur christliche Bücher und hören Sie nicht nur christliche Kassetten und CDs. Beschäftigen Sie sich mit dem Original.

Wir sollten aber nicht nur anerkennen, dass Gottes Kraft die unsere übersteigt und dass er uns daran teilhaben lassen möchte, sondern auch, dass er in unserem Leben gegenwärtig sein will.

Meine Tochter Alison sang einmal im Highschool-Chor das Lied „From a Distance", mit dem Bette Midler berühmt geworden ist. Als der Chor zur Zeile „God is watching us from a distance" kam, wäre ich am liebsten aufgesprungen und hätte gerufen: „Hey, das stimmt nicht!"

Aus Rücksicht auf Alison verkniff ich es mir jedoch. Aber ich hätte am liebsten jeden wissen lassen, dass Gott uns nicht nur aus der Ferne beobachtet. Er ist hier. Er ist uns nahe. Er ist nahbar. Gott sagte zu Josua: „Sei mutig und entschlossen! Hab keine Angst und lass dich durch nichts erschrecken; denn ich, der Herr, dein Gott, bin bei dir, wohin du auch gehst" (Josua 1,9).

Wenn wir diese Tatsache anerkennen, kann das schon viel verändern. Unser Selbstvertrauen, unser Mut und unsere Kraft werden stärker, wenn wir uns daran erinnern, dass derselbe Gott, der sein Volk im Laufe der Jahrhunderte bevollmächtigt hat, derselbe Gott ist, der auch in unserem Leben gegenwärtig sein will. Hier und heute – inmitten unserer Krisen, unserer Versuchungen und unserer Charakterschwächen.

Schritt 3: Orientieren Sie sich am Willen Gottes

Kennen Sie den Country-Song mit dem plakativen Refrain „Looking for love in all the wrong places"? Tatsächlich suchen wir manchmal aus den falschen Gründen nach Gottes Stärke. Doch Gottes Stärke findet sich nicht in irgendeiner Steckdose, in die wir unseren Stecker zu jedem beliebigen Zweck stecken können.

„Ich bin der Weinstock und ihr seid die Reben“, sagt Jesus (Johannes 15,5). Damit weist er darauf hin, dass Sie und ich eine sehr enge und vertraute Beziehung zu Gott und seinen Absichten haben müssen, wenn wir uns an seine Kraftquelle anschließen wollen. Jesus fährt fort: „Wer mit mir verbunden bleibt, so wie ich mit ihm, bringt reiche Frucht.“ Mit anderen Worten: Wenn wir mit Gott harmonisch zusammenarbeiten, ist er bereit, uns die Kraft zu geben, große Dinge zu vollbringen. Dieser Vers schließt mit einer schlichten, aber wichtigen Erinnerung ab: „Denn ohne mich könnt ihr nichts ausrichten.“ Wenn wir unabhängig von Gott unsere eigenen Ziele verfolgen, sollten wir nicht erwarten, dass Gott einen Beitrag dazu leistet.

Denken Sie kurz darüber nach. Es macht für Gott keinen Sinn, uns mit übernatürlichen Kräften auszustatten, damit wir unser Lieblingsprojekt umsetzen, das aber den Plänen, die er für unser Leben hat, zuwiderläuft. Wir sollten sicherstellen, dass wir uns auf dem Weg befinden, den er für uns vorgesehen hat, bevor wir ihn darum bitten, uns auf dem Weg vorwärtszubringen, den er liebevoll für uns geplant hat. Betrachten Sie es aus diesem Blickwinkel: Wenn er das Beste für uns möchte, dann ist es doch sinnvoll, wenn wir uns darauf einlassen, oder?

Wenn wir uns an Gottes Willen orientieren wollen, müssen wir damit beginnen, dass wir unser Vertrauen auf Jesus setzen, als denjenigen, der unsere Sünden vergibt und uns im Alltag leiten möchte. Dabei handelt es sich um einen immerwährenden Prozess, durch den wir die Beziehung zu ihm vertiefen und uns immer stärker seinen Plänen für unser Leben unterordnen können.

Mit zunehmender Reife im Glauben sind wir auch mehr und mehr in der Lage, seinen Willen zu erkennen. Seine Stimme wird uns vertraut. Wir vertiefen uns in die Bibel und prüfen bei allem, ob es mit ihr übereinstimmt. Wir erleben Führung durch den in uns wohnenden Heiligen Geist. Wir suchen den weisen Rat anderer Christen. Und wir gewinnen das

Vertrauen, dass wir den richtigen Weg gehen, wenn wir Gottes Richtung einschlagen. Und dann kann Gott uns auch ermutigen und bevollmächtigen.

Schritt 4: Bitten Sie Gott um die Kraft, die Sie brauchen

Als ich auf die Highschool ging, kaufte mein Bruder sich ein funkelndes neues *Corvette*-Cabrio. Natürlich wollte ich mir dieses Auto immer ausleihen, aber ich war zu schüchtern, meinen Bruder direkt zu fragen. Also redete ich um den heißen Brei herum und ließ nicht ganz so subtile Hinweise fallen.

„Ich vermute, dass das Auto den ganzen Abend einfach nur so rumsteht, oder?", sagte ich beiläufig. „Ganz alleine. Das Arme. Eigentlich schade. Sieht aus, als ob es etwas Bewegung vertragen könnte ..." Und ich redete immer weiter in diesem Stil, bis Ray schließlich rief: „Hey, Lee, wenn du dir mein Auto ausleihen möchtest, dann frag mich doch einfach!"

Oft wünschen wir uns unbedingt, dass Gott in unser Leben eingreift, aber wir reden um den heißen Brei herum. In der Bibel steht schlicht: „Ihr bekommt trotzdem nicht, was ihr wollt, weil ihr Gott nicht darum bittet" (Jakobus 4,2). Wir müssen ihm ganz direkt sagen, was wir auf dem Herzen haben.

Wenn wir zugegeben haben, dass wir einfach nicht in der Lage sind, alles aus unserer Kraft zu regeln, wenn wir Gottes Stärke und Gegenwart in unserem Leben anerkannt und uns an den Plänen Gottes orientiert haben, dann sollten wir ihn ganz direkt und konkret um seine übernatürliche Hilfe bitten.

Ich habe das schon so manches Mal getan, und – Wow! – ich habe einen Strom von Kraft, Mut und Effektivität erlebt, den ich nur Gottes Wirken in meinem Leben zuschreiben kann. Ich erinnere mich beispielsweise an Zeiten, in denen ich vor Angst fast gelähmt war, wenn ich vor vielen Menschen sprechen sollte. Ich war hundertprozentig davon überzeugt, dass sie nicht wirklich an dem interessiert waren, was ich zu sagen hatte – falls ich überhaupt etwas Wertvolles zu sagen hatte. Aber nachdem ich diese ersten vier Schritte gegangen war, fragte ich mich oft mitten in meinen Vorträgen: „Woher kommt das? Warum kann ich auf einmal Gedanken klar formulieren, die vor einer Stunde noch völlig verschwommen zu sein schienen?

Warum fühle ich mich plötzlich zuversichtlich und nicht länger ängstlich?" Und ich wusste ohne jeden Zweifel, dass Gott die Quelle dafür war.

Aber ich möchte ehrlich sein: So läuft es nicht immer. Es gibt Zeiten, in denen ich diese ersten vier Schritte gegangen bin und mich trotzdem nicht anders gefühlt habe. Ich hatte immer noch Angst und fühlte mich schwach. Kennen Sie das auch? Wenn ja, was sollten Sie in so einem Fall machen? Für mich besteht die beste Strategie darin, mich unserem letzten Schritt zuzuwenden.

Schritt 5: Handeln Sie im Gehorsam gegenüber Gott

Mein Freund Bill Hybels wies mich auf ein biblisches Prinzip hin, das Folgendes lehrt: Selbst wenn wir uns kraftlos fühlen, aber trotzdem handeln und gehorsam den Weg gehen, den Gott uns vorgezeichnet hat, wird er uns die Kraft geben, die wir dazu brauchen.

Als Beispiel führt Bill hier Jesus im Garten Getsemani an. Er wurde dort von Gefühlen hinsichtlich seines bevorstehenden Todes schier überwältigt. Er fühlte sich schwach und ängstlich. Aber nachdem er sich dem Willen seines Vaters anvertraut hatte, ging er gehorsam aus dem Garten direkt in die Arme seines Verräters und dann in den Tod. Gott gab ihm die Kraft, als er Kraft brauchte.

Er konnte das Ausgepeitschtwerden, die Schläge, den Spott, die Dornenkrone, die brennenden Nägel in seinen Händen und Füßen und das Gewicht der Sünden der Welt auf seinen Schultern ertragen. Er durchlitt alles, bis er schließlich sagte: „Es ist vollbracht" (Johannes 19,30). Da hatte er den Preis bezahlt, um die Welt zu retten. Gott, der Vater, sorgte dafür, dass sein Sohn genau die Kraft hatte, die er brauchte, um seinen Erlösungsauftrag in der Welt durchführen zu können.

Und wenn Sie und ich auf dem Weg des Gehorsams gegenüber Gott unterwegs sind, stellen wir unseren Glauben unter Beweis, selbst wenn wir uns nicht bevollmächtigt fühlen. Glaube bedeutet nicht einfach nur, dass man von etwas überzeugt ist – Glaube ist immer Überzeugung gekoppelt mit Handeln. Es bedeutet, dass man etwas glaubt und entsprechend seiner Überzeugung handelt. Jemand definierte Glaube einmal als „Überzeugung, die Mut zeigt".

In der Bibel lesen wir: „Es ist aber unmöglich, dass Gott an jemand Gefallen hat, der ihm nicht vertraut" (Hebräer 11,6). Aber ebenfalls gilt, dass wir auf Grund des Glaubens – also wenn wir gehorsam handeln und darauf vertrauen, dass Gott durch uns handelt – Kraft bekommen, wenn wir Kraft brauchen.

Ich habe das unzählige Male in meinem eigenen Leben erfahren. Vor einiger Zeit sollte ich mich beispielsweise mit jemandem versöhnen, dem ich Unrecht getan hatte. Aber ich hatte Angst davor und schämte mich. Es fiel mir schwer, meine Schuld zuzugeben. Ich hatte Angst, er könnte wütend auf mich sein. Ich war mir nicht einmal sicher, ob ich das Thema ansprechen konnte, ohne dass es ausgesprochen unangenehm werden würde.

Also gab ich zu, dass ich Gottes Kraft brauchte. Ich erkannte seine Macht und Gegenwart an. Ich wusste, dass ich mich im Einklang mit seinem Willen befand, denn in der Bibel steht: „So weit es möglich ist und auf euch ankommt, lebt mit allen in Frieden" (Römer 12,18). Und ich betete und bat Gott um den Mut, die ganze Sache durchzustehen.

Auch wenn ich noch immer nicht vor Kraft strotzte und mich eher zaghaft und unvermögend fühlte, traf ich trotzdem die bewusste Entscheidung, den fünften Schritt zu gehen. Das hieß, ich musste so handeln, wie ich wusste, dass ich nach Gottes Willen handeln sollte.

Ich ging zum Telefon und zwang mich, die Nummer dieses Mannes zu wählen. Ich wusste, dass Gott mir die Kraft geben würde, die ich brauchte, wenn ich gehorsam war. Und so erlebte ich an diesem Abend, wie Gott mich im Verlauf dieses schwierigen Gesprächs ermutigte und stärkte, und heute bin ich mit diesem Freund wieder versöhnt.

Wenn Sie in Ihrem Leben also Kraft brauchen, dann handeln Sie. Wenn Sie von einer persönlichen Tragödie überwältigt wurden, dann setzen Sie einen Fuß vor den anderen, und gehen Sie in Ihre Gemeinde, um dort Hilfe zu finden. Vertrauen Sie darauf, dass Gott Ihnen Kraft geben wird, wenn Sie Kraft brauchen.

Wenn die Versuchung ihre Fangarme um Sie geschlungen

hat, dann handeln Sie. Greifen Sie zum Telefon, und rufen Sie die Person an, mit der Sie geflirtet haben, obwohl Sie das nicht hätten tun sollen. Sagen Sie ihr, dass damit Schluss sein muss. Packen Sie die DVDs mit der hohen FSK zusammen und werfen Sie sie auf den Müll. Machen Sie den Kleiderschrank auf, fangen Sie an zu packen und ziehen Sie bei Ihrem Freund oder Ihrer Freundin, mit der Sie in nichtehelicher Partnerschaft zusammenleben, aus. Ja, diese Schritte sind schwer. Doch wenn Sie sich in die Richtung bewegen, von der Sie wissen, dass Sie sie nach Gottes Willen einschlagen sollen, können Sie darauf vertrauen, dass Gott Ihnen Kraft geben wird, wenn Sie Kraft brauchen.

Wenn Charakterschwächen Sie davon abhalten, das zu tun, von dem Sie wissen, dass es richtig wäre, dann handeln Sie. Rufen Sie einen gläubigen Freund an, zu dem Sie Vertrauen haben. Erzählen Sie ihm davon, und bitten Sie ihn, Sie liebevoll zur Verbindlichkeit anzuhalten und Ihnen dabei zu helfen, sich in diesem Bereich weiterzuentwickeln. Und rechnen Sie ganz fest damit, dass Gott Ihnen Kraft gibt, wenn Sie Kraft brauchen.

Bruder Andrew kann bestätigen, dass dieser Schritt wirklich sehr wirkungsvoll ist. Er bekam den Spitznamen „Schmuggler Gottes", weil er auf kreativen Wegen Millionen von Bibeln in Länder auf der ganzen Welt schmuggelte, die dem Evangelium eigentlich verschlossen waren. Darunter Länder, die dem christlichen Glauben so feindselig gegenüberstanden, dass es niemand für möglich hielt, man könne dort hineingelangen. Wie schaffte er es trotzdem?

Wenn er spürte, dass Gott von ihm wollte, dass er christliche Literatur in ein Land brachte, unternahm Bruder Andrew einen konkreten Gehorsamsschritt, selbst wenn die Eingangstür zu diesem Land auf den ersten Blick verschlossen zu sein schien. Wenn er sich mit seinen Büchern der Grenze näherte, gab Gott ihm immer die Kraft, um seine Mission zu erfüllen. Bruder Andrew beschrieb dies so:

„Die Tür mochte geschlossen scheinen, aber sie ist nur so geschlossen wie die Tür eines Supermarkts. Sie bleibt geschlossen, wenn wir in einer bestimmten Entfernung bleiben, aber wenn wir uns ihr nähern, sieht uns ein Sensor kommen, und die Tür öffnet sich. Gott wartet darauf,

dass wir im Gehorsam vorwärtsgehen, damit er uns die Türen öffnen kann.“[1]

Wenn Sie Ihren Glauben unter Beweis stellen, indem Sie konkrete Gehorsamsschritte gehen, werden Sie erleben, dass Gott mehr als bereit ist, in Ihrem Leben auf übernatürliche Weise einzugreifen. Halten Sie sich einfach an die Worte von König David: „Überlass dem Herrn die Führung in deinem Leben; vertrau doch auf ihn, er macht es richtig! Deine guten Taten macht er sichtbar wie das Licht des Tages und deine Treue lässt er strahlen wie die Mittagssonne“ (Psalm 37,5–6).

Kraft, um Ihr Potenzial zu erreichen

Die Wahrscheinlichkeit ist hoch, dass Sie Gottes Kraft in Ihrem Leben brauchen. Jeder von uns braucht sie und Gott weiß das. Wenn Gott Sie jetzt gerade anschaut, während Sie dieses Buch lesen, was sieht er?

Sieht er jemanden, der ängstlich, furchtsam und wie gelähmt ist? Jemanden, der unter dem Gewicht des Lebens in die Knie geht? Jemanden, der grundsätzlich allen Versuchungen nachgibt? Jemanden, der nicht in der Lage ist, den Mut zusammenzunehmen und das zu tun, was richtig ist? Oder der zu schwach ist, das *nicht* zu tun, was falsch ist? Jemanden, dessen Glaubenstank gefährlich leer ist? Was sieht Gott, wenn er Sie jetzt anschaut?

Nehmen Sie sich einen Augenblick Zeit – antworten Sie nicht zu schnell.

Ich möchte Ihnen zuerst noch eine Geschichte erzählen. Sie handelt von jemandem, der das schwächste Mitglied einer ungläubigen Familie war, die auf dem falschen Weg unterwegs war. Er war unsicher und wurde immer wieder von Zweifeln gequält. Und als wir ihm in der Bibel begegnen, hat er gerade große Angst, von ein paar marodierenden Banditen umgebracht zu werden.

Sein Name war Gideon. Eines Tages erschien ihm ein Engel, und raten Sie, wie dieser unseren zitternden Angsthasen begrüßte.

Er hätte rufen können: „Hallo, du flauschiges Küken!“ Oder:

„Hallo, du biegsames Rückgrat!" Aber stattdessen sagte der Engel etwas völlig Unerwartetes. Er verkündete: „Hallo, Gideon, *du mächtiger Krieger!*"

Warum nannte er ihn so? Weil Gott Gideon nicht nur so sah, wie er war, sondern auch so, wie er werden konnte – wenn er Zugang zur Kraft Gottes bekam. Gott wusste, dass Gideon mit dieser Kraft das Potenzial hatte, zu einem Menschen zu werden, der etwas verändern, der mutig und voller Kraft handeln konnte.

Am Ende bekam Gideon Gottes Kraft. Auch wenn er gelegentlich stolperte, machte er sich auf, Großes für Gott zu vollbringen. Und sein Name ist bis heute bekannt (nachzulesen in Richter 6–8).

Ich möchte meine Frage also noch einmal anders formulieren: *Wenn Gott Sie jetzt sieht, wie könnte er Sie ansprechen?*

Wie wäre es: „Hallo, du Veränderer!" Oder: „Hallo, du Arbeiter für das Reich Gottes!" Oder: „Hallo, du wunderbar integre Frau!" Oder: „Hallo, du tolle Mutter/toller Vater!" Oder: „Hallo, du mit dem inspirierenden Glauben!" Oder: „Hallo, du Pfeiler der Kraft!" Oder: „Hallo, du Vorbild an Tugend!" Oder: „Hallo, du Gideon der Neuzeit!"

Denken Sie darüber nach. Stellen Sie sich vor, was Sie werden könnten, wenn Sie sich auf die Kraft Gottes verlassen würden statt auf Ihre eigene. Denken Sie nur einmal über die Möglichkeiten nach.

Eines ist sicher: Gott hat sich darüber bereits Gedanken gemacht!

6. Behauptung

Sie gewinnen, wenn Sie sich selbst aufgeben

Sein Name war George, aber so nannten ihn seine Mitschüler in der Schule nicht. Tag für Tag riefen sie ihn mit Namen wie „Dummkopf", „Schwachkopf" und „Spinner". Sie lachten ihn aus, schubsten und schlugen ihn und versuchten, ihn so zu reizen, dass er auf sie losging – und das nur, weil George ein bisschen anders war.

Am Ende trugen sie einen bitteren Sieg davon. Wegen der ständigen Schikanen und der Unfähigkeit der Lehrer, diese zu unterbinden, entschieden Georges Eltern, ihn aus der Schule zu nehmen und ihn zu Hause zu unterrichten.

Leider gehören solche Schlägertypen zum Leben dazu. Sie sind uns überlegen – körperlich, finanziell oder in welcher Hinsicht auch immer – und empfinden Freude dabei, uns auf eine Weise herumzuschubsen, dass wir es nicht so schnell vergessen. Statistiken belegen, dass drei von vier Menschen irgendwann in ihrem Leben einem solchen Tyrannen zum Opfer fallen. Und ein Experte sagte dazu: „Dabei geht es nur um Macht."

Im vorhergehenden Kapitel haben wir uns mit der phänomenalen Kraft Gottes beschäftigt. Und wenn das alte Sprichwort stimmt, dass Macht korrumpiert und absolute Macht absolut korrumpiert, dann wäre es nur verständlich, wenn Gott so etwas wie ein kosmischer Tyrann wäre, der sich über uns lächerlich macht und der uns einschüchtert, der uns mit der Nase immer wieder darauf stößt, dass er der Chef des Universums ist und wir nur klein und unbedeutend sind.

Aber so ist Gott nicht.

Schauen Sie, was geschah, als Jesus eines Tages mit seinen Jüngern zusammen aß (nachzulesen in Johannes 13). Die Verse 3 und 4 dieses Kapitels enthalten, wie ich finde, einen der außergewöhnlichsten Sätze der ganzen Bibel. Etwas wie ein *Non sequitur* – einen logischen Fehler –, in dem zwei Gedanken einfach nicht zusammenzupassen scheinen, weil sie sich mehr oder weniger widersprechen.

Im ersten Teil des Satzes heißt es: „Jesus wusste, dass der Vater ihm alles in die Hand gegeben hatte. Er wusste, dass er von Gott gekommen war und bald wieder zu Gott zurückkehren würde. Da …“ Mit anderen Worten: Jesus war sich sehr bewusst, dass er Gott war, dass er allmächtig war, dass er tun konnte, was er wollte, dass er von Ewigkeit zu Ewigkeit als Teil der Trinität existierte und zu seiner heiligen und erhabenen Stellung im Himmel zurückkehren würde.

Aber dann steht da das scheinbar unwichtige Wort „da“. In dem Wissen um diese ganzen aufregenden, dem Ego schmeichelnden Dinge – was machte Jesus da? Nutzte er seine Überlegenheit aus, um seine Jünger zu tyrannisieren? Verlangte er arrogant von ihnen, dass sie ihn verhätschelten und umsorgten?

Und hier kommt der unvereinbare Schluss dieses Satzes: „Da stand er vom Tisch auf, legte sein Obergewand ab, band sich ein Tuch um und goss Wasser in eine Schüssel.“ Völlig unerwartet und überraschend verhielt Jesus sich wie ein Diener und machte sich daran, die schmutzigen, staubigen, stinkenden Füße seiner Jünger zu waschen und liebevoll mit einem Handtuch abzutrocknen. Der allmächtige, allwissende Jesus entschied sich dafür, eine unliebsame Aufgabe zu übernehmen, die so erniedrigend war, dass keiner seiner Jünger bereit gewesen war, sich dazu herabzulassen. Was für eine unglaublich demütige Demonstration echten Dienens – von dem Einzigen, der das Recht hätte, sich von anderen dienen zu lassen!

Wer kann dieses große und wunderbare Geheimnis erfassen, dass Jesus „nicht gekommen [ist], um sich bedienen zu lassen, sondern um zu dienen und sein Leben als Lösegeld für alle Menschen hinzugeben“ (Matthäus 20,28)?

Handtuchübergabe an Sie

Auch wenn sich die Begriffe von absoluter Macht und demütigem Dienen zu widersprechen scheinen, besitzt Gott unzweifelhaft beide Eigenschaften. Letztlich ist Gott ein Diener, weil Gott Liebe ist, und Liebe sich ihrem Wesen nach selbst verschenkt. Das ist der Kern des Lebens Jesu, wie es in Philipper 2, Verse 6 bis 8 beschrieben wird. Von Eugene Peterson in *The Message* meisterhaft übertragen, liest sich diese Bibelstelle dort so:

„Jesus hatte denselben Status wie Gott, hielt aber von sich selbst nicht so viel, dass er sich um jeden Preis an den Vorteilen festhalten musste, die dieser Status mit sich brachte. Überhaupt nicht. Als die Zeit kam, legte er seine göttlichen Privilegien ab und nahm den Status eines Sklaven an; er wurde Mensch! Und als er Mensch geworden war, blieb er Mensch. Es war ein unglaublich demütigender Prozess. Er beanspruchte keine besonderen Privilegien. Stattdessen lebte er ein selbstloses und gehorsames Leben und starb dann einen selbstlosen und gehorsamen Tod – und zwar den schlimmsten aller Tode: den Tod am Kreuz.“[1]

Daran erinnern wir uns an Karfreitag – dass Jesus an unserer Stelle die Todesstrafe auf sich nahm, die wir für unsere Vergehen verdient hätten. Dieser Jesus, der jedes Recht gehabt hätte, ein Tyrann zu werden, wurde stattdessen zu Ihrem und meinem leidenden Diener, obwohl wir für unsere Rebellion und unsere Vergehen nur eines verdient hätten: ewige Verdammnis.

Provokativ? Absolut! Und doch ist das nur der Anfang der Geschichte. Denn dann bittet Jesus Sie und mich, ebenfalls etwas sehr Ungewöhnliches zu tun. Nachdem Jesus dem letzten seiner Jünger die Füße mit dem Handtuch abgetrocknet hatte, wandte er sich seinen Jüngern zu und sprach diese bemerkenswerten Worte aus: „Ich habe euch ein Beispiel gegeben, damit auch ihr so handelt, wie ich an euch gehandelt habe“ (Johannes 13,15).

Und darum geht es mir hier: Es ist verständlich, dass wir Gott für seine Bereitschaft anbeten wollen, uns zu dienen, weil uns vergeben ist und wir mit ihm versöhnt werden. Aber auch wenn es noch so seltsam erscheint: Wir sollen ihm genauso dankbar dafür sein, dass er uns zu einem dienenden Lebensstil einlädt. Denn auf diese Weise werden wir die Befriedigung finden, die uns fehlen würde, wenn wir uns überwiegend damit beschäftigten, uns selbst das Leben so angenehm wie möglich zu machen.

Ich kam frisch von der Journalistenschule und arbeitete seit fünf Monaten als Reporter bei der *Chicago Tribune*. Da erhielt ich den etwas furchteinflößenden Auftrag, eine 30-teilige Artikelserie über die Armen von Chicago zu schreiben. Ich sollte jeden Tag eine andere bedürftige Familie beschreiben und ihre Geschichte so erzählen, dass die Leser für den *Neediest Kids Fund* spenden sollten, ein gemeinsames Projekt der Chicagoer Presse, das zu Weihnachten unterprivilegierte Kinder unterstützte.

Als ich mich in diesen Auftrag stürzte und in der Stadt nach geeigneten Familien für meine Artikel suchte, stieß ich auf etwas, worüber ich bisher nie bewusst nachgedacht hatte. Zum ersten Mal wurden meine Augen für das riesige, formlose Netzwerk von Christen geöffnet, die den Armen aufopferungsvoll halfen.

Besonders angetan war ich von einer Notunterkunft für obdachlose Familien, die im Norden Chicagos von der Heilsarmee geleitet wurde. Während meiner Recherchen war ich regelmäßig Gast in dieser Einrichtung. Ich unterhielt mich mit obdachlosen Familien, schaute aber auch einfach den ehrenamtlichen Helfern dabei zu, wie sie ihr Leben selbstlos für diese von allen anderen vergessenen Menschen einsetzten. Für mich persönlich rückte der Auftrag der *Tribune* in den Hintergrund, als ich mich auf die viel größere Story zu konzentrieren begann, was diese Christen dazu motivierte, so viel von ihrer Zeit, Energie und ihrem Geld zu investieren, um anderen zu helfen. Als Atheist konnte ich das einfach nicht verstehen. Ich wollte wissen, warum sie das taten.

Diese Ehrenamtlichen arbeiteten nicht widerstrebend oder weil sie dazu gezwungen wurden. Ganz im Gegenteil: Ihre Arbeit schenkte ihnen Energie. Sie schien sie zu begeistern und ihnen Zufriedenheit zu schenken. Sie schien ganz natürlich aus ihrem Leben zu fließen. Ich bekam immer mehr den Eindruck, dass sie einfach nicht anders konnten, als diesen Menschen zu helfen. Es war einfach Bestandteil ihres Wesens.

Und ihr Einfluss – auch wenn man darüber selten etwas las – war unglaublich. Sie gründeten Krankenhäuser und Schulen, versorgten mit Essen, spendeten Kleidung, boten Beratung an, renovierten Gebäude, kümmerten sich um ältere Menschen, halfen ledigen Müttern, führten Drogenentzugsmaßnahmen durch, bauten Häuser und ermutigten Menschen. Und darüber hinaus spendeten sie riesige Geldsummen. Eine Studie ergab, dass Kirchengemeinden und Synagogen zu den sozialen Einrichtungen Amerikas mehr als alle anderen nichtstaatlichen Einrichtungen beitragen. Spenden über 19 Milliarden Dollar pro Jahr, dazu weitere 6 Milliarden Dollar, die in Form von ehrenamtlichen Diensten beigetragen werden, kommen so zusammen.[2]

Ich erfuhr, dass diese „Handtuchträger", die sich genauso um Menschen kümmern, wie Jesus seinen Jüngern die Füße wusch, in erster Linie von der Dankbarkeit dafür motiviert wurden, wie Christus ihnen mit seinem Tod gedient hatte. Und sie erlebten, dass Gott dazu neigt, als übernatürliches Nebenprodukt ihres Einsatzes Zufriedenheit in ihr Leben fließen zu lassen. Es geht ihnen bei ihrem Dienst nicht um Erfüllung, aber letztlich ist dieses genau das, was sie bekommen.

Während meiner Recherchen über die sich sehr voneinander unterscheidenden Leben von Mutter Teresa und Rockstar Madonna stieß ich auf einen unerwarteten Gegensatz. Auf der einen Seite stand Madonna, die ihre ganze Energie darauf verwendete, sich selbst zufriedenzustellen, die aber sagte, sie kenne niemanden, der glücklich sei. Mutter Teresa aber verschrieb ihr ganzes Leben ihrem Dienst für Gott und andere Menschen und sagte, sie fühle sich unglaublich erfüllt.

Ich wollte es wissen: Was ist der eigentliche Grund für diese Erfüllung? Und im Laufe der Jahre – zuerst als Skeptiker, dann als Christ – entdeckte ich dafür sechs konkrete Quellen. Auf den nächsten Seiten werde ich sie Ihnen vorstellen.

Handtuchträger finden Erfüllung im Gehorsam gegenüber Gott

Bevor Christus sein Leben veränderte, war John Newton ein Sklavenhändler. Man kennt ihn jedoch am ehesten als Verfasser des Liedes „Amazing Grace", aber eine seiner Erkenntnisse machte ihn besonders unvergessen. Es war etwas, das er über das Thema „Dienstbereitschaft" sagte: Wenn zwei Engel im Himmel gleichzeitig von Gott einen Auftrag bekämen – der eine, über die größte Nation der Erde zu herrschen, und der andere, die Straßen des schmutzigsten Dorfes zu kehren – dann wäre beiden Engeln völlig gleichgültig, wer von ihnen welchen Auftrag übernähme.

Es wäre ihnen einfach nicht wichtig. Warum? Weil ihre wahre Freude darin läge, Gott gehorsam zu sein. Für einen Nachfolger Jesu ist nicht entscheidend, *was* Gott von ihm verlangt. Entscheidend ist vielmehr, dass er das tut, was Gott von ihm verlangt.

Wenn wir Gottes Richtungsweisung für unser Leben gehorchen, dann gibt uns der Heilige Geist eine stille Bestätigung, so etwas wie ein himmlisches Schulterklopfen. Und ich sage Ihnen: Handtuchträger leben für Gottes anerkennendes Lächeln. Es gibt nichts anderes, das sie so sehr anfeuert.

Handtuchträger finden Erfüllung, indem sie ihre geistlichen Gaben einsetzen

Als ich 1987 ein von Christen geleitetes Waisenhaus in Südindien besuchte, nahm ich eine Sofortbildkamera mit, weil ich wusste, dass die Kinder noch nie ein Foto von sich selbst gesehen hatten. Ich machte also ein Foto von jedem einzelnen Kind und beobachtete dann den Ausdruck auf ihrem Gesicht, während sich das Foto vor ihren Augen langsam entwickelte. Je klarer es wurde, desto größer wurden ihre Augen und desto breiter ihr Lächeln. Dann kicherten und lachten sie. Sie waren absolut fasziniert davon zu sehen, wie sie auf Fotopapier aussahen.

Etwas Vergleichbares geschieht, wenn Christen ihre geistlichen Gaben im Rahmen eines Kurses entdecken – die Fähigkeiten, die Gott jedem Christen gibt, damit er Gott und anderen Menschen dienen kann. In der Bibel werden Gaben wie Lehre, Organisation, Evangelisation, Leiten, Barmherzigkeit, Helfen, Hirtendienst, Ermutigung und andere aufgezählt.

Im Verlauf des Kurses fangen die Teilnehmer an, sich auf eine Art und Weise zu sehen, wie sie sich noch nie zuvor gesehen haben. Sie ermitteln ihre Gaben, lernen ihre Neigungen und ihren Persönlichkeitsstil kennen, und entdecken, dass sie als ganz einzigartige Wesen geschaffen sind, um eine ganz bestimmte Aufgabe im Reich Gottes übernehmen zu können. Je mehr Klarheit sie darüber bekommen, dass sie mit ihrer „Ausstattung" tatsächlich etwas verändern können, desto stärker sehen sie sich in einem völlig neuen Licht.

Ich weiß noch genau, wie es war, als ich herausfand, dass meine stärkste geistliche Gabe die Gabe der Evangelisation ist, also die Fähigkeit, anderen dabei zu helfen zu verstehen, was es bedeutet, ein Nachfolger Jesu zu werden. Dies geschah eines Tages wie aus dem Nichts, als mich mein Chef bei der Zeitung fragte, warum ich Christ sei. Ich hatte das noch nie zuvor jemandem erklärt, aber ich schloss die Tür zu seinem Büro und redete 45 Minuten über das, was Christus in meinem Leben getan hatte und noch tat.

Als ich sein Büro verließ, war es, als ob mein ganzes Leben bis zu dieser Begegnung in schlechter Schwarzweißqualität und mit klirrendem Ton abgelaufen wäre – aber diese 45 Minuten waren in bester Technicolor-Qualität mit Dolby-Surround. Ich wusste sofort, dass ich von diesem Tag an meine evangelistische Begabung, so gut ich konnte, weiterentwickeln wollte.

Wenn wir unsere Gaben Gott zur Verfügung stellen, ihn bitten, sie auf übernatürliche Weise zu gebrauchen, und dann zurücktreten und sehen, was er daraus macht, werden wir eine ganz besondere Form der Erfüllung erleben. Es kann der Unterschied zwischen einer bloßen Existenz in Schwarzweiß und einem Leben in den leuchtendsten Farben sein.

Handtuchträger finden Erfüllung darin, Opfer zu bringen, die sie tatsächlich etwas kosten

„Erfüllung" und „Spaß" sind nicht unbedingt Synonyme. Oft ist es körperlich anstrengend, emotional herausfordernd, finanziell kostspielig oder geradezu gefährlich, anderen zu dienen. Doch erstaunlicherweise sind genau das die Augenblicke, in denen Gott Freude daran hat, eine Extraportion Gnade in das Leben von Handtuchträgern zu bringen.

Ein nüchterner britischer Journalist erkannte dies, als er nach Indien reiste, um Mutter Teresas Arbeit in Kalkutta zu besuchen. Nachdem er den Freiwilligen, die ihr halfen, bei der Arbeit zugeschaut hatte, schrieb er: „Ihr Leben ist nach weltlichen Maßstäben hart und entsagungsvoll, aber ich habe noch nie im Leben Menschen erlebt, die bei ihrer Arbeit so viel Freude und Glück ausstrahlen; noch habe ich eine solche Atmosphäre absoluter Freude erlebt, wie sie hier entsteht. Inmitten ihrer ‚kostspieligen' Opfer ließ Gott einen erfrischenden Strom von Zufriedenheit in ihr Leben fließen."

Ich las einmal eine berührende Geschichte, die David Jeremiah über den Gründer der internationalen Hilfsorganisation *World Vision* geschrieben hatte. Bob Pierce hatte Leukämie im fortgeschrittenen Stadium, aber er wollte vor seinem Tod noch einen Kollegen in Indonesien besuchen. Als sie dort durch ein kleines Dorf gingen, kamen sie an einem jungen Mädchen vorüber, das auf einer Bambusmatte an einem Fluss lag. Es hatte Krebs und lag im Sterben.

Bob wurde wütend. Er wollte wissen, warum die Kleine nicht in einem Krankenhaus war. Aber sein Freund erklärte ihm, dass sie zu einem Volk gehörte, das im Dschungel lebte, und ihre letzten Lebenstage am Fluss verbringen wollte, wo es kühl und für sie vertraut war.

Als Bob das Mädchen anschaute, empfand er so viel Mitleid mit ihm, dass er sich neben es in den Staub kniete, seine Hand nahm und diese streichelte. Auch wenn es ihn nicht verstehen konnte, betete er für es. Danach schaute das Mädchen auf und sagte etwas.

„Was hat sie gesagt?", erkundigte sich Bob bei seinem Freund.

Sein Freund antwortete: „Sie sagte: ‚Wenn ich nur schlafen könnte, wenn ich nur schlafen könnte.'" Offenbar hatte sie so große Schmerzen, dass sie nicht zur Ruhe kommen konnte.

Bob fing an zu weinen. Dann holte er seine eigenen Schlaftabletten aus der Tasche, die ihm sein Arzt gegeben hatte, weil er wegen seiner Leukämie nachts so große Schmerzen litt, dass er nicht schlafen konnte.

Er gab sie seinem Freund: „Sorg du bitte dafür, dass diese junge Frau nachts gut schlafen kann, solange diese Tabletten reichen", meinte er.

Bob befand sich zehn Tagesreisen von dem nächsten Ort entfernt, an dem er selbst neue Schlaftabletten bekommen konnte. Das bedeutete für ihn zehn Nächte voller Schmerzen und ohne Ruhe. An diesem Tag kostete ihn seine Bereitschaft zu dienen sehr viel. Aber selbst inmitten seines eigenen Leidens schenkte Gott ihm ein übernatürliches Gefühl der Genugtuung, das Richtige getan zu haben.[3]

Ich will damit nicht sagen, dass Menschen, die Gott dienen, sich ständig selbst Gewalt antun oder zu passiven Fußabstreifern werden sollen. Aber ich möchte damit zum Ausdruck bringen, dass es mit Kosten verbunden ist, ein Handtuchträger zu sein. Und selbst wenn der Preis hoch ist, kann man doch darauf zählen, dass Gott seinen Nachfolgern Erfüllung schenkt.

Handtuchträger finden Erfüllung, wenn Gott ihren Schmerz doch noch in etwas Positives verwandelt

Manche Handtuchträger sind verwundete Diener. Sie haben selbst eine Tragödie oder Sorgen, Krankheit oder Verlust erlebt und sind nun in der Lage, Menschen in vergleichbaren Situationen auf einzigartige Weise zu helfen. Sie finden besondere Freude daran – fast so etwas wie eine geistliche Rache gegen die Ungerechtigkeit einer von Sünde zerstörten Welt –, wenn sie bezeugen können, dass Gott ihre Erfahrungen mit Leid in etwas Positives verwandelt.

Yolanda Lugo ist hierfür ein Beispiel. Vier Jahre, bevor ich sie kennenlernte, erkrankte sie an Morbus Hodgkin, Lymphdrüsenkrebs. Für eine 20-jährige Frau, die gerade erst begann, das Leben zu genießen, war das eine verheerende Diagnose, vor allem, da die Ärzte ihr sagten, dass die Metastasen bereits ziemlich stark im Körper streuten.

Yolanda erzählte mir davon, wie sie Gott gebeten hatte, ihr die Kraft zu geben, gegen die Krankheit zu kämpfen. Und er gab sie ihr. Er gab ihr Mut und Stärke, während sie sich der Chemotherapie, der Bestrahlung und der Operation unterzog. Schließlich bildete sich der Krebs zurück.

Trotz ihres Leids hielt Yolanda an ihrem Traum fest, Polizistin in New York zu werden. Sie hielt wegen ihres Wunsches, „zu dienen und zu beschützen", durch, und mit 24 Jahren wurde sie schließlich der dortigen Einheit zugeteilt. Für sie war es ein persönlicher Triumph – aber sie wusste noch nicht, wie Gott ihre Krankheit eines Tages gebrauchen sollte, um etwas zu bewerkstelligen, das außer ihr kein anderer hätte tun können.

Das Drama nahm an einem Tag seinen Lauf, als Yolanda über die *Verrazano Narrows Bridge*, die *Staten Island* und *Brooklyn* miteinander verbindet, nach Hause fuhr. Plötzlich sprang ein Mann aus seinem Wagen und kletterte auf die Spitze eines Brückenpfeilers, der sich 70 Meter über dem Wasser befand.

Yolanda machte eine Vollbremsung und rannte zu ihm hin. „Was machen Sie da?", brüllte sie.

„Gehen Sie weg!", kam die Antwort. „Ich werde springen! Ich werde mich umbringen!"

Yolanda hatte noch nie so etwas erlebt. Sie hatte keine Ahnung, was sie machen sollte, also versuchte sie einfach, mit ihm zu reden. Doch er fiel ihr ins Wort. „Hauen Sie ab!", brüllte er. „Ich weiß, dass ich Ihnen egal bin!"

„Hey, ich bin nicht im Dienst. Ich war nicht verpflichtet anzuhalten. Ich muss nicht hier sein. Ich muss nicht mit Ihnen reden", entgegnete Yolanda. „Aber ich möchte es. Ich möchte Ihnen helfen."

Der Mann schwieg. „Na", erwiderte er schließlich, „dann kommen Sie hoch."

Yolanda war nicht gerade schwindelfrei, und wenn sie von diesem Brückenpfeiler fiel, war das wie ein Sturz von einem zwanzigstöckigen Haus in eisiges Wasser. Aber sie zögerte nur kurz. Dann kletterte Yolanda, die keine 50 Kilo wog, nach oben. Als sie es geschafft hatte, nahe genug an den Mann heranzukommen, versuchte sie, ihn erneut davon zu überzeugen herabzusteigen, aber er wurde nur noch feindseliger und drohte wieder damit zu springen.

„Ich bin Ihnen egal!", sagte er. „Ich bin allen egal. Meine Frau hat mich verlassen; ich habe alle möglichen familiären Probleme. Und ich werde dem Ganzen jetzt ein Ende machen."

Er machte sich bereit zu springen. Yolanda hatte nur den Bruchteil einer Sekunde, um zu reagieren. Aber als sie sprach, erwischte sie ihn kalt. „Ich kenne mich mit riesigen Problemen aus", sagte sie sanft.

Der Mann war überrascht und hielt inne. „Was meinen Sie damit?“, fragte er und sein Interesse klang aufrichtig. „Wie kann denn jemand wie Sie sich mit Problemen auskennen?“

Yolanda sagte es ihm. „Ich hatte Krebs.“

„Wirklich? Wo denn?“

Yolanda fing an, ihm ihre Krankheit zu beschreiben. Sie sprach von ihren eigenen Ängsten und der Ungewissheit. Sie sprach von den Schmerzen, die sie ausgehalten hatte. Und sie erklärte, wie Gott ihr geholfen hatte, mit ihrer Situation zurechtzukommen.

„Ich bekam Hilfe“, schloss sie. „*Bitte lassen Sie mich Ihnen auch helfen.*“

Ein paar angespannte Augenblicke verstrichen. „Vielleicht brauche ich wirklich einen Freund“, sagte er dann ruhig.

Yolanda lächelte. „Dann werde ich Ihr Freund sein.“

Ich weiß nicht, ob irgendein Psychiater diesen Mann davon hätte abbringen können, Selbstmord zu begehen. Er war dabei, sich herabzustürzen, um alles hinter sich zu lassen. Aber ich weiß eines: Er war bereit, Yolandas Hilfe anzunehmen, weil sie selbst Probleme und Schmerzen durchlebt hatte. Gott gebrauchte ihren eigenen Schmerz auf genau die Art und Weise, die nötig war, um ihm zu helfen.

Am Ende kletterte er mit ihr hinunter, und sie begleitete ihn, als er sich einen Therapeuten suchte. Am nächsten Tag feierte die Zeitung Yolanda als Heldin. Aber sie würde jedem erzählen, dass es Gott war, der ihre Krankheit zu etwas Positivem gebraucht hatte, um einem anderen Menschen das Leben zu retten.

Und das tut er ständig, wenn auch normalerweise auf weniger spektakuläre Weise. Und zwar bei denen, die körperliche oder emotionale Schrammen haben, denen, die vom Leben gezeichnet sind oder denen in Beziehungen Wunden zugefügt wurden – ihnen allen kann Gott Gelegenheiten schenken, anderen zu helfen, die sich in einer ähnlichen Lage befinden. Und wenn das geschieht, ist das sehr inspirierend und erfüllend.

Handtuchträger finden Erfüllung, indem sie andere Menschen auf Christus hinweisen

Bill Perkins erzählte mir die Geschichte eines kleinen britischen Waisenjungen, der kurz nach Ende des Zweiten Weltkriegs sehnsüchtig durch die Schaufensterscheibe einer Bäckerei schaute. Der Duft der Donuts, der durch die sich immer wieder öffnende Tür strömte, ließ ihm das Wasser im Mund zusammenlaufen, aber er hatte kein Geld, um sich etwas zu kaufen. Er betete im Stillen für etwas Gutes zu essen.

Da kam ein amerikanischer Soldat vorbei. „Möchtest du welche?", fragte er und deutete Richtung Bäckerei. Der Junge nickte heftig. Also ging der Amerikaner hinein, kaufte ein Dutzend Donuts und überreichte sie dem Jungen schweigend.

Der Junge schaute auf die Tüte, dann in das Gesicht des Soldaten. „Mister", sagte er mit unschuldigem Staunen in der Stimme, „sind Sie Gott?"

Genauso repräsentieren auch Handtuchträger Gott für die Menschen, denen sie dienen. „Genauso muss auch euer Licht vor den Menschen leuchten", sagte Jesus. „Sie sollen eure guten Taten sehen und euren Vater im Himmel preisen" (Matthäus 5,16).

Handtuchträger bekommen dann den größten Kick, wenn ihre Liebe für Jesus so stark durch ihren Dienst sichtbar wird, dass ein anderer Mensch sich zum ersten Mal für Gott öffnet. Dann kann der Handtuchträger das wunderbare Schauspiel beobachten, wie Gott das Leben eines Menschen auf den Kopf stellt – wie sich seine Werte verändern, seine Beziehungen erneuern, sein Charakter einer „Inspektion" unterzogen wird und seine Prioritäten neu gesetzt werden.

Vor einiger Zeit hatte ich die Gelegenheit, einem Freund zu helfen, der eine schwere Zeit durchmachte. Ich verbrachte eine Woche damit, ihn zu beraten, und am Ende traf er die Entscheidung, Jesus nachzufolgen. Nun veränderte sich sein Leben schrittweise. Ein paar Wochen später schrieb er mir folgenden Brief:

„Lieber Lee,

ich habe jeden Abend in der Bibel gelesen. Durch Matthäus bin nun fast durch. Ein wirklich erstaunliches Buch! Als ich es vor 24

Jahren zum ersten Mal gelesen habe, konnte ich damit eigentlich nichts anfangen. Nun beinhaltet jeder Satz eine tiefgehende Botschaft und verändert mein Leben. Ich hatte noch nie die Psalmen gelesen. Ihre Gefühlstiefe ist nahezu überwältigend …

Ich vermute, dass noch sehr schwierige Zeiten vor mir liegen, vor allem, wenn ich an die nächsten Wochen und Monate denke. Ich versuche, mich von Jesus führen zu lassen, statt alles mit mir selbst auszumachen. Ich habe festgestellt, dass es mich ungemein tröstet, in schweren Zeiten sagen zu können: ‚Jesus liebt mich.'

Danke."

Versuchen Sie bloß nicht, mir diesen Brief zu klauen! Nichts ist für mich befriedigender, als von einem Platz in der ersten Reihe aus zu sehen, wie Jesus das Leben eines anderen Menschen umkrempelt.

Manche Christen werden wohl erst im Himmel erfahren, welchen Einfluss sie tatsächlich auf andere hatten. Ich erinnere mich an eine Beerdigung, die wir in *Willow Creek* für ein Ehepaar hielten, das bei einem Autounfall ums Leben gekommen war. Beide hatten jahrelang ehrenamtlich im Kassettendienst mitgearbeitet und dabei Zehntausende von Kassetten kopiert, die in die ganze Welt verschickt wurden. Sie haben die meisten der Empfänger dieser Kassetten nie kennengelernt, aber weil die Kassetten die Erlösungsbotschaft Jesu enthielten, werden sie einige der Hörer im Himmel bestimmt treffen.

Und sie werden gemeinsam in alle Ewigkeit feiern.

Handtuchträger finden Erfüllung in Gottes Versprechen, dass er sie belohnen wird

Stellen Sie sich das nur vor: Unser allwissender Gott sieht jeden noch so kleinen Dienst, der von seiner Liebe motiviert ist, jeden Augenblick, der in den Bau seines Reiches investiert wird, jedes Opfer in seinem Namen, und er verspricht uns feierlich, uns dafür in der Ewigkeit zu belohnen. „Denn Gott ist nicht ungerecht", schreibt der Verfasser des Hebräerbriefs. „Er vergisst nicht, was ihr getan habt. Ihr habt anderen Christen geholfen und tut es noch" (Hebräer 6,10).

Er erinnert sich sogar an Dinge, die wir schon längst vergessen haben. Ich möchte Ihnen das an einem Beispiel erläutern. Nehmen Sie irgendeinen beliebigen Tag aus der Vergangenheit. Lassen Sie uns beispielsweise die Uhr zum letzten Samstag im April 1989 zurückdrehen. Was haben Sie an diesem Tag gemacht? Können Sie sich noch daran erinnern? Vielleicht haben Sie einen Teil dieses Tages mit einem Handtuch über dem Arm verbracht und Menschen im Namen Jesu gedient, aber Sie können sich nicht mehr daran erinnern. Doch Gott erinnert sich sehr wohl noch daran.

Lassen Sie uns einfach auf eine Gemeinde konzentrieren – die *Willow Creek*-Gemeinde in South Barrington, Illinois. Wenn Gott auf diesen kühlen Apriltag vor so vielen Jahren zurückschaut, an was erinnert er sich dann?

Um 8:30 Uhr morgens hat Kim Rasmussen, die Leiterin der Schülerarbeit, positiven Einfluss auf das Leben von ein paar Schülerinnen der 8. Klasse, während sie gemeinsam eine öffentliche Parkanlage von Müll befreien. *Und Gott erinnert sich daran.* Er erinnert sich ganz genau, wie Kims Einfluss auf ein Mädchen namens Julie mit dazu beitrug, dass diese ihr Leben für Gottes Liebe öffnete.

Um 10:15 Uhr am selben Vormittag saugen und putzen Dale Nusbaum und sein fünfjähriger Sohn Tyler Büros in der Gemeinde und bereiten sie auf eine neue Woche Gemeindearbeit vor. Währenddessen putzt im Erdgeschoss ein Firmenchef namens Jack Mains akribisch Fenster, um den Raum für den am Abend stattfindenden Gottesdienst für Suchende vorzubereiten. *Und Gott erinnert sich daran.*

Außerdem arbeiten an diesem Vormittag Mitglieder einer Singlegruppe daran, ein baufälliges Haus im Stadtzentrum von Chicago in einen Ort zu verwandeln, an dem Kinder aus den Brennpunkten der Stadt Ruhe und Sicherheit finden. Der ehrenamtliche Vorarbeiter Bill Kolker kommt an diesem Tag schon früh und beobachtet einige Teenager, die im bereits teilweise fertiggestellten Gebäude Basketball spielen. „Mir kamen die Tränen", sagte er später. „Ich wurde für meine Arbeit belohnt, als ich diese Kinder sah." *Und Gott erinnert sich auch daran.*

Um 13:45 am Nachmittag sitzt Carolyn Schuldt am Bett von Elaine Ducay, die an Krebs erkrankt ist und in einem Krankenhaus in der Nähe der Gemeinde im Sterben liegt. Carolyn hält ihre Hand, flüstert ermutigende Worte, betet mit ihr und versucht, ihr so zu begegnen, wie Jesus ihr begegnen würde. *Und Gott erinnert sich.* Elaine wird das Krankenhaus nie wieder verlassen. Nicht einmal einen Monat später stirbt sie und geht nach Hause zu Gott.

Um 14 Uhr veranstaltet eine Sonntagsschulleiterin namens Karen Smiskol für Fünftklässer ein Picknick am See auf dem Gemeindegrundstück. Sie zeigt den Mädchen damit, dass sie Gott wichtig sind und dass sie auch ihr wichtig sind. „Ich habe Freude daran, ihnen meine Freundschaft zu schenken", sagt sie. *Und Gott erinnert sich daran.*

Um 15 Uhr sitzt Robert Green, der unter Höhenangst leidet, unsicher ganz oben auf einer Leiter und richtet die Beleuchtung für den Gottesdienst ein, damit die Besucher die Bühne sehen können, auf der die Botschaft von Christus verkündet werden wird. *Und Gott erinnert sich.*

Um 15:30 bringt Fred Turner einem fünfjährigen Jungen namens Chris bei, wie man einen Drachen steigen lässt. Chris' Mutter ist alleinerziehend und Fred fungiert in seiner Freizeit sozusagen als Ersatzvater. Er spielt Baseball mit Chris, werkelt mit ihm mit Hammer und Nägeln herum und erzählt ihm von Jesus. *Und Gott erinnert sich.*

Um 15:45 Uhr sitzt eine verzweifelte Frau im Speisesaal der Gemeinde. Ihr Mann hat gerade sie und ihre beiden Kinder verlassen und sie zittert vor Angst und Wut. Eine ehrenamtliche Mitarbeiterin namens Sue Blacker setzt sich zu ihr und hört ihr zu. „Sie sind wirklich mutig", meint Sue. „Wir freuen uns, dass wir Ihnen helfen und Ihnen in dieser Situation beistehen können. Wissen Sie, Sie sind Gott wichtig. Es ist leicht, das in Ihrer Situation zu vergessen, aber so ist es. Sie sind Gott wirklich wichtig." *Und Gott erinnert sich auch daran.*

Um 18:35 Uhr hilft der 27-jährige Chemiker Chris Skorzo – oder „Mr. Chris", wie ihn die Kinder nennen – 87 Kindern im Alter von vier bis fünf Jahren zu verstehen, dass es einen Gott gibt und dass er sie liebt. Die Kinder werden das nie vergessen, und auch Gott nicht.

Das sind nur ein paar Beispiele für das, was an einem Tag vor vielen Jahren in einer einzigen Gemeinde passiert ist. Solche Beispiele finden sich in christlichen Gemeinden und Organisationen rund um die Uhr und rund um den Globus – und jeder kleine Augenblick des Dienens ist in Gottes Gedächtnis eingebrannt. Und er wird sich daran erinnern, wenn es darum geht, den ewigen Lohn auszuteilen.

Die Frage lautet nun: „An was wird er sich bei Ihnen erinnern? Wird er sich daran erinnern, wie Sie demütig ein Handtuch aufnahmen, es sich über den Arm legten und sich bückten, um anderen Menschen zu dienen?

„Christliche Spiritualität ist die Spiritualität des armen Mannes von Nazareth, der selbst Knechtsgestalt annahm", schreibt Kenneth Leech. „Dem Reich Gottes zu folgen bedeutet deshalb, dem zu folgen, der die Hungrigen speiste, die Kranken heilte, die Ausgestoßenen zu seinen Freunden machte und die Friedensstifter segnete."[4]

Bill Hybels, der Pastor der *Willow Creek*-Gemeinde, formulierte diesen Gedanken folgendermaßen: „Ich möchte nicht eines Tages eine zarte, schwielenlose Hand ausstrecken – eine Hand, die sich nie beim Dienst an anderen schmutzig gemacht hat – und damit die von Nägeln durchbohrte Hand Jesu ergreifen."

In Anbetracht dieser ernüchternden Perspektive möchte ich Sie noch einmal fragen: *An was wird sich Gott bei Ihrem Leben erinnern?*

7. Behauptung

Eine Prise Zweifel kann Ihrem Glauben mehr Geschmack verleihen

„Lee, ich brauche Ihre Hilfe. Ich sehe so viele Leute in der Gemeinde, die einen so starken Glauben haben, dass ich das Gefühl habe, irgendwie nicht dazuzugehören. Ich würde mich in Glaubensdingen gerne so viel sicherer fühlen; ich wünschte, ich hätte keine Zweifel, aber ich habe mehr Fragen als Antworten. Ich frage mich schon, ob ich überhaupt Christ bin. Können Sie das verstehen? Was soll ich tun? Können Sie mir so schnell wie möglich antworten?"

Ich erkannte die Unterschrift: Sie gehörte zu einem ehrlichen, intelligenten Geschäftsmann, den ich gedanklich schon für künftige Führungsaufgaben in der Gemeinde verplant hatte.

Dieser Brief beunruhigte mich keineswegs. Tatsächlich fand ich es eher ermutigend, dass er sich weigerte, seine Skepsis zu verbergen und sich am geistlichen Rockschoß anderer festzuhalten. Davon abgesehen habe auch ich solche Zeiten erlebt, sodass ich gut nachvollziehen konnte, was er schrieb. Und vielleicht gilt das auch für Sie.

Unter Umständen haben Sie sich schon gefragt, ob Gott Ihnen wirklich vergeben hat. Oder Sie fragen sich, ob Sie der Bibel völlig trauen können. Oder Sie können das Leid in der Welt nicht mit der Tatsache in Einklang bringen, dass wir es angeblich mit einem liebevollen Gott zu tun haben. Oder Sie haben einen Artikel von einem Wissenschaftler oder liberalen Theologen gelesen, der Ihnen den Boden unter Ihren geistlichen Füßen weggezogen hat.

Seit Jahrhunderten geht ein geistliches Virus in christlichen Kreisen um, das man „Zweifel" nennt. Wenn Sie sich damit bis jetzt noch nicht angesteckt haben, werden Sie es sicher noch tun. Man kann Christen in drei Gruppen einteilen: Die erste Gruppe besteht aus denen, die Zweifel haben oder hatten. Die zweite Gruppe besteht aus denen, die noch keine Zweifel hatten, sie aber haben werden. Und die dritte Gruppe besteht aus denen, die hirntot sind.

Denn wenn Sie ein vernünftig denkender Mensch sind – wenn Sie sich ernsthafte Gedanken über Ihren Glauben machen und darüber, was es bedeutet, Jesus nachzufolgen –, ist es sehr wahrscheinlich, dass Ihnen ab und zu Fragen, schwierige Themen, Bedenken, Unsicherheiten, Zögern und Zweifel begegnen.

Und das ist übrigens nicht nur ein christliches Phänomen. Ich kann aus eigener Erfahrung bestätigen, dass auch Atheisten ihre Position von Zeit zu Zeit in Zweifel ziehen. Wie C. S. Lewis schon schrieb: „Auch heute noch kann es geschehen, dass mir das ganze Christentum höchst unwahrscheinlich vorkommt, während ich früher, als Atheist, das Christentum von Zeit zu Zeit unerhört überzeugend fand.“[1]

Die Frage ist also nicht, *ob* Sie von diesem Virus befallen werden; jeder von uns ist zu einem gewissen Grad Träger dieses Virus'. Die eigentliche Frage lautet, wie wir verhindern können, dass dieses Virus zu einer bösartigen Krankheit wird, die uns letztlich unseren Glauben raubt.

Aber Gott behauptet, dass wir unsere Zweifelattacken überleben können – und nicht nur das. Unser Glaube kann auch gestärkt daraus hervorgehen. So unglaublich es klingt: Zweifeln kann sich als das Beste herausstellen, was Sie jemals getan haben.

Zwischen Ja und Nein schwanken

Es besteht kein Zweifel: Zweifel machen vielen Christen wirklich Angst. Sie starren nachts in die Dunkelheit, weil sie von unbestimmten Unsicherheiten und hartnäckigen Fragen gequält werden, die sie furchtsam und verletzlich machen. Sie erleben fast so etwas wie geistliche Höhenangst.

Und um die Sache noch schlimmer zu machen, zögern Christen, darüber ein Wort zu verlieren, weil sie sich keine Blöße geben wollen. „Ich war so froh, als Sie sagten, dass Zweifel etwas völlig Normales sind, weil ich dachte, ich sei die Einzige, der es so geht“, sagte mir eine Frau, nachdem ich über dieses Thema gesprochen hatte. „Ich hatte Angst zuzugeben, dass ich Fragen hatte. Ich wollte nicht, dass alle anderen von mir dächten, ich sei ein Weichei."

Wenn wir unsere Zweifel unterdrücken, geben wir ihnen unbewusst noch mehr Macht über uns. Wenn wir sie dagegen an die Oberfläche dringen lassen, ist es erstaunlich, wie sehr ihre Macht über uns schwindet.

Lassen Sie uns das Zweifelvirus also unter dem Mikroskop betrachten, wo wir es einer genauen Untersuchung unterziehen und einige unserer falschen Vorstellungen revidieren können, die ihm unangemessen viel Macht verleihen. Und glauben Sie mir: Es gibt *viele* falsche Vorstellungen in Bezug auf dieses Virus.

Die meisten Christen denken beispielsweise, dass Zweifel das Gegenteil von Glaube ist, aber das stimmt nicht. Das Gegenteil von Glaube ist Unglaube, und es ist sehr wichtig, diese Unterscheidung zu verstehen. So sagte Os Guinness in seinem Klassiker „Das Problem des Zweifels": „Zu glauben bedeutet, ‚eines Sinnes' zu sein in Bezug auf das, was man für wahr hält; nicht zu glauben bedeutet, ‚eines Sinnes' zu sein in Bezug auf das, was man ablehnt. Zu zweifeln bedeutet, zwischen diesen beiden zu schwanken, gleichzeitig zu glauben und nicht zu glauben, und so ‚doppelsinnig' zu sein."[2]

Guinness führte aus, dass in der Bibel Unglaube eine bewusste Weigerung bezeichne zu glauben oder eine bewusste Entscheidung, Gott nicht zu gehorchen. Aber Zweifel ist etwas anderes. Wenn wir zweifeln, sind wir uns über eine bestimmte Sache im Unklaren oder zwiespältig. Wir sind noch nicht auf der Seite des Unglaubens angelangt, aber wir beschäftigen uns mit Fragen oder Bedenken. „Zweifel bedeutet nicht Leugnung oder Verneinung", schrieb Karl Barth. „Zweifel bedeutet zwischen Ja und Nein hin und herzuschwanken."[3]

Lynn Anderson, der in seinem Buch *If I Really Believe, Why Do I Have These Doubts?* ganz offen seine Glaubenskämpfe beschreibt, sagte, dass Nichtchristen Menschen seien, „die eine bewusste oder unbewusste Entscheidung getroffen haben, nicht zu glauben." Zweifler dagegen seien sich vielleicht nicht ganz sicher, ob sie wirklich echten Glauben haben, oder wissen nicht genau, was sie glauben sollen, aber „sie wollen trotzdem glauben."[4]

Ich möchte Ihnen etwas Ermutigendes sagen: *Sie können einen starken Glauben haben und dennoch zweifeln.* Sie können das ewige Leben sicher haben und trotzdem in Bezug auf bestimmte theologische Fragen unsicher sein. Sie können überzeugter Christ sein, ohne ein für alle Mal alle Fragen des Lebens geklärt zu haben. Man sagt sogar, dass es nicht mangelnder Glaube sei, wenn man mit Gott über die Fragen des Lebens diskutiere, sondern im Gegenteil ein Zeichen tiefen Glaubens. Wenn Sie mir das nicht glauben, lesen Sie einfach die Psalmen!

„Echte Christen können Zweifel haben", sagte Gary Habermas, ein Wissenschaftler, der sich mit diesem Thema intensiv auseinandergesetzt hat. „Sowohl im Alten als auch im Neuen Testament bringen Gläubige immer wieder ihre Fragen zum Ausdruck, insbesondere zu Themen wie Schmerz und Leid, Gottes persönlichem Umgang mit seinem Volk und die Frage nach dem Beweis für den Glauben eines Menschen. Zu jedem dieser Themen finden wir prominente Gläubige, die ganz offen ihren Zweifel bekunden."[5]

Sie können also erleichtert sein. Vielleicht haben Sie genau diese Worte gebraucht, um die Angst zu neutralisieren, die das Zweifelvirus in Ihnen ausgelöst hat.

Von Sicherheit in Zweifel abrutschen

Zweifel unterscheidet sich nicht nur von Unglauben, sondern ist im Gegensatz zur landläufigen Meinung auch nicht unverzeihlich. Gott verdammt uns nicht, wenn wir ihn infrage stellen. Als ich mich mit Gary Habermas über dieses Thema unterhielt, verwendete er zur Illustration seines Standpunktes das Beispiel von Johannes dem Täufer.

Wenn jemand gegen das Zweifelvirus immun sein sollte, sagte Habermas, dann wäre das Johannes der Täufer gewesen. Er hatte sein ganzes Leben dafür geopfert, den Weg für Jesus vorzubereiten. Er war derjenige, der voller Überzeugung auf Jesus deutete und verkündete: „Seht dort das Opferlamm Gottes, das die Schuld der ganzen Welt wegnimmt" (Johannes 1,29). Er taufte Jesus und bezeugte dann persönlich, wie sich der Himmel öffnete und Gott erklärte: „Du bist mein Sohn, dir gilt meine Liebe, dich habe ich erwählt“ (Markus 1,11). Er ist derjenige, der über Jesus sagte: „Das habe ich gesehen, und ich verbürge mich dafür, dass dieser der Sohn Gottes ist“ (Johannes 1,34).

Aber als er im Gefängnis schmorte und auf seine Hinrichtung wartete, begannen die Fragen in Johannes' Kopf zu schwirren. Plötzlich war er sich nicht mehr so sicher. Der Historiker Lukas beschreibt, wie Johannes zwei von seinen Jüngern losschickt, um Jesus zu finden und ihn direkt zu fragen: „Bist du wirklich der, der kommen soll, oder müssen wir auf einen anderen warten?“ (Lukas 7,20). Das war, als würde Johannes sagen: „Ich war davon überzeugt, dass du der Messias bist, aber nun … na ja, ich weiß nicht mehr so recht.“

Wie reagiert Jesus darauf? Nicht, indem er Johannes' Frage abschmettert. Nicht, indem er ihm Vorwürfe macht. Stattdessen sagt er zu den Jüngern von Johannes: „Geht zurück zu Johannes und berichtet ihm, was ihr hier gesehen und gehört habt: Blinde sehen, Gelähmte gehen, Aussätzige werden gesund, Taube hören, Tote stehen auf und den Armen wird die Gute Nachricht verkündet“ (Lukas 7,22).

Er trägt ihnen damit auf, Johannes alle Beweise zu bringen, die sie selbst gesehen haben und die bestätigen, dass Jesus wirklich der Messias ist. Dann, so vermutet Jesus, wird Johannes von der Plage des Zweifels befreit werden.

Und wie verändert sich dadurch die Einstellung von Jesus zu Johannes? Statt zu dem Schluss zu kommen, dass diese Fragen ihn nutzlos gemacht haben oder ihn von einer tragenden Rolle im Reich Gottes ausschließen, versichert Jesus: „Johannes ist der Bedeutendste unter allen, die je von einer Frau geboren wurden“ (Lukas 7,28).

Stellen Sie sich das nur einmal vor: Jesus sagte so etwas über Johannes den Zweifler! Und trotz all Ihrer aufrichtigen Fragen und Bedenken – wenn Sie mit Ihren ehrlichen Ungewissheiten und Ihrem Zögern ringen, wird Jesus auch Sie nicht zurückweisen.

Meinen Sie nicht, dass es Gott lieber ist, wenn Sie ehrlich mit Ihren Zweifeln zu ihm kommen, statt einen unechten Glauben vorzutäuschen? Er weiß sowieso, was in uns vorgeht; es ist also absurd zu denken, wir könnten unsere Zweifel vor ihm verbergen. Wenn wir eine authentische Beziehung zu jemandem haben bedeutet dies, dass wir ehrlich sagen, wie wir uns fühlen – und Gott möchte so eine Beziehung zu uns haben.

Die Kehrseite des Zweifels

Ein weiteres weitverbreitetes Vorurteil über das Zweifelvirus lautet, dass Zweifel für unser geistliches Wohlergehen immer schädlich sind. Tatsache ist aber, dass Gott unsere Zweifel gebrauchen kann, um äußerst positive Nebenwirkungen zu erzielen.

Um unsere medizinische Analogie beizubehalten: Es geht hier quasi um eine Immunisierung. Um Ihrem Körper zu helfen, in Zukunft eine bestimmte Krankheit bekämpfen zu können, injiziert Ihnen der Arzt eine winzige Menge dieser Krankheitserreger. So können Sie Antikörper bilden, die diese Krankheit bekämpfen werden, sollten Sie jemals davon bedroht werden. Durch diese Erfahrung ist Ihr Körper tatsächlich gesünder. Wenn Sie vom Zweifelvirus befallen und dadurch angeregt werden, Antworten auf Ihre Fragen zu suchen, gehen Sie aus dieser Erfahrung gestärkt hervor, weil Ihr Glaube einmal mehr Bestätigung erfahren hat. Sie bekommen mehr Zuversicht, auch in Zukunft mit Zweifeln fertigwerden zu können.

Das erlebte ich, als ich noch ein recht junger Christ war und mich ehrenamtlich dazu bereiterklärte, Karten von Gottesdienstbesuchern zu beantworten, die Fragen hatten. An einem Sonntag warf ein zwölfjähriges Mädchen eine Karte ein, auf der es einfach schrieb, dass es mehr über Jesus wissen wollte. „Könnten Sie und Ihre Frau einmal zu mir und meinem Vater zum Essen kommen, damit wir miteinander reden können?“, erkundigte sie sich in einem nachfolgenden Telefongespräch.

„Natürlich!“, erwiderte ich enthusiastisch. Ich konnte mir nichts Besseres für die Gestaltung eines Abends vorstellen, als einem Kind und seinem Vater von Jesus zu erzählen.

Aber als Leslie und ich bei ihnen ankamen, erspähte ich auf dem Couchtisch einen Stapel von wissenschaftlichen Büchern, die von Kritikern des christlichen Glaubens verfasst worden waren. Es stellte sich heraus, dass der Vater des Mädchens Wissenschaftler war, der sich seit langem mit Glaubenskritikern beschäftigte.

Bei Pizza und Limonade bombardierte er mich bis Mitternacht mit Fragen und viele seiner Herausforderungen erwischten mich völlig unvorbereitet. Und ehrlich gesagt erschütterten einige meinen Glauben auch etwas. Schließlich sagte ich: „Ich kann nicht alle Ihre Fragen beantworten, aber ich glaube nicht, dass Sie nach 2.000 Jahren der erste Mensch sein werden, der die Grundfesten des Christentums zerstören wird. Lassen Sie mich ein paar Nachforschungen anstellen und dann reden wir weiter."

Diese Erfahrung, die in mir Zweifel wachrief, veranlasste mich dazu, mich in ganz neue Bereiche zu vertiefen – in denen ich schon bald zufriedenstellende Antworten fand, die meinem Vertrauen in den christlichen Glauben noch mehr Auftrieb gaben. Heute kann ich mit solchen Fragen besser umgehen und schwierige Fragen wecken in mir viel seltener Zweifel. Kurz gesagt hat mein Glaube durch diese Erfahrung sehr gewonnen.

Der Autor Mark Littleton ist auch der Ansicht, dass solche Erfahrungen von großem Nutzen sein können. „Durch Zweifel können wir mehr lernen als durch naives Vertrauen", sagte er. „Wahrheiten kann man auf die Probe stellen. Zweifel sind das Feuer, durch das sie geläutert werden. Aber wenn sie die Prüfung bestanden haben, werden sie wie Gold sein."[6]

Francis Bacon formulierte es vor fast 400 Jahren sehr schön: „Wenn ein Mensch mit Gewissheiten beginnt, wird er mit Zweifeln enden; aber wenn er damit zufrieden ist, mit Zweifeln zu beginnen, wird er am Ende Gewissheit haben."

Gottes Spuren entdecken

Das ist nicht das einzig Positive, das wir erleben können, wenn wir uns mit unseren Zweifeln auseinandersetzen. Wenn wir uns verunsichert fühlen, haben wir manchmal das Gefühl, dass Gott sich aus unserem Leben entfernt hat. Doch Henri Nouwen schreibt, dass das auch ein verborgener Segen sein kann. Wir können das Geheimnis von Gottes Gegenwart nur ausloten, so sagt er, wenn wir ein tiefes Bewusstsein seiner Abwesenheit erfahren. Wenn dieses Gefühl, dass Gott scheinbar abwesend ist, in uns eine tiefe Sehnsucht nach Gott hervorruft, dann werden wir „seine Spuren entdecken“:

„So wie eine Mutter ihren Sohn umso mehr liebt, wenn er nicht da ist, so wie Kinder ihre Eltern umso mehr zu schätzen wissen, wenn sie von zu Hause ausgezogen sind, so wie Liebende einander ganz neu in langen Zeiten der Trennung entdecken, so wird auch unsere vertraute Beziehung zu Gott tiefer und reifer durch die reinigende Erfahrung seiner Abwesenheit.“[7]

Die Ironie der Geschichte ist: Wenn unsere Zweifel uns von Gott wegtreiben, können wir einen neuen Hunger nach seiner Gegenwart in unserem Leben entwickeln und daraus mit einem Glauben hervorgehen, der so gesund ist wie nie zuvor. Ist das nicht ein erstaunliches Zeugnis für Gottes Bereitschaft, unseren Glauben wachsen zu lassen, wenn wir uns entschließen, einen Schritt auf ihn zuzugehen, selbst wenn unsere eigene Unsicherheit uns von ihm wegzubringen droht?

Und noch in einer anderen Hinsicht kann Zweifel für uns gesund sein: Er kann uns vor den Folgen unserer eigenen Leichtgläubigkeit bewahren. Was wäre beispielsweise gewesen, wenn David Koreshs Anhänger seine biblischen Lehren hinterfragt hätten, bevor diese in Waco zu ihrer Vernichtung geführt haben? Was wäre gewesen, wenn die Bewohner von Jonestown die Lehren von Jim Jones angezweifelt hätten, bevor sie beschlossen, auf Grund seiner Ermordung Selbstmord zu begehen? Manchmal zweifeln wir, weil wir spüren, dass wir in die Irre geführt werden – und manchmal ist es das Beste, was wir tun können, auf diese Warnung zu achten.

„Prüft aber alles, und nehmt nur an, was gut ist“, warnte der Apostel Paulus (1. Thessalonicher 5,21). Wenn wir Lehren hören, die nicht mit der Bibel übereinstimmen, ist es an der Zeit, den Lehrer zu fragen – und uns von unseren Zweifeln vor Schaden bewahren zu lassen. Lehrer, die auf der Bibel gegründet sind, ermutigen dazu, Fragen zu stellen; wer etwas zu verbergen hat, verlangt unbedingten Gehorsam.

Das Zweifelvirus kann uns unter bestimmten Umständen gute Dienste leisten – wenn wir dafür sorgen, dass die Infektion prompt und umfassend behandelt wird. Statt unseren Glauben zu schmälern, kann uns diese Infektion tatsächlich stärker als je zuvor machen. Zur vorigen Jahrhundertwende formulierte der Quäker-Pastor Rufus Jones dies folgendermaßen:

„Ein wiedererstarkter Glaube ist mehr wert als ein ererbter Glaube, der sich nie in den Stürmen der Bewährung beweisen musste. Wenn Sie sich noch nie in dunklen Nächten, wenn es in Ihrer Seele ganz finster war, an einem zerborstenen Überrest Ihres alten Schiffes festgehalten haben, hat Ihr Glaube unter Umständen nicht die Kraft, um Sie bis an das Ende Ihrer Reise zu tragen."[8]

Wenn Sie sich wegen Ihres Zweifels benommen und orientierungslos fühlen, dann halten Sie sich daran fest. Wenn Sie Ihre Unsicherheit durchgestanden haben, kann es gut sein, dass Ihr Glaube stärker von Herzen kommen wird und tiefer und unverwüstlicher und ausdauernder ist als vorher.

In *The Gift of Doubt* gibt Gary E. Parker zu, dass manchen Menschen bei dem Gedanken unwohl ist, dass Zweifel den Glauben eines Menschen stärken kann. Aber er ist überzeugt, dass es stimmt:

„Wenn Glaube nie mit Zweifel konfrontiert wird, wenn Wahrheit nie mit Irrtum ringen muss, wenn das Gute nie gegen das Böse antreten muss, wie kann der Glaube dann um seine Kraft wissen? Wenn ich auf meiner persönlichen Glaubensreise zwischen einem Glauben entscheiden müsste, der dem Zweifel ins Auge gesehen und ihn bezwungen hat, und einem naiven Glauben, der nie unter Beschuss war, würde ich auf alle Fälle immer ersteren wählen."[9]

Und als jemand, der persönlich erlebt hat, wie Zweifel den Glauben reinigen kann, würde ich ganz ohne Zweifel dieselbe Entscheidung treffen.

Trotz der möglichen positiven Auswirkungen ist es aber keine gute Idee, den Weg zu verlassen, um sich auf die Suche nach Zweifeln zu machen. Und wenn wir Unsicherheit spüren, sollten wir immer positiv daran arbeiten, sie aufzulösen. Denn wenn wir passiv bleiben und dem Zweifelvirus zugestehen, unsere Glaubensüberzeugungen zu untergraben, könnte unser Glaube dadurch letztlich geringer werden. Aber um die richtige Vorgehensweise für den Umgang mit dem Zweifelvirus zu finden, müssen wir zunächst verstehen, auf welch unterschiedlichem Wege er uns befallen kann: durch unseren Verstand, durch unsere Gefühle und durch unseren Willen.

Darüber nachdenken

Zweifel verschafft sich oft durch intellektuelle Fragen zum Glauben Zutritt. Wir fangen beispielsweise an, uns zu fragen, ob es wirklich vernünftig ist, an Engel, Dämonen, Himmel, Hölle und die Auferstehung zu glauben. Wir sind besonders empfänglich für das Zweifelvirus, wenn wir nicht wissen, warum wir glauben, was wir glauben.

Es kann mit einer Unterhaltung beginnen, in der uns ein Bekannter fragt: „So, und du glaubst also, dass Jesus Gott ist?"

„Natürlich", sagen Sie.

„Und warum glaubst du das?", fragt er zurück.

Sie packen Ihre Bibel aus, um ihm all die Stellen zu zeigen, die beweisen, dass Jesus Gott ist, aber er schneidet Ihnen das Wort ab: „Moment, du denkst doch nicht im Ernst, dass ich *diesem* Buch glaube, oder?"

Sie sind aus der Fassung gebracht: „Warum nicht?"

„Jeder weiß doch, dass es voller Widersprüche, Mythen, Aberglaube und wissenschaftlich unhaltbar ist. Mensch, wir leben im 21. Jahrhundert! Warum sollte ich glauben, dass das Buch das Wort Gottes ist?"

„Äh … nun", stottern Sie, „ich glaube eben daran."

Hier wird die Saat des Zweifels gesät. Vielleicht hat er ja Recht. Vielleicht haben Sie die Jesus-Geschichte geschluckt, ohne die richtigen Fragen gestellt zu haben. Woher können Sie wissen, dass die Bibel zuverlässig ist?

Man sagt zwar, dass Christen einen *einfachen Glauben* haben sollen – das bedeutet, den reinen Glauben eines Kindes –, aber nicht, dass sie *einfach glauben* sollen. Denn dann ist die Wahrscheinlichkeit hoch, dass irgendjemand irgendwann und irgendwie Ihren Glauben herausfordern wird. Wenn Sie nicht wissen, was Sie glauben, sind Sie besonders anfällig für das Zweifelvirus.

Dies gibt es ebenso, wenn Sie nicht wissen, *was* Sie glauben. Wenn Sie eine verdrehte oder eindimensionale Sicht von Gott haben, kann das zu ungerechtfertigten Enttäuschungen führen, die den idealen Nährboden für das Zweifelvirus darstellen. Wenn Sie beispielsweise alles über Gottes Liebe wissen, aber nichts über seine Gerechtigkeit, Heiligkeit und Rechtschaffenheit, werden Sie anfangen zu zweifeln, warum er das tut, was er tut, und warum er nicht tut, was er Ihrer Ansicht nach tun sollte.

Oder wenn Sie glauben, Gott habe versprochen, jedes einzelne Ihrer Gebete zu erhören, werden Sie anfangen zu zweifeln, wenn er sich einfach nicht in Ihrem Leben zu zeigen scheint. Oder wenn Sie glauben, dass er denen Gesundheit und Wohlstand garantiert, die genug Glauben haben, dann werden Sie Ihren Glauben infrage stellen, wenn Geld und Heilung nicht automatisch auftauchen. Oder wenn Sie denken, Ihr Glaube schütze Sie automatisch vor den Widrigkeiten des Lebens, werden Sie verunsichert, wenn Sie schwierige Lebensphasen erleben.

Das Problem liegt nicht bei Gott. Er hat nie solche Dinge versprochen. Das Problem ist vielmehr, dass wir unrealistische Erwartungen haben, wenn wir eine unzutreffende Vorstellung von Gottes Verheißungen und Charakter haben. Die Folge ist eine Infektion mit dem Zweifelvirus.

Der geborene Zweifler

Nicht nur unser Verstand kann Nährboden für Zweifel sein, sondern auch unsere Gefühle. Für manche Menschen gründet sich der Glaube ausschließlich auf ihre Gefühle. Sie hatten eine euphorische Erfahrung, als sie ihr Leben Christus anvertraut haben, und waren eine Zeit lang emotional aufgeputscht, aber schließlich begann dieses geistliche Hoch abzuebben. Da gerieten sie in Panik, weil sie Angst hatten, ihr Glaube würde verschwinden oder sie seien nie richtige Christen gewesen.

Im Wesentlichen haben diese Menschen die Rolle von Gefühlen und Glaube falsch verstanden. Glaube ist in erster Linie kein Gefühl; Glaube ist eine Willensentscheidung, Jesus nachzufolgen. Und sie ist nicht davon abhängig, wie es gerade um unser Gefühlsleben bestellt ist.

Auch die Persönlichkeit kann ein Faktor sein. Wie manche Menschen für bestimmte Krankheiten empfänglicher sind, sind manche Temperamente – besonders eher melancholische oder nachdenkliche Menschen – stärker für Fragen und Zweifel empfänglich. Lynn Anderson beschreibt sich beispielsweise als den „geborenen Zweifler“:

„Wir gehören zu den Erwachsenen, die von ‚existenziellen Ängsten‘ getrieben werden – von einer grundsätzlichen Unsicherheit in Bezug auf unsere Existenzgrundlage –, und wir neigen dazu, von bohrenden Fragen gequält zu werden, die wir nicht einfach unter den Teppich kehren können. Wir meinen das nicht böse und wir wollen auch gar nicht rebellisch oder respektlos sein. Viele von uns sehnen sich danach, frei von Zweifeln zu sein. […] *Experten mögen sich uneins darüber sein, woher diese Zweifel kommen, aber ich habe das Gefühl, wir wurden mit ihnen geboren.“*[10]

Der Autor und Pädagoge Daniel Tyler verwendet den Begriff „reflektierender Christ“, um einen Menschen zu beschreiben, der „in erster Linie ein Fragesteller ist – einer, der in jeder Erfahrung und Aussage etwas findet, das der weiteren Erforschung wert ist. Er oder sie ist jemand, der jeden Stein zweimal herumdreht und von den winzigen Lebewesen angezogen wird, die unter dem Stein und hinter menschlichen Äußerungen leben.“[11]

Er zitiert den Autor des Buches Prediger als Beispiel für einen solchen Menschen: „Dann wandte ich mich etwas anderem zu: Ich forschte und beobachtete, um daraus meine Schlüsse zu ziehen und zu einem Urteil zu kommen“ (Prediger 7,25).

Zweifel kommen tendenziell auch bei Menschen auf, die durch eine frühere Erfahrung emotional verletzt worden sind. Wenn sie als Kind von ihren Eltern missbraucht wurden, wenn sie von einem Elternteil oder ihrem Ehepartner verlassen wurden, wenn sie sich von den Menschen, die ihnen am wichtigsten sind, nicht geliebt fühlen, kann auch ihre Beziehung zu Gott von dieser Unsicherheit geprägt sein. Tief in ihrem Inneren erwarten sie, dass Gott sie genauso fallen lässt, wie sie es von Menschen in ihrer Vergangenheit erlebt haben.

Interessanterweise erlebten die bekanntesten Atheisten der Geschichte – wie beispielsweise Karl Marx, Sigmund Freud, Bertrand Russell, Jean Paul Sartre, Friedrich Nietzsche und Albert Camus – in ihrer Kindheit, dass ihre Väter starben oder sie verließen, oder sie hatten große Konflikte mit ihnen.[12]

Die meisten Opfer elterlicher Vernachlässigung ziehen sich zwar nicht in die extreme Form des Atheismus zurück, aber Tatsache ist, dass sie oft Probleme damit haben, ihrem himmlischen Vater zu vertrauen. Und wo es an Vertrauen mangelt, stellen sich bald Zweifel ein.

Entscheidungen, die Zweifel nach sich ziehen

Neben unserem Verstand und unseren Gefühlen kann der Zweifel auch durch unseren Willen oder durch den Teil von uns, der Entscheidungen trifft, Eingang in unser Leben finden. Zweifel können sich beispielsweise vervielfältigen, wenn sich ein Christ bewusst dagegen entscheidet, von einem falschen Verhaltensmuster in seinem Leben Abstand zu nehmen.

Sünde zieht zwangsläufig Unruhe und ein Gefühl des Getrenntseins von Gott nach sich. Wenn jemand also keinen Frieden findet, fragt er sich, warum Gott ihn nicht tröstet. Wenn er das Gefühl hat, dass Gott weit von ihm entfernt ist, beginnt er sich zu fragen, ob es überhaupt einen Gott gibt. Dabei ist der eigentliche Grund für seinen Zweifel seine eigene bewusste Entscheidung, an sündhaftem Verhalten festzuhalten.

Auch dummer Stolz kann dazu beitragen. „Der stolze Mensch *muss* zweifeln, weil es das Gefühl seiner eigenen Wichtigkeit erfordert", sagte Guinness. „Es liegt nicht in seiner Natur, sich irgendjemandem zu beugen."[13] Folglich verlässt er seinen Weg und lässt den Zweifel in sein Leben, um seine Entscheidung zu rechtfertigen, Gott nicht vollen Zutritt zu seinem Alltag zu gewähren. Der Theologe Alister McGrath ist ebenfalls der Meinung, dass unser Mangel an Demut Zweifeln den Weg ebnen kann, aber aus einem anderen Grund. „Jeder von uns ist versucht zu glauben, dass es keine Antworten auf solche Fragen gibt, weil wir keine Antworten auf die schwierigen Fragen des Glaubens haben", sagte er.[14]

Und fraglos wird der Zweifel wie ein Flächenbrand durch Ihr Leben fegen, wenn Sie nie die bewusste Entscheidung getroffen haben, Ihr Leben Christus anzuvertrauen. Vielleicht leben Sie nach dem von Ihren Eltern übernommenen Glauben oder denken, Christ zu sein, weil Sie als Kind getauft wurden, Sonntags in die Kirche gehen oder in allgemeiner Übereinstimmung mit der christlichen Lehre leben.

Aber die Bibel macht ganz deutlich, dass wir eine Entscheidung treffen müssen, um das kostenlose Geschenk der Vergebung und des ewigen Lebens zu bekommen, das Christus uns anbietet. Wenn wir das tun, sind wir in Gottes Familie aufgenommen und gehen eine Beziehung zu ihm ein, die uns mit der Zeit immer näher zu ihm hinzieht. Außerdem versichert uns der Heilige Geist, dass wir zu Gott gehören.

Wenn man diese Entscheidung, die unser Leben und unsere Ewigkeit verändert, jedoch nicht getroffen hat, dann ist es kein Wunder, dass jemand das Gefühl hat, Gott sei in weiter Ferne und interessiere sich nicht für ihn – und in diesem Fall werden sich Zweifel beständig vermehren.

Und schließlich möchte ich auch die Rolle Satans nicht verschweigen, der sich nach Kräften bemüht, das Zweifelvirus zu verbreiten und außer Kontrolle geraten zu lassen. Jesus nannte ihn den „Vater der Lügen" (Johannes 8,44), weil er uns verzerrte Darstellungen ins Ohr flüstert, um unser Vertrauen zu untergraben und uns durcheinander zu bringen.

Wir sollten zwar nicht in die eine Falle tappen und die Bedrohung ignorieren, die er darstellt, aber wir sollten auch nicht in die zweite Falle gehen und unseren Blick zu intensiv auf diese Bedrohung richten. Der Apostel Johannes erinnerte die Nachfolger Jesu daran: „Aber ihr, meine Kinder, stammt von Gott und habt die falschen Propheten besiegt. Er, der in euch wirkt, ist mächtiger als der, der diese Welt regiert" (1. Johannes 4,4).

Auf dem Weg zur Sicherheit

Das waren einige Wege, auf denen wir uns mit Zweifeln infizieren können. Wenn wir erst einmal betroffen sind, ist es unabdingbar, dass wir etwas unternehmen, um unsere geistliche Gesundheit wiederzuerlangen. Und das ist oft nicht einfach.

Ich möchte Sie jetzt nicht in die Irre führen und glauben lassen, dass es ein geistliches Zaubermittel gäbe, das alle Ihre Fragen beantworten könnte. Manche Menschen leben über lange Zeiträume hinweg mit einer frustrierenden leichten Zweifel-Infektion. Aber dennoch gibt es Hoffnung.

„Wann wird Zweifel zu Unglaube?", fragt Alister McGrath. „Die Antwort lautet: Wenn Sie es zulassen."[15] *Also lassen Sie es nicht zu.* Wenn Sie aktiv werden und etwas gegen die Infektion unternehmen, können Sie sich davor bewahren, dass Ihre Fragen, Bedenken oder Zweifel außer Kontrolle geraten und geradewegs in Unglauben münden.

Im Laufe der Jahre habe ich bei meinen Begegnungen mit Menschen – mit solchen, die von nervenden Fragen gequält wurden, bis hin zu den „geborenen Zweiflern" – festgestellt, dass es fünf hilfreiche Schritte im Kampf gegen das Zweifelvirus gibt.

Schritt 1: Finden Sie die Wurzel Ihres Zweifels

Dies ist die Diagnosephase. Hier tauchen Sie in das ein, was sich hinter Ihrem konkreten Zweifel verbirgt. Ich habe gerade einige Beispiele genannt, wie Zweifel uns durch unseren Verstand, unsere Gefühle und unseren Willen infizieren können, und vielleicht haben Sie sich beim Lesen wiedererkannt. Wenn ich Ihren besonderen Zweifel nicht erwähnt habe, dann werfen Sie doch einmal einen Blick in sich hinein, und denken Sie darüber nach, damit Sie ihn benennen können.

Thomas ist ein Beispiel für jemanden, der chronisch von intellektuellen Zweifeln heimgesucht wurde, sich aber nicht erklären konnte, warum das so war. Als ich ihm bei diesem ersten Schritt half, kam er schließlich zu dem Schluss, dass seine Zweifel in seinem falschen Glaubensverständnis verwurzelt waren.

Er forderte absolute Beweise in Bezug auf Gott, und gleichgültig, wie viele Beweise er zutage förderte, er hatte doch nie absolute Gewissheit. Daher kamen seine Zweifel.

Als wir erst einmal die Ursache für seine Zweifel diagnostiziert hatten, konnte ich ihm helfen zu verstehen, dass die Existenz Gottes nie vollkommen bewiesen oder widerlegt werden kann. Es gibt eine Fülle von Beweisen, die eindeutig auf Gott hinweisen – aber letztlich müssen wir einen Glaubensschritt in die richtige Richtung gehen und ihm vertrauen.

Nachdem sein Glaubensverständnis geklärt war, war Thomas in der Lage, konstruktiv mit seinen Zweifeln umzugehen. Schließlich war er dann auch zuversichtlich, dass sein Vertrauen auf Gott eine gute Investition war.

Schritt 2: Bitten Sie Gott und andere Menschen um Hilfe

Seien Sie so ehrlich zu Gott wie der Vater, dessen Sohn von einem bösen Geist besessen war. „Ich vertraue ihm ja – und kann es doch nicht! Hilf mir vertrauen!", sagte er zu Jesus (Markus 9,24). Eigentlich war das Problem nicht sein mangelnder Glaube, sondern seine Zweifel – Sie erinnern sich an den Unterschied. *Aber wesentlich ist, dass er Jesus bat, ihm zu helfen – und Jesus half ihm.* Er heilte den Sohn des Mannes.

Bitten auch Sie Gott um Hilfe – nicht weil er Ihre letzte Zuflucht ist, sondern die erste Anlaufstelle. Bitten Sie ihn, Sie Antworten finden zu lassen, Ihnen Erkenntnis zu geben, Ihnen Weisheit zu schenken und Ihr Vertrauen zu stärken. Erzählen Sie ihm von Ihrem Wunsch, einen starken und lebendigen Glauben zu bekommen.

Suchen Sie den Kontakt zu Christen. Aus diesem Grund ist es so wichtig, dass Sie einen kleinen Kreis von Freunden haben, in dem man offen und ehrlich sein kann und geistliches Wachstum gefördert wird. Jakobus schrieb, dass wir voreinander ehrlich unsere Probleme und Fehler zugeben und füreinander beten sollten. Warum? Damit, so Jakobus, wir geheilt werden (Jakobus 5,16).

Ich fand es besonders hilfreich, mich nach Menschen umzuschauen, die selbst einen sehr starken Glauben haben. Ich vermute, dass dies auf eine Kindheitserfahrung zurückzuführen ist. Als wir Kinder waren, lag meine jüngere Schwester Lorena mit Mumps im Bett, und ich war neidisch auf die ganzen Geschenke, die sie deshalb bekam. Also hielt ich mich so lange in ihrer Nähe auf, bis ich selbst krank wurde – und dieselbe Ernte an Geschenken einfahren konnte.

Glaube ist zwar nicht im wortwörtlichen Sinne ansteckend, aber trotzdem können wir davon profitieren, wenn wir uns mit Menschen umgeben, die einen tiefen und beständigen Glauben haben. Sie können uns Halt und Sicherheit geben, und wir können immer von den geistlichen Übungen lernen, die sie in ihr Leben integriert haben, um ihren Glauben gegen Zweifel immun zu machen.

Schritt 3: Entscheiden Sie sich für die richtige Behandlung

Wenn Sie die eigentliche Ursache Ihres Zweifels gefunden und Gott und gläubige Menschen um Weisheit gebeten haben, befinden Sie sich in einer besseren Position. Nun können Sie eine Strategie entwerfen und in die Tat umsetzen, mit der Sie das Zweifelvirus bekämpfen können.

Kommen Sie nicht einfach nur zu dem Schluss, dass Sie eben ein paar intellektuelle Bedenken hinsichtlich des christlichen Glaubens haben, sondern nehmen Sie sich die Zeit, um Ihre konkreten Fragen aufzuschreiben. Diese Übung wird Ihnen dabei helfen, exakt zu bestimmen, was Sie so beunruhigt. Sie werden überrascht sein, aus wie vielen schon vorhandenen Quellen Sie schöpfen können, um befriedigende Antworten auf Ihre Fragen zu bekommen.

Oder vielleicht haben Sie festgestellt, dass die Saat des Zweifels durch emotionale Probleme gesät wurde. In diesem Fall könnten Sie beispielsweise mit einem Pastor oder Seelsorger darüber sprechen, der Ihnen dabei helfen kann, die Schwierigkeiten zu klären.

Oder falls Ihr Problem Ihr Wille ist – fragen Sie sich konkret, wo Sie Gott etwas vorenthalten, weil Sie es selbst unter Kontrolle halten wollen. Letztlich ist es Ihre Entscheidung: Sie können bewusst zulassen, dass Ungehorsam oder Stolz Sie für den Rest Ihres Lebens mit Zweifeln plagen. Oder Sie können

Ihr ganzes Ich Gott überantworten und das Abenteuer des Glaubens richtig erleben.

Und wenn Sie sich nicht sicher sind, dass Sie Christus Ihr Leben wirklich anvertraut haben, dann gehen Sie nun ein für alle Mal auf Nummer sicher: Beten Sie, um Jesus als denjenigen in Ihr Leben zu lassen, der Ihnen vergibt und die Richtung weist. Es ist völlig in Ordnung, wenn Sie eine früher erfolgte Lebensübergabe erneuern. Aber wenn Sie es einmal aufrichtig gemacht haben, dann legen Sie das Thema *ad acta*. In der Bibel wird uns versichert, dass wir für immer in die Familie Jesu aufgenommen sind, wenn wir in Demut sein Geschenk des ewigen Lebens annehmen. Es gibt dann keinen Grund mehr, an unserer Erlösung zu zweifeln.

Wenn Sie die Ursache Ihrer Zweifel erkennen, Rat und Hilfe suchen sowie konkrete Schritte unternehmen, bringt Sie das auf den Weg der Heilung – auch wenn Sie unterwegs noch mit manchen Rückfällen zu kämpfen haben werden.

Der nächste Schritt ist wichtig, um künftigen Infektionen vorzubeugen.

Schritt 4: Achten Sie konsequent auf Ihre geistliche Gesundheit

Die Wahrscheinlichkeit, dass Sie sich einen Virus einfangen, ist geringer, wenn Sie gesund sind, weil Sie dann kleinere Infektionen abwehren können, bevor diese schlimmer werden. Ebenso ist es mit einem starken Glauben: Er ist besser in der Lage, das Zweifelvirus abzuwehren, bevor es Fuß fassen kann und Ihre Verteidigung zu überwältigen droht. Und wie ein Körper durch gesunde Ernährung und sportliche Betätigung gestärkt wird, so wird Ihr Glaube durch Wissen und konkretes Handeln stärker.

Mit „Wissen" meine ich, dass man sich ernsthaft bemüht, mehr über Gott zu erfahren und darüber, warum er unser Vertrauen verdient. Dazu gehört nicht nur, dass man Bücher *über* die Bibel liest, sondern die Bibel selbst regelmäßig und systematisch.

Darüber hinaus können Sie Ihren Glauben aufbauen, indem Sie ihn Tag für Tag in die Praxis umsetzen. Wir lernen am besten, indem wir Dinge tun; und wir lernen am meisten über die Vertrauenswürdigkeit Gottes, wenn wir uns jeden Tag neu dafür entscheiden, ihm unser Leben anzuvertrauen und unseren Glauben unter Beweis zu stellen. Wie König David schon sagte: Schmecken und sehen Sie selbst, wie gut der Herr ist (Psalm 34,9).

Wenn Sie sich an diese Dinge halten, wird sehr wahrscheinlich Folgendes geschehen: Jedes Mal, wenn Sie von Zweifeln befallen werden, wird es Ihnen leichter fallen, auf Ihr Wissen über Gott und Ihre persönlichen Erlebnisse mit ihm zurückzugreifen und zu sagen: „Ich kann diese eine Frage zwar noch immer nicht beantworten, aber ich habe so viel Beweise dafür, dass Gott real und die Bibel verlässlich ist und dass Gott sich um mich kümmert. All das gibt mir die Zuversicht, dass Gott schon eine Antwort auf diese Frage hat. Ich gerate also nicht in Panik oder werfe meinen Glauben über Bord. Ich gerate nicht in Verzweiflung oder bin völlig desillusioniert. Stattdessen verlasse ich mich weiterhin auf Gott, weil er mir immer wieder gezeigt hat, dass er mein Vertrauen verdient."

Auf diese Weise legen wir uns einen Schutzschild zu, der den Zweifel abgleiten lässt, wenn wir ihm ausgesetzt sind.

Schritt 5: Vergessen Sie Ihre verbleibenden Fragen nicht

Gottes Gedanken und Wege übersteigen die unseren. Uns Menschen und unserem Verstand sind Grenzen gesetzt, deshalb können wir nicht erwarten, dass wir einen Gott verstehen, dessen Macht und Größe unendlich sind. Folglich wird es einige Geheimnisse geben, die ungelöst bleiben werden.

In manchen Fällen bekommen wir den Schatten einer Antwort, wenn unser Glaube mit den Jahren reifer wird. Aber in vielen Fällen werden wir auf die Ewigkeit warten müssen. Dann können wir unsere Hand heben und sagen: „Jesus, ich hab da eine Frage, die mich jetzt schon eine Weile beschäftigt. Wie genau lässt sich Vorherbestimmung mit dem freien Willen vereinbaren? Wie genau funktioniert die Dreieinigkeit? Warum habe ich scheinbar nichts von dir gehört, als es mir so schlecht ging? Warum passieren Sachen, wie sie ein kleiner Junge einmal beschrieb: ‚Ich hab dich um einen Hund gebeten und stattdessen bekam ich einen kleinen Bruder'?"

Ich sage Ihnen was: Mein Arm wird bestimmt in die Luft schnellen. Ich bin sicher, Ihrer auch, und das ist in Ordnung so. Gott wird antworten. Schließlich haben wir eine Ewigkeit Zeit, um unsere Neugier zu stillen.

Bis dahin können wir sagen: „Ich habe vielleicht keine Antwort auf jede einzelne meiner nebensächlichen Fragen, aber die Antworten, die ich habe, deuten unmissverständlich darauf hin, dass Gott real ist, dass er verlässlich ist und dass er ein Vater ist, der mich liebt. Deswegen kann ich auch dann noch weiter glauben, wenn manche Fragen noch auf eine Beantwortung warten."

Das ist kein irrationaler Glaube. Das ist vielmehr ein verantwortlicher Umgang mit unseren Zweifeln, indem wir die informierte Entscheidung treffen, unser Urteil für eine Weile aufzuschieben. Es ist der Schluss, dass Gott auf Grund der vorhandenen Beweise vertrauenswürdig ist und dass es deshalb zulässig ist, bei bestimmten Themen einfach abzuwarten. Wenn wir eine Antwort auf alle unsere Fragen hätten, bliebe schließlich kein Raum mehr für Glauben.

Wenn Sie sich also mit Ihren Zweifeln beschäftigen, dann denken Sie an Folgendes: Uns ist bei dem Gedanken, dass es noch Geheimnisse gibt, vielleicht etwas unwohl, aber für Gott gibt es nichts Geheimnisvolles. Er versteht alles. Wie Gary Parker es formulierte: „Ich habe vielleicht auf viele Fragen keine Antworten, aber ich kenne denjenigen, der die Antworten weiß."[16]

Auch der Apostel Paulus kannte ihn. Und Paulus erkannte, wie wenig er selbst wusste. Wenn Sie mit dem Zweifelvirus ringen, dann versuchen Sie doch einmal, die Worte von Paulus in ein persönliches Gebet umzuwandeln: „Herr, ich sehe und verstehe jetzt nur wenig von dir. Es ist, als ob ich dein Bild verzerrt in einem Spiegel sehe. Aber eines Tages werde ich dich ganz von Angesicht zu Angesicht sehen. Was ich heute weiß, ist trüb und verschwommen. Aber dann werde ich alles ganz klar sehen, so klar, wie du jetzt schon in mein Herz schaust" (nach 1. Korinther 13,12).

8. Behauptung

Gott hat ein Heilmittel gegen Ihre verborgene Einsamkeit

Prominente erröten schon lange nicht mehr, wenn die Neuigkeit durchsickert, dass sie schwanger sind, ohne verheiratet zu sein. Gelegentlicher Drogenkonsum hat nicht mehr das Stigma, das es früher einmal in Hollywood hatte. Scheidung? Gefängnisstrafen? Filmstars entblößen ihre Seelen an fünf Tagen in der Woche in *Entertainment Tonight*. Und sich in die Betty-Ford-Klinik für Suchtkranke zu begeben ist quasi schon ein Initiationsritus für alle, die im Rampenlicht stehen.

Aber es gibt etwas, das niemand gerne zugibt, gleichgültig, ob jemand ein Fernsehstar ist oder Fernsehgeräte repariert. Es ist einfach zu peinlich. Es betrifft zu sehr ihr wahres Ich. Und dann gestand Marla Paul es zögerlich in einer Zeitungskolumne, von der sie im Stillen hoffte, niemand würde sie lesen.

Ihr Geständnis: *Sie war einsam.*

Einsamkeit ist ein so demütigendes Leiden, dass es fast einen eigenen politisch korrekten Euphemismus dafür geben sollte: „auf der Beziehungsebene herausgefordert". Oder eine eigene Spendenshow im Fernsehen. Irgendetwas, das es leichter machen würde, zuzugeben, dass man darunter leidet. Denn im Augenblick ist es ein Tabu, ein Leiden von Einzelgängern und Außenseitern. Und – um ehrlich zu sein – von respektablen Menschen wie Ihnen und mir.

„Die Einsamkeit macht mich traurig", schrieb Marla. „Wie konnte es geschehen, dass ich 42 Jahre alt bin und nicht genug Freunde habe?"

Sie schrieb, dass einige Veränderungen in ihrem Leben – unter anderem ein Umzug in einen anderen Bundesstaat und die Entscheidung, zu Hause zu arbeiten – ihren vertrauten Freundeskreis verkleinert hatten. Und „es scheint, dass alle Frauen Ihre Freundinnenquote bereits erfüllt haben und keine neuen Anwärterinnen mehr annehmen".

Schließlich fragte sie ihren Ehemann: „Liegt es an mir?" Oder waren die Leute einfach nur zu beschäftigt, um neue Freundschaften einzugehen? Waren sie von ihren bestehenden Beziehungen so in Anspruch genommen, dass sie keinen Raum für neue Bekanntschaften mehr hatten? „Oder", fügte sie hinzu, „bilde ich mir nur ein, dass alle außer mir eine enge Clique von Freunden haben?"

Sie schloss ihre Kolumne mit folgenden Sätzen:

„Ich vermute, dass es da draußen Frauen gibt, die nicht wissen, wie einsam sie sind. Es ist einfach, den Tag mit Arbeit und Familie zu füllen. Aber egal, wie viel Spaß mir mein Job macht und wie sehr ich meinen Mann und meine Kinder liebe – es reicht nicht.

Ich las meiner Tochter neulich das Märchen ‚Das hässliche Entlein' von Hans Christian Andersen vor. Ich spürte sofort eine gewisse Verwandtschaft zu diesem Vogel, der von Ort zu Ort fliegt und nach Geschöpfen sucht, zu denen er gehört. Er findet sie schließlich.

Ich hoffe, dass mir das auch gelingt." [1]

Das Warzenschwein-Gefühl

Dann geschah etwas Überraschendes.

Am Tag nach dem Erscheinen von Marlas Kolumne klingelte das Telefon unaufhörlich. Menschen sprachen sie auf der Straße und in der Schule an, in die ihre Tochter ging. Sie bekam Briefe von Hausfrauen, Unternehmenschefs und Universitätsprofessoren. Auf diese Kolumne bekam sie siebenmal so viele Leserbriefe wie gewöhnlich.

„Sie wollten mich an ihrem Frust und ihrem Gefühl der Entfremdung teilhaben lassen", sagte Marla. „Alle waren unsäglich erleichtert zu entdecken, dass sie nicht die Einzigen waren, die dieses Problem hatten."

Eine berufstätige Mutter von zwei Kindern aus einem angesehenen Chicagoer Vorort schrieb: „Die Kolumne linderte meine wachsende Furcht, eine soziale Außenseiterin zu werden – aus einem Grund, den ich mir nicht erklären konnte." Eine Frau aus einer ländlichen Gegend ergänzte: „Nun weiß ich, es liegt nicht daran, dass ich rote Haare und eine große Nase habe.

Man fängt irgendwann einfach an zu schauen, was mit einem nicht in Ordnung ist." Andere Briefe hatten einen ähnlichen Tenor:

- „Ich fühle mich wie ein mutiertes Warzenschwein – warum sonst sollten die Leute so wenig Interesse daran haben, mein Interesse an einer Freundschaft mit ihnen zu erwidern?"
- „Ich brauche Freunde. Ich möchte Freunde. Ich frage mich, was genau da abgeht. Warum scheinen andere Menschen nicht das Bedürfnis zu haben, Freundschaften zu schließen?"
- „Ich versuche, mich auf die Menschen zu konzentrieren, die bereits meine Freunde sind, statt auf die, die nichts mit mir zu tun haben wollen. Aber es ist schwer."

„Ja, genau, so ist es", fasste Marla zusammen. „Manchmal scheint es einfacher zu sein, aufzugeben und diesen Mangel an Verbundenheit als einen dunklen und unumgänglichen Begleiter zu akzeptieren. Aber ich möchte keinen solchen Begleiter haben. Ich möchte Freunde. Und so versuche auch ich durchzuhalten."[2]

Und es geht nicht nur den Frauen so: „Der amerikanische Mann ist einsam und hat keine Freunde, aber er versucht, sein Machoimage um jeden Preis aufrechtzuerhalten, selbst wenn es bedeutet, dass er isoliert ist", beobachtete Jim Conway, der über Männerthemen schreibt.[3]

In seinem hilfreichen Buch *Men Without Friends* fasst David W. Smith mehrere Faktoren zusammen, die Männer davon abhalten, Beziehungen zu anderen Männern einzugehen und aufrechtzuerhalten. Dazu gehört auch der Punkt, dass Männer oft von klein auf dazu angehalten werden, Gefühle zu unterdrücken, einander als Konkurrenten zu sehen, ihre persönlichen Bedürfnisse und Wünsche tief in sich zu verbergen und sich an Rollenvorbildern zu orientieren, die unabhängig und unpersönlich sind.[4]

Laut Smith halten Männer gesellschaftliche Isolation für so normal, dass Vertreter dieses Geschlechts, die im Rahmen einer Studie befragt wurden, ob sie enge Freunde hätten, völlig perplex reagierten: „Nein, warum? Sollte ich?"

In *Men: A Book for Women* schrieb James Wagenvoord das

folgende nicht ganz ernst gemeinte Glaubensbekenntnis für „echte Männer“ auf der Grundlage der Erziehung von Jungen in unserer Gesellschaft. Denken Sie doch beim Lesen einmal darüber nach, wie jede dieser Einstellungen dem Aufbau vertrauter Beziehungen entgegenwirkt:

„Er soll nicht weinen.
Er soll keine Schwäche zeigen.
Er soll keine Zuneigung, liebevolle Behandlung oder Wärme benötigen.
Er soll trösten, aber keinen Trost benötigen.
Er soll gebraucht werden, aber selbst niemanden brauchen.
Er soll berühren, aber nicht berührt werden.
Er soll aus Stahl sein, nicht aus Fleisch.
Er soll in seiner Männlichkeit unberührt bleiben.
Und er soll allein bleiben.“[5]

Ist das nicht die perfekte Formel für eine beziehungsmäßige Katastrophe? Durch eine solche gesellschaftliche Konditionierung und die zunehmende Entwurzelung unserer Gesellschaft wird Einsamkeit zu einer Volkskrankheit. Der Psychologe Richard Farson sagte: „Millionen von Menschen haben in ihrem Leben noch keine Minute erlebt, in der sie sich einfach fallen lassen und mit einem anderen Menschen über tiefere Gefühle sprechen konnten.“ Was für eine bemerkenswerte – und deprimierende – Beobachtung!

Es überrascht nicht, dass das alles seinen Preis hat. Dr. James Lynch führt in *The Broken Heart* Statistiken an, die zeigen, dass die Sterblichkeitsrate bei Erwachsenen ohne tiefgehendere Beziehungen doppelt so hoch ist wie bei Menschen, die regelmäßige Kontakte zu anderen pflegen.

Paradoxerweise leben wir in einer Kultur, in der viele Menschen ohne Skrupel über ihren Cholesterinspiegel und den Kalorienverbrauch sprechen, gleichzeitig aber ihr Beziehungsleben völlig außen vor lassen. Dies hat aber, so sagen Wissenschaftler, genauso viel Einfluss auf das körperliche Wohlbefinden wie Fettleibigkeit, hoher Blutdruck und fehlende sportliche Betätigung.[6]

Schon gut, ich gebe es zu: Es gab Zeiten in meinem Leben, in denen ich mich zutiefst einsam gefühlt habe. Trotz einer erfolgreichen Karriere, vieler guter Bekannten und einer erfüllenden Ehe habe ich mich durch Zeiten gekämpft, in denen ich mich nach einem Freund sehnte, dem ich meine Seele offenbaren konnte.

Ich kann aus persönlicher Erfahrung bestätigen, dass an der biblischen Aussage, wir Menschen seien nicht dazu geschaffen, als Einzelwesen zu leben, definitiv etwas dran ist. So provokativ es auch klingen mag: Wir werden uns nie „vollständig" fühlen, wenn wir nicht Gemeinschaft erfahren, zum einen mit Gott, zum anderen mit anderen Menschen. Ohne diese Erfahrung werden wir unausweichlich das Gefühl haben, dass etwas tief in unserer Seele krumm und schief ist.

Schließlich sind wir nach dem Bild eines Gottes geschaffen, der sich für alle Zeiten in einer mysteriösen Form der Beziehung zwischen Vater, Sohn und Heiligem Geist offenbart hat. Das Konzept von Gemeinschaft hat seinen Ursprung im Göttlichen. Es ist dann also nur logisch, dass Gott gleich nach der Erschaffung des ersten Menschen den Schluss zog: „Es ist nicht gut, dass der Mensch so allein ist" (1. Mose 2,18). Der Mensch braucht jemanden, mit dem er sein Leben teilen kann.

Jesus sammelte eine große Menge von Menschen um sich, aber sowohl als Gott als auch als Mensch hatte er den Wunsch, sich mit einem kleinen Kreis von Jüngern zu umgeben. Doch selbst das war ihm noch nicht genug.

Daher baute er eine intensivere Beziehung zu Petrus, Jakobus und Johannes auf, die den inneren Zirkel seiner Vertrauten bildeten. Und im Kreis dieser vertrauten Freunde stand ihm Johannes so nahe wie kein anderer. Auf diese Weise lebte Jesus vor, wie ein gesundes (Beziehungs-)Leben aussieht.

Und hier kommt die ermutigende Nachricht: Sie müssen nicht die unausweichliche Qual der Einsamkeit ertragen. Gott hat uns sowohl mit der Fähigkeit als auch mit dem Wunsch ausgestattet, mit anderen Menschen intensive Beziehungen einzugehen, gemeinsam die Freuden und Sorgen des Lebens zu teilen, einander zu ermutigen, einander zu feiern und einander zu dienen, kurzum, das Leben gemeinsam zu meistern. Gott möchte Ihnen diesen Schatz zugänglich machen.

Ja, Sie müssen einige Risiken eingehen, um diesen Schatz zu bergen. Aber noch größer ist das Risiko, wenn Sie sich nicht um Gemeinschaft bemühen. Wie C. S. Lewis sagte:

„Liebe irgendetwas, und es wird dir bestimmt zu Herzen gehen oder gar das Herz brechen. Wenn du ganz sicher sein willst, dass deinem Herzen nichts zustößt, dann darfst du es nie verschenken [...]. *Umgib es sorgfältig mit Hobbys und kleinen Genüssen; meide alle Verwicklungen; verschließ es sicher im Schrein oder Sarg deiner Selbstsucht. Aber in diesem Schrein – sicher, dunkel, reglos, luftlos – verändert es sich. Es bricht nicht; es wird unzerbrechlich, undurchdringlich, unerlösbar."*[7]

Die Vorteile sind also zu groß und die Nachteile zu erschreckend, um sich nicht um authentische Beziehungen zu bemühen. Aber wie fangen wir an? Beiläufige Bekanntschaften zu knüpfen ist einfach, aber es kann viel herausfordernder sein, tiefgehendere Freundschaften einzugehen und zu pflegen. Dazu kommt, dass viele Menschen die Fähigkeiten, die man braucht, um Freundschaften zu schließen, im Laufe der Jahre verkümmern lassen. Falls sie sie jemals besessen haben.

Fangen wir also gleich an. Erwarten wir nicht länger, dass sich Freundschaften einfach so von selbst ergeben. Jetzt ist es an der Zeit, unsere Einsamkeit abzulegen und – so seltsam es auch klingen mag – ganz bewusst neue Freundschaften aufzubauen. Mit der Bibel als Richtschnur begeben wir uns nun zurück zu den Grundlagen.

Welche Zutaten sorgen dafür, dass eine Freundschaft reich und echt, fürsorglich und ausdauernd, vertraut und für alle erfüllend ist? Ich habe fünf Zutaten gefunden, die meiner Ansicht nach für dauerhafte, sichere und befriedigende Freundschaften besonders wichtig sind: Affinität, Annahme, Authentizität, Unterstützung und Bestätigung.

1. Zutat: Affinität – auf dem aufbauen, was wir gemeinsam haben

Chemiker verwenden den Begriff „Affinität", um die Anziehungskraft zu beschreiben, die Atome dazu veranlasst, miteinander eine Verbindung einzugehen. Im Kontext von Freundschaften ist Affinität im einfachsten Sinne des Wortes die Anziehung zwischen zwei Menschen. Sie mögen den anderen. Das Alte Testament beschreibt die erste Begegnung zwischen einem niedrig gestellten Hirten namens David und dem erstgeborenen Sohn des Königs namens Jonathan. Von Anfang an machte es beiden Spaß, Zeit miteinander zu verbringen. Sie verstanden sich einfach gut.

Sie können ganz leicht herausfinden, ob Sie eine Affinität zu einer anderen Person haben. Stellen Sie sich einfach vor, diese Person beträte den Raum, in dem Sie irgendetwas erledigen. Wie sähe Ihre spontane Reaktion aus? Wenn sich Ihre Stimmung hebt, ein Lächeln auf Ihr Gesicht tritt, wenn Sie Ihr Projekt gerne unterbrechen, um sich mit ihr zu befassen, dann besteht eindeutig eine Affinität zwischen Ihnen.

Aber Affinität ist mehr, als den anderen nur zu mögen. Affinität bezieht sich auch auf Gemeinsamkeiten. Oberflächliche Affinität besteht beispielsweise dann, wenn wir gemeinsame Interessen oder Hobbys haben.

Vielleicht spielen wir beide gerne Golf oder Fußball. Vielleicht haben wir gemeinsame Geschäftsinteressen. Vielleicht sind unsere Kinder im selben Alter und wir sitzen im selben Ausschuss. Wir verbringen gerne Zeit miteinander und arbeiten gerne zusammen oder verfolgen ein gemeinsames Ziel, aber unsere Gespräche drehen sich in der Regel um das Naheliegende. Meistens bewegen wir uns rein gesprächstechnisch auf „sicherem" Terrain.

Unser Leben ist voll von solchen Beziehungen. Studien haben ergeben, dass ein durchschnittlicher Mensch mehrere Hundert solcher Bekanntschaften haben kann. Daran ist nichts auszusetzen. Aber wir sollten uns nicht täuschen und uns einreden, sie seien wichtiger, als sie tatsächlich sind. Solche Freundschaften halten Belastungen nämlich in der Regel nicht stand.

„Sogenannte Freunde können dich ruinieren; aber ein

echter Freund hält fester zu dir als ein Bruder" (Sprichwörter 18,24). Der Verfasser der Sprichwörter setzt hier unsere zahlreichen oberflächlichen Beziehungen unseren wenigen, aber engen Freundschaften gegenüber. Und er warnt uns eindringlich davor, Quantität mit Qualität gleichzusetzen.

Fragen Sie nur Lee Iacocca. Er sagte, die größte Überraschung seines Berufslebens sei nicht gewesen, als man ihn aus seiner Position als Präsident der *Ford Motor Company* feuerte; es sei das gewesen, was danach passierte. „Ich war wirklich sehr verletzt", schreibt er in seiner Autobiografie. „Ich hätte einen Anruf von jemandem gebrauchen können, der einfach nur sagte, ‚Lass uns mal zusammen einen Kaffee trinken.' Aber die meisten meiner Freunde ließen mich im Stich. Das war der größte Schock meines Lebens."[8]

Diese Beziehungen beruhten offensichtlich auf einer oberflächlichen Affinität von einem gemeinsamen Arbeitsplatz und auf das Unternehmen bezogenen Zielen. Als also die Belastungsprobe kam, lösten sich die „Beziehungen" in Luft auf.

Aber „der Freund, der fester zu dir als ein Bruder hält", ist jemand, mit dem wir Affinität auf einer tieferen Ebene teilen. In solchen Fällen ist die gemeinsame Basis nicht irgendeine Aktivität, sondern es sind gemeinsame Werte. Wir haben einen Konsens, was unsere Grundüberzeugungen angeht. Wir reden nicht nur über die Aufgaben, die wir gemeinsam erledigen; wir geben einander Einblick in unser Gefühlsleben und unsere persönlichen Erfahrungen. Wir sind auf einer viel tieferen Ebene verbunden.

Herzen, die im gleichen Takt schlagen

In der Bibel lesen wir, dass „sich Sauls Sohn Jonathan zu David hingezogen" fühlte (1. Samuel 18,1). In seinem Buch „Wahre Freundschaft" weist Gary Inrig darauf hin, dass die Wortwahl an dieser Stelle hilfreich ist, weil sie uns daran erinnert, „dass Dinge voneinander angezogen werden, die dasselbe Wesen haben. Jonathan und David waren Männer, die viel gemeinsam hatten"[9].

Entscheidend ist Folgendes, so Inrig: „Die Qualität einer Freundschaft wird nahezu immer von der Qualität dessen bestimmt, was uns verbindet."[10] Das bedeutet, dass die Affinität eher oberflächlich sein wird, wenn unsere Gemeinsamkeiten in Aktivitäten, Sport oder Geschäftlichem bestehen. Aber wenn unsere Gemeinsamkeiten aus tief empfundenen Werten bestehen, gibt es zumindest die Möglichkeit einer engeren Verbindung. Vielleicht haben wir nur wenige solcher Freundschaften, aber genau diese bereichern unser Leben am meisten.

Ich hatte in meinem Leben alle Arten von Freundschaften, aber die erfüllendsten waren immer diejenigen, in denen die gemeinsame Grundlage Christus war. In solchen Freundschaften gaben wir einander Einblick in das, was uns bewegte, wir hatten ein gemeinsames Zugehörigkeitsgefühl zu Jesus, wir beteten gemeinsam, gaben einander Rat, ermutigten einander, und unsere Herzen schlugen im gleichen Takt für die Ziele von Gottes Reich.

Nehmen Sie sich also einen Augenblick Zeit und gehen Sie gedanklich Ihre Freundesdatenbank durch. Fragen Sie sich bei jedem Namen: „Was ist unsere gemeinsame Grundlage? Wenn man die gemeinsamen Aktivitäten wegnähme, würde unsere Beziehung dann bröckeln? Oder birgt unsere Bekanntschaft das Potenzial, stärker in die Tiefe zu gehen, weil wir gemeinsame Werte teilen?"

Und wenn Sie nach einer neuen Beziehung Ausschau halten, die mehr in die Tiefe geht, dann schauen Sie nach Menschen, die dieselben Grundüberzeugungen teilen wie Sie. Aus diesem Grund bieten lebendige, authentische und liebevolle Gemeinden eine ausgezeichnete Umgebung, Seelenfreunde zu finden. Sie fangen nicht nur mit einer gemeinsamen Wertegrundlage an, sondern das ganze Wesen des Christentums ermutigt zu Ehrlichkeit, Ermutigung, Aufrichtigkeit und gegenseitiger Fürsorge. Das alles zusammengenommen ergibt wertvolle Freundschaften.

2. Zutat: Annahme – sich am aktuellen Zustand orientieren

„Lasst einander also gelten und nehmt euch gegenseitig an", mahnte der Apostel Paulus, „so wie Christus euch angenommen hat" (Römer 15,7). Wie gelang diesem das? Indem er es *bedingungslos* tat.

„Wir müssen uns dazu entscheiden, Freundschaften aufzubauen, in denen wir keine Gegenleistung erwarten. Liebe muss bedingungslos sein, damit sie funktionieren kann", schrieb Ted Engstrom in *The Fine Art of Friendship*. „Ganz wie Gott uns auf der Grundlage unseres aktuellen Zustands annimmt, so müssen auch wir Freundschaften eingehen, in denen wir unser Gegenüber bedingungslos in die Beziehung hineinnehmen."[11]

Gary Inrig, der sehr viel zum Thema „Freundschaft" geschrieben hat, erzählt die Geschichte eines Elternpaares von der amerikanischen Ostküste, das während des Koreakrieges einen Anruf von seinem Sohn erhielt. Die beiden waren außer sich vor Freude, weil sie seit Monaten nichts von ihm gehört hatten. Er sagte, er sei in San Francisco und befände sich auf dem Heimweg.

„Mama, ich wollte euch nur noch sagen, dass ich einen Freund mit nach Hause bringe", sagte er. „Er wurde ziemlich stark verwundet, und hat nur noch ein Auge, einen Arm und ein Bein. Ich möchte gerne, dass er bei uns lebt."

„Sicher, mein Sohn", erwiderte seine Mutter. „Das klingt so, als sei er ein mutiger Mann. Wir können ihn für eine Weile bei uns unterbringen."

„Mama, du verstehst mich nicht richtig. Ich möchte, dass er bei uns lebt."

„Nun, gut", sagte sie schließlich, „wir können es für ein halbes Jahr oder so versuchen."

„Nein, Mama, ich möchte, dass er für immer bleibt. Er braucht uns. Er hat nur noch ein Auge, einen Arm und ein Bein. Er ist wirklich in schlechter Verfassung."

Aber nun verlor seine Mutter die Geduld. „Sohn, du siehst das völlig unrealistisch. Du bist einfach zu emotional, weil du im Krieg warst. Dieser Junge wird dir ein Klotz am Bein sein und uns alle nur noch belasten. Sei doch vernünftig."

An dieser Stelle wurde die Verbindung unterbrochen. Am nächsten Tag erhielten die Eltern ein Telegramm: Ihr Sohn hatte Selbstmord begangen. Eine Woche später wurde sein Leichnahm an die Eltern überführt. Sie schauten mit unaussprechlicher Trauer auf den toten Körper ihres Sohnes: Er hatte nur ein Auge, einen Arm und ein Bein.“[12]

Selbst trotz all unseres Unvermögens, unserer Charakterschwächen, unserer Fehler, unserer Unsicherheit und Unreife – wollen wir nicht alle einfach so angenommen werden, wie wir sind? Brauchen wir nicht alle jemanden, der uns annimmt, weil er es möchte, und nicht, weil er sich davon einen Nutzen erhofft?

David W. Smith berichtet von einer Gedenktafel, auf der Freundschaft folgendermaßen definiert wird: „Ein Freund ist jemand, der dich kennt, wie du bist, der versteht, wo du herkommst, der dich so akzeptiert, wie du geworden bist, und der dich immer noch liebevoll auffordert, dich weiterzuentwickeln.“[13]

Aber wir Menschen neigen nicht dazu, andere einfach so anzunehmen. Wir sind eher wie die religiösen Leiter zur Zeit Jesu, die ihr Urteil schnell bei der Hand hatten, wenn es darum ging, andere zu verurteilen, zu kritisieren und zu ächten. Wie sie möchten wir, dass andere Menschen sich uns anpassen. Also führen wir kleine Tests durch, um zu sehen, ob sie unseren Ansprüchen gerecht werden.

Und doch heißt es in den Sprichwörtern: „Ein Freund steht allezeit zu dir“ (Sprichwörter 17,17). Das bedeutet nicht, dass wir die moralischen Fehltritte unserer Freunde stillschweigend hinnehmen oder sie in ihren Charakterschwächen bestärken sollten. Stattdessen bedeutet es, dass wir dem Vorbild Jesu folgen und die Menschen wertschätzen und ihnen gleichzeitig Gnade erweisen.

Eines Abends saß ich mit einem Freund beim Essen, den ich eine Zeitlang nicht gesehen hatte. Im Laufe unseres Gesprächs gestand er mir, dass er seine Frau betrogen hatte. Er war deswegen ganz fertig und wir sprachen lange über das Thema. Am Ende gab er einen sehr erhellenden Kommentar ab: „Bitte erzähle niemandem davon. Auch nicht Leslie. Ich möchte nicht, dass sie schlecht von mir denkt.“

Ich fand es faszinierend, dass er sich keine Sorgen machte, ich könnte schlecht über ihn denken. Der Grund war einfach: Wir waren Freunde, und im Kontext unserer Beziehung fühlte er sich sicher und angenommen, weil ich ihm in der Vergangenheit auch mein Versagen bekannt hatte und er mich immer noch annahm. „Auch wenn jemand unter euch in Sünde fällt", heißt es in der Bibel, „müsst ihr zeigen, dass der Geist Gottes euch leitet. Bringt einen solchen Menschen mit Nachsicht wieder auf den rechten Weg. Passt aber auf, dass ihr dabei nicht selbst zu Fall kommt!" (Galater 6,1).

Tatsache ist, dass wir besser in der Lage sind, andere anzunehmen, wenn wir uns unserer eigenen Fehler, Defizite und Fehltritte bewusst sind. Es ist einfacher, einem Freund die Hand der Annahme hinzustrecken, wenn wir uns vorstellen, dass wir gleichzeitig die andere Hand ausstrecken, um selbst von Jesus Annahme und Vergebung für unsere eigenen Sünden zu bekommen.

Nehmen Sie doch einmal Ihr Beziehungsleben unter die Lupe, und fragen Sie sich selbst, mit welcher Haltung Sie in Ihre Freundschaften hineingehen. Sind Sie kritisch und verurteilend oder voller Annahme und Nachsicht? Versuchen Sie, andere dazu zu bringen, sich Ihren Ansichten anzupassen, oder freuen Sie sich darüber, dass andere anders sind als Sie?

„Wenn wir den Heiligen Geist bitten, unsere Vorsicht und unsere kritische Haltung, die dazu neigt, Menschen zu bewerten und zurückzuweisen, durch seine Liebe zu ersetzen, dann werden wir erleben, dass wir ganz neu und frei auf Menschen zugehen können", schrieb Inrig.[14]

3. Zutat:
Authentizität – sich sicher genug zu fühlen, um echt zu sein

Wenn eine Beziehung aus mehr bestehen soll als aus Schnorcheln direkt unter der Oberfläche des äußeren Scheins, müssen Sie beide tief in das Leben des jeweils anderen eintauchen. Charakteristisch für authentische Beziehungen sind Selbstoffenbarungen, Transparenz, Ehrlichkeit und Verletzlichkeit. Zwischen unserem inneren Wesen und unserem Verhalten in der Gegenwart des anderen ist eine zunehmende Übereinstimmung zu erkennen.

Jesus lebte in der Beziehung zu seinen Jüngern authentisch. Denken Sie nur daran, wie verletzlich sich der allmächtige Sohn Gottes zeigte, als er seinen engsten Freunden im Garten Getsemani gestand: „Ich bin so bedrückt, ich bin mit meiner Kraft am Ende" (Matthäus 26,38).

Authentizität nimmt ihren Anfang, wenn ein Mensch in einer Beziehung einen Versuchsballon losschickt, indem er einen Teil seines Wahren Ichs enthüllt und dann vorsichtig beobachtet, wie der andere reagiert. Wenn man ihm daraufhin ebenfalls Bestätigung, Ermutigung und persönliche Offenheit entgegenbringt, ist er bereit, sich stärker in eine tiefere Freundschaft zu investieren. Wenn nicht, zieht er sich auf sicheren, aber oberflächlichen Boden zurück.

Vor Jahren gehörte ich zu einer Gruppe von Männern, die sich jeden Samstagvormittag zum Frühstück traf. Wir redeten uns ein, dass wir tiefe Beziehungen untereinander pflegten, aber hätten Sie unseren Gesprächen zugehört, hätten Sie festgestellt, dass wir überwiegend über die *Bears*, die *Bulls* und die *Hawks* sprachen. (Schließlich lebten wir in Chicago!)

Eines Tages war ein Mitglied unserer Runde sehr still. Wir fragten ihn routinemäßig, wie es ihm ging, und erwarteten ein Lächeln und die Standardantwort: „Danke, und selbst?" Stattdessen heulte er los: „Leute, meine Ehe geht den Bach runter, und ich weiß nicht, was ich machen soll!" Ich war so schockiert, dass ich fast meine Scheibe Toast fallen ließ. Mit diesem einen Ausbruch hatte er die Fassade unserer Gruppe zum Einsturz gebracht.

Augenblicke später standen wir um ihn herum, beteten für ihn und erzählten Dinge über uns, die wir bislang zurückgehalten hatten. Durch diese Erfahrung wurden wir so eng miteinander verbunden wie nie zuvor und sie veränderte die Dynamik unserer Gruppe für immer. Eine Person, die ein Risiko einging, hatte die Art unserer Beziehungen völlig auf den Kopf gestellt.

Wenn man eine Beziehung vertiefen will, erfordert dies, dass man dem anderen Einblick in sein Innerstes gewährt. Transparenz sollte angemessen, auf Gegenseitigkeit basierend und schrittweise geschehen, und sie sollte eintreten, nachdem sich erwiesen hat, dass man dem anderen vertrauen kann und selbst vertrauenswürdig ist. Doch an irgendeinem Punkt muss sie kommen oder die Beziehung bleibt seicht und letztlich nicht erfüllend.

Zu undurchsichtig sein

Trotzdem ist es wichtig, dass wir uns der Gefahren bewusst sind, die an den beiden Enden der Transparenzskala lauern. An einem Extrem befinden sich diejenigen, die panische Angst davor haben, ihren Freunden offen und ehrlich zu begegnen. Solche Menschen sind oft wahre Fachleute in intelligentem Geplänkel und wenn es darum geht, andere zu ermutigen, aber sie übergehen bewusst alle Gelegenheiten, den nächsten Schritt zu gehen und für mehr Tiefgang zu sorgen.

Der Grund dafür ist oft Furcht. Sie befürchten, andere könnten herausfinden, dass sie nicht so geistlich sind, wie sie zu sein vorgeben. Sie haben Angst, sich zu blamieren, zurückgewiesen zu werden, oder etwas zu offenbaren, das später gegen sie verwendet werden könnte. Und sie haben Angst vor einem Phänomen, das man den „umgekehrten Halo-Effekt" nennt.

Der „Halo-Effekt" besteht darin, dass ein Mensch in einem Bereich seines Lebens Kompetenz zeigt und andere – oft ohne tatsächliche Grundlage – annehmen, dass er in anderen Bereichen genauso kompetent sei. Menschen messen beispielsweise den politischen Ansichten eines Schauspielers besonderes Gewicht bei, weil er sich durch seine Filme einen gewissen Status erarbeitet hat. Irgendwie lässt seine Fähigkeit, in einem Film zu glänzen, die Menschen annehmen, er müsse auch etwas von Außenpolitik verstehen.

Laut Gerard Egan tritt der „umgekehrte Halo-Effekt" dann ein, wenn Menschen Fehler bei einem anderen Menschen entdecken und davon ausgehen – auch das entbehrt vielleicht jeglicher Grundlage –, dass diese Person auch in anderen Lebensbereichen Fehler hat. Sie nehmen also an, dass ein Anwalt, der gesteht, dass er in seiner Ehe Fehler begangen hat, auch in seiner Rechtspraxis nicht über ausreichend Kompetenz verfügt. Die intuitive Angst vor diesem Phänomen kann Menschen dazu veranlassen, andere völlig von den Problemen auszuschließen, die sie mit sich herumschleppen.[15]

Manche Menschen verbringen ihr ganzes Leben an diesem undurchsichtigen Ende der Transparenzskala. Der Autor Judson Swihart beschreibt in seinem Buch „Wie sage ich: Ich liebe dich?" ihr Leben:

„Manche Menschen sind wie mittelalterliche Burgen. Ihre hohen Mauern bewahren sie davor, verletzt zu werden. Sie schützen sich emotional, indem sie sich nicht zugestehen, ihre Gefühle mit anderen zu teilen. Niemand kann an sie herankommen. Sie sind vor allen Angriffen sicher. Doch wenn man den Bewohner beobachtet, stellt man fest, dass er einsam ist und alleine in seiner Burg herumrasselt. Der Burgbewohner hat sich selbst in Gefangenschaft begeben. Er oder sie braucht das Gefühl, von jemandem geliebt zu werden, aber die Mauern sind so hoch, dass es für ihn sehr schwer ist, nach draußen zu gelangen, oder sehr schwer für jemanden, von außen hineinzugelangen."[16]

Sie können sich aus dieser selbstgewählten Isolation befreien, aber es bedeutet, dass Sie das Risiko auf sich nehmen und einen Versuchsballon starten müssen – und wenn Sie diesen für Sie erschreckenden Schritt gehen, werden Sie vielleicht verletzt. Und doch ist es notwendig, sich auf der Skala zu größerer Transparenz weiterzubewegen, wenn Sie jemals die Vorteile genießen wollen, die echte Gemeinschaft mit anderen Menschen mit sich bringt.

Zu transparent sein

Auch auf der anderen Seite schießen manche Menschen auf der Transparenzskala über das Ziel hinaus. Sie sind Beziehungsvoyeure. Sie erzählen Ihnen zu viel und zu früh in Ihrer Bekanntschaft. Sie können es nicht lassen, Ihnen von ihrer Vergangenheit, ihren Geheimnissen, ihren Gefühlen, ihren Verletzungen und ihren inneren Konflikten zu erzählen.

Bald haben Sie statt einer Freundschaft eine Therapiebeziehung. Dies kann für Sie frustrierend sein, wenn Sie sich nicht qualifiziert fühlen, dem anderen zu helfen, und es kann für den anderen frustrierend sein, weil er nicht die professionelle Hilfe bekommt, die er braucht.

Unangemessene Transparenz kann Beziehungen untergraben. Sie ist oft ein Zeichen dafür, dass ein Mensch zusätzlich zu einem Freund auch einen erfahrenen Seelsorger braucht. Im Folgenden finden Sie einige Indikatoren dafür, dass Sie sich zu weit über dieses Ende der Skala hinausbegeben haben:

- Ihr Maß an Offenheit übersteigt das Ihres Gegenübers bei Weitem.
- Ihre Gespräche konzentrieren sich chronisch auf lange zurückliegende Verletzungen statt auf die Gegenwart und die Zukunft.
- Ihre Transparenz stößt den anderen ab, statt ihn anzuziehen.

In der Mitte der Transparenzskala finden wir die gesündesten und ausgewogensten Beziehungen. Wie können Sie also Ausgeglichenheit in Bezug auf Ihre Authentizität erreichen? Ich habe festgestellt, dass direkte Ehrlichkeit der beste Weg ist.

Wenn Sie eine oberflächliche Beziehung haben, bei der Sie denken, dass es nun an der Zeit sei, mehr in die Tiefe zu gehen, dann sagen Sie ehrlich: „Ich schätze unsere Freundschaft wirklich sehr. Wir haben uns im Laufe der Monate besser kennengelernt und Vertrauen zueinander aufgebaut. Aber ich denke, dass es jetzt an der Zeit ist, unter die Oberfläche zu schauen. Ich bin bereit, dir Vertraulichkeit zuzusichern, dich anzunehmen, wie du bist, zu dir zu stehen und dir ehrlich Einblick in mein Leben zu geben. Was hältst du davon, wenn wir unser Leben wirklich füreinander öffnen – zum Wohl von uns beiden?"

Wenn der andere zustimmt, riskieren Sie schrittweise, sich verletzlich zu zeigen. Und wenn Ihr Freund dasselbe macht, hören Sie aufmerksam zu, fühlen Sie mit und ermutigen Sie ihn. Überprüfen Sie von Zeit zu Zeit, ob Ihre Freundschaft ausgewogen ist. Arbeiten Sie gemeinsam daran, einen sicheren Raum zu schaffen, in dem jeder von Ihnen die Freiheit spürt, ehrlich über seine Gefühle, seine Probleme, seine Zweifel, seine Ängste und seine Wünsche zu sprechen.

Gehen Sie Ihre Beziehungsdatenbank erneut durch. Überlegen Sie, welche Beziehungen am vielversprechendsten sind.

Ist es möglich, dass ein oberflächlicher Bekannter von Ihnen im Stillen darauf wartet, dass Sie den ersten Schritt machen und Ihre Beziehung authentischer gestalten? Wenn ja, dann gehen Sie das Risiko ein. Rufen Sie ihn an. Treffen Sie sich.

Gehen Sie voran – schlagen Sie eine Bresche in die Mauer Ihrer Burg.

4. Zutat:
Unterstützung – unsere Freunde an erste Stelle setzen

Freunde helfen einander, sich weiterzuentwickeln, zu reifen und ihr ganzes Potenzial zu entfalten. Sie holen das Beste aus dem anderen heraus. Sie dienen einander. „Liebt einander von Herzen als Brüder und Schwestern", schrieb der Apostel Paulus, „und ehrt euch gegenseitig in zuvorkommender Weise" (Römer 12,10).

Viel zu oft gehen Menschen Beziehungen aus völlig egoistischen Beweggründen ein. Irgendjemand sagte einmal, dass Galileo Galilei, wäre er ein Babyboomer gewesen, zu dem Schluss gelangt wäre, dass die Sonne sich um ihn drehe – und leider teilen wir alle mehr oder weniger diese egoistische Sicht. Aber wenn wir eine Freundschaft mit dem ausdrücklich formulierten Ziel eingehen, dass unsere eigenen psychischen und emotionalen Bedürfnisse erfüllt werden, werden wir am Ende unweigerlich enttäuscht.

Doch wenn unser Ziel darin besteht, die Bedürfnisse des anderen zu erfüllen – unseren Freund aufzubauen, ihm zu dienen und ihn zu unterstützen –, dann werden wir auf lange Sicht eigentlich immer selbst davon profitieren. Der Sozialreformer Booker T. Washington sagte: „Man kann einen Menschen nicht niedrig halten, ohne sich auf seine niedrige Warte zu begeben." Und das Gegenteil davon stimmt ebenfalls: Wenn Sie jemanden erhöhen, werden Sie feststellen, dass auch Sie erhöht werden.

„Sie dürfen nur das behalten, was Sie bewusst geben", kommentierte Ted Engstrom. „Geben Sie Ihre Freundschaft und Sie werden im Gegenzug Freundschaft bekommen. Geben Sie sich selbst und ihr ‚besseres' Selbst wird vielfach zu Ihnen zurückkommen."[17]

Ein großer Schritt zur Vertiefung einer Freundschaft besteht also in einem offenen Gespräch, in dem Sie fragen: „Was kann ich tun, um dir ein besserer Freund zu sein? Wie kann ich dir besser dienen? Wie kann ich dir dabei helfen, das Potenzial auszuschöpfen, das Gott in dich hineingelegt hat?"

Die Wahrheit in Liebe aussprechen

Wir können unserem Freund beispielsweise durch Verbindlichkeit helfen. In den Sprichwörtern findet sich folgender Hinweis: „Eisen wird mit Eisen geschärft und ein Mensch bekommt seinen Schliff durch Umgang mit anderen" (Sprichwörter 27,17). Freunde halten Freunde zu persönlichem Wachstum an, indem sie ihre Fortschritte beobachten und bereit sind, ihnen liebevoll die Wahrheit zu sagen, selbst wenn es bedeutet, dass das Gespräch ungemütlich wird.

In meinen Freundschaften sieht dies beispielsweise so aus, dass jeder von uns von den Bereichen seines Lebens erzählt, in denen er am stärksten Gefahr läuft, einer Versuchung zu erliegen, und von den Bereichen, in denen er sich am stärksten weiterentwickeln möchte. Von Zeit zu Zeit fragen wir dann nach, wie es dem anderen in diesen bestimmten Lebensbereichen geht. Wir nehmen uns Zeit, einander zuzuhören und nachzuhaken.

Wissenschaftler haben Unternehmen untersucht und herausgefunden, dass die Qualität und Quantität der Leistung von Arbeiternehmern steigt, die sich bewusst sind, dass sie bei der Arbeit beobachtet werden. Wenn ich meinen Freunden ehrlich gesagt habe, in welchen Bereichen ich aufpassen muss und in welchen ich mich weiterentwickeln möchte, dann kann ich sicher sein, dass sie mich das nächste Mal, wenn wir uns treffen, fragen werden, wie es mir damit geht. Dann bin ich motiviert, das zu meiden, was mir schaden kann, und das weiterzuentwickeln, wo ich mich weiterentwickeln muss. Ich brauche das für mich und meine Freunde brauchen es ebenfalls.

Chuck Swindoll definierte „Verbindlichkeit" folgendermaßen: „Dazu gehört die Bereitschaft, das eigene Handeln zu erklären; offen, unverstellt und nicht defensiv in Bezug auf seine Motive zu sein; Antworten für das eigene Leben zu finden; die Beweggründe zu unterstützen."

Das alles muss im Kontext einer Beziehung geschehen, in der man sich gegenseitig unterstützt und fürsorglich miteinander umgeht. Andernfalls wird Verbindlichkeit zur gesetzlichen und kontrollierenden Einmischung. Und damit Verbindlichkeit effektiv sein kann, sollte sie erbeten, aber niemals aufgezwungen werden.

Es gibt Zeiten, in denen mich ein Freund nachdrücklich ermahnt hat, wenn ich Gefahr lief, vom Weg abzukommen. Ich war für seine Korrektur empfänglich und sogar dankbar. Warum? Weil ich mir sicher war, dass er nur das Beste für mich im Sinn hatte. Ich weiß, dass er sich um mein Wohlergehen sorgt und das Beste für mich und meine Familie möchte. Wegen dieser Haltung kann ein Freund mir alles sagen, was ich hören muss.

Aber es gibt einen Vorbehalt: Wenn Sie feststellen, dass Sie es genießen, Ihren Freund zur Rede zu stellen, dann sollten Sie es bleiben lassen und Ihre Motive überprüfen. Sie sagen ihm vielleicht die Wahrheit, aber tun Sie es wirklich in Liebe?

5. Zutat: Bestätigung – Ihren Freund anfeuern

Eine weitere Möglichkeit der Unterstützung Ihres Freundes besteht darin, dass Sie ihm den Rücken stärken. „Menschen werden zu dem, wozu Sie sie ermutigen“, sagte Dwight L. Moody, „nicht zu dem, womit Sie sie nerven.“

Als Freund befinden Sie sich in einer strategisch günstigen Position im Leben eines anderen Menschen, um ihn begeistert anzufeuern. Einer der Gründe, warum mein enger Freund Mark Mittelberg und ich so gut miteinander auskommen, ist der, dass wir uns gegenseitig so stark antreiben. Ich habe mehr Zutrauen in ihn als er in sich selbst, und ihm geht es mit mir genauso. Das ist einfach eine unschlagbare Kombination!

„Bestätigung wird zu einem ermutigenden Prozess, der Ihren Freund dazu bringt, alle seine Möglichkeiten zu nutzen, um das Höchstmaß an Produktivität und Kreativität zu erreichen“, sagte Jim Conway.[18]

Aber, so fügte er hinzu, es gäbe manchmal unterschwellige

Faktoren, die uns daran hindern, andere anzufeuern. Vielleicht haben Sie bislang gar nicht gelernt, wie man andere Menschen spontan ermutigt; vielleicht sind Sie nicht bereit, dem anderen eine weit zurückliegende Verletzung zu vergeben; oder vielleicht fühlen Sie sich als Konkurrent des anderen und haben unbewusst den Wunsch, ihn eher kleinzuhalten. Paradoxerweise seien oft gerade diejenigen, denen es besonders schwer fällt, andere zu ermutigen, selbst sehr unsicher, da sie selbst Ermutigung bräuchten![19]

Aber wenn Sie den anderen konkret und regelmäßig ermutigen, das Positive betonen und konstruktiv mit dem Negativen umgehen, können Sie Ihren Freunden das Selbstvertrauen und den Mut einflößen, den sie brauchen, um den nächsten Schritt zu wagen.

Wann haben Sie also das letzte Mal einem Freund gesagt, wie wichtig er für Sie ist? Wie lange ist es her, dass Sie ihm eine motivierende Vision dessen aufgezeigt haben, was Gott Ihrer Meinung nach durch seine einzigartigen Begabungen, seine Persönlichkeit und seinen Persönlichkeitsstil erreichen könnte? Wann waren Sie zum letzten Mal sein lautester und unerschrockenster Cheerleader?

Wenn wir es nicht schaffen, Dinge auszusprechen

Fehlende Bestätigung kann sehr schmerzen. Ich weiß das aus eigener Erfahrung. Als junger Mann sehnte ich mich danach, von meinem Vater zu hören, wie wichtig ich ihm war. Ich wollte ihn sagen hören: „Lee, ich bin stolz auf dich. Du bist für mich wirklich etwas Besonderes, mein Sohn. Ich liebe dich wirklich so, wie du bist."

Rückblickend vermute ich, dass er versuchte, mir diese Gefühle für mich auf anderen Wegen zu vermitteln, aber ich musste es von ihm *hören*, und das tat ich nicht. Das verursachte eine Wunde in mir, die ich durch Arbeitssucht zu heilen versuchte, als ich mich bemühte, mir die Achtung zu verdienen, die ich von ihm so sehr brauchte.

Mein Vater starb 1979, während ich Jura studierte. Ich flog zur Totenwache zurück nach Hause und saß alleine an eine Wand gelehnt da. Und dann geschah etwas Erstaunliches.

Die Freunde meines Vaters kamen einer nach dem anderen auf mich zu – ich kannte sie alle nicht – und begrüßten mich. Und dann sagten Sie zu meinem Erstaunen: „Du bist Wallys Sohn? Oh, er war so stolz auf dich. Er gab die ganze Zeit mit dir an. Er war völlig außer sich vor Freude, als du nach ‚Yale' gingst. Wenn dein Name unter einem Artikel in der ‚Tribune' stand, zeigte er ihn immer allen. Er redete ununterbrochen von dir! Du warst ein wichtiger Teil seines Lebens."

Ich saß da und war völlig sprachlos. Ich hatte keine Ahnung gehabt, dass er so über mich gedacht hatte. Er hatte es mir nie gesagt. Ich musste bis zu seinem Tod warten, um es zu erfahren. Und ich fragte mich, in welcher Weise sich unsere Beziehung verändert hätte, wenn er es mir gesagt hätte, wenn wir noch Zeit für uns gehabt hätten.

Also: Egal, was Sie tun – gehen Sie nie davon aus, dass Ihr Freund oder Ihr Ehepartner oder Ihre Kinder wissen, welche Gefühle Sie für sie empfinden. Jeder muss es von Zeit zu Zeit hören. Also *sagen Sie es ihnen*. Und wenn Sie nichts anderes aus diesem Kapitel mitnehmen, dann das: *Sagen Sie es ihnen*. Schreiben Sie ihnen einen Brief, rufen Sie sie an, laden Sie sie zu einer Tasse Kaffee ein. Bitte schieben Sie es nicht auf, bis Sie es am Ende bedauern.

Affinität, Annahme, Authentizität, Unterstützung und Bestätigung sind wichtige Zutaten für bereichernde Beziehungen. Aber Bestätigung – nun ja, meiner Ansicht nach gibt sie erst die richtige Würze. Ohne sie geht es einfach nicht.

Zwei Entscheidungen, zwei Ergebnisse

Um 20:23 Uhr am Abend des 24. März 1992 hielt Bill, ein Bekannter von mir, eine Marketing-Vorlesung am *Harper College* in Palatine/Illinois, als seine Aorta plötzlich platzte.

Ein furchtbarer Schmerz durchzuckte ihn. Die Farbe wich aus seinem Gesicht. Ein Student rief den Notarzt. Bill wurde so schnell wie möglich ins Krankenhaus gebracht und dann sofort in eine andere Klinik verlegt, wo er einer siebenstündigen Notoperation unterzogen wurde. Die Chancen standen 1:50, dass er überleben würde.

Noch bevor die Operation begann, kamen die ersten seiner Freunde in der Klinik an. Erst einer, dann zwei, dann fünf, und schließlich waren 15 da, die die folgenden Stunden zusammen verbrachten und gemeinsam beteten. Sie trösteten seine Frau und seine Kinder. Und in dieser Nacht blieben alle 15 in und vor seinem Krankenzimmer, damit sie ihm und seiner Familie in dieser Krise beistehen konnten.

Bill überlebte auf wundersame Weise. Und er ging aus dieser Erfahrung mit einer noch größeren Wertschätzung für Freundschaften hervor. Die ganzen Jahre über hatte Bill bewusst enge und authentische Freundschaften mit anderen Christen gepflegt. Diese Freunde hatten Substanz und Freude in sein Leben gebracht und er hatte auch das Leben seiner Freunde bereichert. In Zeiten der Not war er froh über diese Investition.

Sein Leben unterschied sich diesbezüglich deutlich von dem eines seiner Verwandten. Auch dieser war Christ, hatte aber sein Leben nie richtig für andere geöffnet. Er hatte sich nie bemüht, sein Leben mit anderen zu teilen. Er blieb am undurchdringlichen Ende der Transparenzskala stecken, verbrachte seine Zeit damit, alleine in seiner Burg herumzurasseln, zwar sicher und geschützt und unbeeinträchtigt von Konflikten, aber auch unberührt von der verändernden Gnade tiefer und unvergänglicher Freundschaften.

Nach seinem Tod fand ein kurzer Gottesdienst auf dem Friedhof statt. Bill und seine Frau nahmen daran teil, aber sie waren erschüttert, dass sie auf diesem riesigen Friedhof die einzigen waren, die gekommen waren, um ihm die letzte Ehre zu erweisen. Dies war das Vermächtnis eines Lebens ohne Freunde.

Um es mit ganz deutlichen Worten zu sagen: Sie haben die Wahl. Gott hat Ihnen den Wunsch und die Fähigkeiten gegeben, in Gemeinschaft mit anderen zu leben und die Einsamkeit zu überwinden, die andernfalls Ihr Leben bestimmen würde. Es ist unheimlich, es ist riskant, es kostet Zeit, es bringt Unordnung ins Leben, es ist frustrierend. Aber es lohnt sich.

Fragen Sie Bill.

9. Behauptung

Gottes Regeln zum Thema „Sex" können uns frei machen

In den 1950er Jahren wurde Amerika von einem Skandal erschüttert, als die Schauspielerin Ingrid Bergmann ein uneheliches Kind bekam. Der Feuersturm der Entrüstung loderte so heiß, dass sie aus Hollywood vertrieben wurde.

40 Jahre später.

Die Schauspielerin Connie Seleca und John Tesh, der zu dieser Zeit Moderator von *Entertainment Tonight* war, kündigten ihre Verlobung an – und erwähnten dabei beiläufig, dass sie auf Sex verzichten wollten, bis sie verheiratet waren.

Die Reaktion: Hollywood war völlig entgeistert. Die Zeitschrift *People* brachte die Story auf die Titelseiten. Die Schlagzeile lautete: „TV-Star heiratet Moderator nach einem Jahr des Verliebtseins – aber kein Sex". Als Tesh in Maury Povichs Talkshow als Gast auftrat, konnte Povich seine Skepsis nicht verhehlen.

„John", erklärte er, „in Zeiten wie diesen haben Sie Ihre Ehe noch nicht vorweggenommen?"

Tesh schüttelte den Kopf. „Spricht das nicht Bände", erwiderte er, „dass es in einer Gesellschaft als eine so große Sache betrachtet wird, wenn man vor der Heirat keinen Sex hat?"

In den letzten Jahrzehnten hat sich die Haltung gegenüber Sex komplett umgekehrt. Aber der Grund dafür ist nicht, dass die Leute vergessen hätten, was die Bibel zu diesem Thema lehrt, dass nämlich die Sexualität für Männer und Frauen vorbehalten sein sollte, die miteinander verheiratet sind. Die Leute wissen meist über den biblischen Standard Bescheid.

Vielmehr sind sie überwiegend davon überzeugt, dass Gott zwar allwissend und allmächtig sein mag, dass er sicher heilig und barmherzig sein mag, aber wenn es um Sex geht, dann wissen wir einfach besser Bescheid als er. Nur wenige würden das so direkt *formulieren,* aber sie verhalten sich so, als ob es ihrer Überzeugung entspräche.

Sie denken sich: *Die Bibel ist sicher nicht auf der Höhe der Zeit, wenn es um Sex geht, oder? Sie ist engstirnig und repressiv und, was noch schlimmer ist, politisch nicht korrekt. Solche strengen Regeln haben vielleicht vor ein paar tausend Jahren funktioniert, als die Leute noch primitiv waren, aber heute – nun, wir sind einfach gebildeter und aufgeklärter. Und ich glaube, dass ich schlau genug bin, um herauszufinden, was für mich das Beste ist.*

Und wir können überall sehen, dass diese Haltung in vielen Bereichen eine große Rolle spielt – besonders in Hollywood.

Licht, Kamera, Action!

Als der Film „Endlose Liebe“ Anfang der 1980er Jahre einen Aufruhr verursachte, weil er das sexuelle Erwachen – und die nachfolgende Obsession – zweier Teenager darstellte, verteidigte der Regisseur sein Werk heftig. „Ich ermutige 15-Jährige nicht dazu, Liebe zu machen“, stellte er klar. „Das tun sie sowieso. Ich sage ihnen nur, dass es ganz normal ist.“[1]

Von Vorabendserien zu Kinofilmen, von Pay TV zu MTV – die Unterhaltungsindustrie nährt eine Kultur, in der die Haltung gegenüber Sex außerhalb der Ehe positiv und nicht negativ ist. Hollywood stellt unverbindlichen Sex in der Regel als nichts anderes als den natürlichen – und erwarteten – Entwicklungsschritt in einer Beziehung dar.

Nur wenige Zuschauer schienen eine Augenbraue zu heben, als in dem Film „Hallo, Mr. President“ das verwitwete Staatsoberhaupt rasch eine kesse politische Beraterin mit in sein Bett nahm.

Die Zuschauer konzentrierten sich ebenfalls auf die romantischen Aspekte – sicher nicht auf das Unmoralische –, als sich eine einsame Hausfrau aus Iowa in „Die Brücken am Fluss“ auf eine ehebrecherische Beziehung mit einem Fotografen einließ.

Das Publikum fand auch „My Big Fat Greek Wedding“ süß und hinreißend – und übersah geflissentlich die Tatsache, dass die beiden Hauptdarsteller vergnügt miteinander ins Bett gingen, bevor sie feierlich gemeinsam vor den Traualtar traten.

Studien haben gezeigt, dass über 90 Prozent aller im Fernsehen und in Kinofilmen gezeigten sexuellen Begegnungen zwischen unverheirateten Paaren stattfinden. Bevor der durchschnittliche Amerikaner 18 Jahre alt wird, hat er über 70.000-mal Sex oder angedeutete sexuelle Begegnungen zwischen Menschen gesehen, die nicht miteinander verheiratet sind.

Doch Hollywood bleibt in mehr als einer Beziehung ein Reich der Fantasie. Nur selten wirft das Fernsehen einen Blick auf die Folgen, die die Entscheidung nach sich zieht, außerhalb der Ehe sexuell aktiv zu werden. Nur wenige werden schwanger, nur wenige stecken sich mit Geschlechtskrankheiten an, nur wenige erleiden ein emotionales Trauma.

Und sollte doch einmal eine unverheiratete Filmfigur schwanger werden – wie beispielsweise die fiktive Journalistin Murphy Brown in der gleichnamigen TV-Serie –, wird ihr Leben davon kaum beeinträchtigt. Irgendwie wird Murphys Baby immer von Freunden versorgt. Irgendwie hält das Baby sie selten nachts wach oder verkompliziert ihr Leben. Irgendwie entwickelt sich das Kind in rasanter Geschwindigkeit und mit einem Minimum an Mühen vom Baby zum Kleinkind.

Und welche Wirkung hat das auf die Zuschauer? Ohne Frage spielt das Fernsehen eine große Rolle bei der Prägung von Haltungen. Aus diesem Grund sind Politiker und Werbeindustrie auch bereit, Unsummen auszugeben, nur um dort ihr Produkt platzieren zu können. Eltern könnten sicher aus erster Hand bezeugen, welchen Einfluss Werbung auf ihre Kinder hat.

Erstaunlicherweise ergab eine Umfrage, dass fast die Hälfte der amerikanischen Teenager der Überzeugung ist, dass das Fernsehen ein genaues Bild der Konsequenzen von Sex vor der Ehe malt! Wenn sie ihre eigenen Entscheidungen darüber treffen, wann sie sexuell aktiv werden wollen, orientieren sie sich oft am Fernsehen – und dort sehen sie nur eines: grünes Licht.

Was Sie sehen, kann Sie verletzen

Nicht nur Hollywood meint, mehr über Sex zu wissen als Gott, sondern auch alle, die Pornografie konsumieren. Das Unbehagen und die Verlegenheit, die sie spüren, wenn sie Literatur für

Erwachsene oder Filme mit FSK 18 kaufen, lässt vermuten, dass sie sich zumindest bewusst sind, dass sie das nicht mit Gottes Zustimmung machen.

Aber sie scheinen zu denken: *Da ist doch nichts dabei. Es sind doch bloß ein paar Erotikzeitschriften oder Filme für Erwachsene. Sie können mein Sexleben aufpeppen und einen gesunden Hunger nach sexuellen Beziehungen fördern. Schließlich hat Gott den menschlichen Körper geschaffen, oder? Ich bewundere ihn nur, mehr nicht.*

Heute sind wir schon so weit, dass es mehr Geschäfte gibt, in denen man Hardcore-Pornografie kaufen kann, als *McDonald's*-Filialen. Videoverleihe bringen sie direkt in unsere Wohngegend, Kabelfernsehen in unser Wohnzimmer, und das Internet überflutet uns mit Material, das früher in dezent braune Umschläge verpackt mit der Post kam.

Laut einer Studie aus dem Jahr 1994 kauften fast die Hälfte der amerikanischen Männer und jede sechste Frau im vorausgegangenen Jahr Artikel mit erotischen Inhalten. Als das Internet für alle verfügbar wurde, war es auf einmal möglich, anonymen Zugang zu Pornografie zu bekommen. Und Christen, die nie einen Schritt in einen Buchladen „für Erwachsene" setzen würden, spielen nun damit herum. Viele gehen mit der Einstellung daran: „Ich kann damit umgehen. Ich weiß, was ich tue. Was ich sehe, beeinflusst mich nicht weiter."

Auch Menschen, die sich für Sex vor der Ehe entscheiden, bringen damit zum Ausdruck, dass sie es besser wissen als Gott. Sie argumentieren so: „Ist es nicht sinnvoll, eine Beziehung erst zu testen, bevor man sich für den Rest seines Lebens bindet? Man würde ja auch keine 20.000 Euro für ein Auto ausgeben, ohne vorher eine Probefahrt zu machen, oder? Warum sollte ich also meinen potenziellen Ehepartner nicht zu einer Probefahrt einladen? Es scheint doch logisch, dass man in der Zukunft eine bessere Ehe führen kann, wenn man einander auf sexuellem Gebiet schon mal in der Gegenwart ausprobiert hat."

Wie weitverbreitet ist diese Haltung? Nur 7 von 100 Frauen, die zwischen 1933 und 1942 geboren wurden, lebten mit einem Mann zusammen, bevor sie heirateten. Am Ende des 20. Jahrhunderts lebten fast zwei Drittel aller Erwachsenen vor der Eheschließung in einer eheähnlichen Gemeinschaft zusammen. Heute ist das fast die Norm.

Mehr noch: Auch Menschen, die auf Grund ihres Glaubens in dieser Hinsicht etwas konservativer denken, sind nicht immun gegen sexuelle Experimente außerhalb des Ehebettes. Laut einer Studie hatten fast 20 Prozent der konservativen Protestanten im vergangenen Jahr zwei oder mehr Liebesbeziehungen. Dieser Prozentsatz liegt nur wenig höher bei den Katholiken und den eher liberalen Protestanten. 37 Prozent der konservativen Protestanten, 40 Prozent der Katholiken und 43 Prozent der liberalen Protestanten gaben an, seit dem 18. Lebensjahr fünf oder mehr Sexualpartner gehabt zu haben.[2]

Sex ist mehr als nackte Haut

Tatsächlich sitzen diejenigen, die glauben, mehr über Sex zu wissen als Gott, einem sehr destruktiven Mythos auf. Gottes provokante Behauptung lautet, dass unsere Sexualität nicht das Ergebnis eines evolutionären Zufalls, sondern eine bewusste und liebevolle Schöpfung von Gott selbst ist. Und dass auch in unserer Zeit und unserer Gesellschaft unser Vater im Himmel immer noch am besten weiß, was das Beste für uns ist.

So außergewöhnlich es für manche auch klingen mag: Echte sexuelle Befreiung und echte Intimität finden sich innerhalb der moralischen Grenzen, die Gott uns bewusst gesetzt hat. In diesem Kapitel wird sich zeigen, dass neueste wissenschaftliche Erkenntnisse ergeben haben, dass Gottes Weg tatsächlich der beste ist. Es ist eine weitere bemerkenswerte Bestätigung, dass seine Weisheit wirklich funktioniert.

Leider bildeten die Bereiche, in denen sich das Heilige und das Sinnliche überschnitten haben, schon immer einen fruchtbaren Boden für Missverständnisse. Christen hatten oft den Ruf, sexuell gehemmt und prüde zu sein – ein Ruf, der teilweise durch die irrigen Versuche vergangener Jahrhunderte belegt wurde, die Sexualität zu einem notwendigen Übel zu erklären. Aber wenn wir unsere Bibel als Quelle heranziehen, stellen wir fest, dass Gott die Sexualität zu einem wundervollen und wichtigen Teil der Bindung zwischen Ehemann und Ehefrau machen wollte. Sie sollte nicht nur zur Fortpflanzung dienen, sondern auch Spaß machen.

In der Bibel heißt es, dass die sexuelle Begegnung es zwei Menschen ermöglicht, eine ganz besondere Einheit zu erleben (Genesis 2,24). Wenn unsere Sexualität im Kontext einer liebevollen, sicheren, von Vertrauen geprägten und dauerhaften Ehe ausgelebt wird, ist sie eine geheimnisvolle mathematische Formel, nach der 1 + 1 = 1 ergibt.

In seiner Bibelübertragung gibt Eugene Peterson 1. Korinther 6, Verse 16 bis 18 – einen Abschnitt, der dieses Konzept beschreibt –, folgendermaßen wieder:

„Sex ist mehr als nackte Haut. Sex ist ebenso ein geistliches Geheimnis wie ein körperlicher Fakt. Wie es schon in der Bibel geschrieben steht: ‚Die beiden werden eins werden.' Da wir geistlich eins mit unserem Herrn werden wollen, sollten wir nicht die Art von Sex leben, die Hingabe und Intimität meidet und uns einsamer zurücklässt, als wir vorher waren – die Art von Sex, die niemals dazu führen kann, das wir ‚eins werden'."[3]

Gottes Plan für Ehemänner und Ehefrauen sieht vor, dass sie eine lebendige, regelmäßige und für beide Seiten befriedigende körperliche Beziehung genießen. In der Bibel wird darauf hingewiesen, dass der Körper von Ehemann und Ehefrau nicht nur ihnen alleine gehört, sondern auch ihrem Ehepartner. Und Paulus fügt noch hinzu: „Entzieht euch einander nicht – höchstens wenn ihr euch einig werdet, eine Zeitlang auf den ehelichen Verkehr zu verzichten, um euch dem Gebet zu widmen" (1. Korinther 7,5).

Gott weiß um die Verlockungen im Bereich der Sexualität sowie um die Gefahr, dass diese missbraucht wird. Deshalb hat er wohlweißlich angemessene Grenzen gesetzt, um uns vor Schmerz zu schützen. Wir überschreiten diese moralischen Grenzen auf unser eigenes Risiko hin. Und es gibt aus den letzten Jahren eine Unmenge empirischer Beweise dafür, dass wir als Gesellschaft zunehmend an den Folgen der Missachtung dieser Grenzen leiden.

Wer kann vor dem Hintergrund der Erfahrungen, die wir alle in den vergangenen Jahren und Jahrzehnten gemacht haben, noch daran zweifeln, dass Gottes Herangehensweise an das Thema besser ist als die von Hollywood? Die Konsequenzen, die die Unterhaltungsindustrie unverantwortlicherweise verschweigt, höhlen das Fundament unserer Gesellschaft mit einer alarmierenden Geschwindigkeit aus.

Das Fernsehen schildert beispielsweise nicht die Folgen der 75 auf sexuellem Wege übertragbaren Krankheiten, aber Wissenschaftler berichten, dass sie epidemische Ausmaße angenommen haben. Jedes Jahr infizieren sich weitere 41.000 Amerikaner mit diesen gefährlichen Krankheiten. Zwei Drittel aller sexuell übertragbaren Krankheiten betreffen Menschen, die 25 Jahre alt oder jünger sind. Manche dieser Krankheiten, wie etwa Herpes, sind unheilbar. Andere verursachen Unfruchtbarkeit. AIDS kann ein Todesurteil bedeuten.

Eine weitere oft tödlich verlaufende Krankheit – Gebärmutterhalskrebs – wird oft von untreuen Ehemännern an die Frauen weitergegeben. 1996 fanden Forscher heraus, dass die Wahrscheinlichkeit, dass Frauen diese Krankheit bekommen, 5- bis 11-mal höher ist, wenn ihre Ehemänner mehrere Sexualpartner hatten. Das liegt daran, dass Gebärmutterhalskrebs direkt an ein Virus gebunden ist, das durch sexuellen Verkehr übertragen wird. „Der Ehemann bringt tatsächlich den Krebs nach Hause zu seiner Frau", sagte ein Wissenschaftler der *Johns Hopkins School of Medicine.*

Die Weltgesundheitsorganisation schätzt, dass es 300 *Milliarden* Fälle sexuell übertragener Krankheiten auf der ganzen Welt gibt und dass 2005 mindestens 38 Millionen Menschen das HI-Virus in sich trugen, das AIDS verursacht. Dem Robert-Koch-Institut wurden für das Jahr 2005 (bis zum 1.3.2006) insgesamt 2.490 neu diagnostizierte HIV-Infektionen für Deutschland gemeldet. Damit stieg die Zahl der HIV-Neudiagnosen 2005 um 13 % gegenüber dem Vorjahr an. Auf der ganzen Welt haben sich währenddessen mindestens 4,1 Millionen Menschen mit dem HI-Virus infiziert. Etwa 2,8 Millionen Menschen starben in diesem Zeitraum an AIDS.[4]

Dr. David Pence, ein AIDS-Experte, sagte: „Wir befinden uns im Krieg mit einem Virus, das in der Lage ist, unsere Zivilisation zu zerstören.“[5]

Die Medien verschweigen auch, wie diese Folgen durch die Generationen hindurch weitergereicht werden. Sie haben von der schrecklichen Polio-Epidemie in den 1950er Jahren gehört? Alleine 1996 kamen mehr Babys mit Geburtsschäden zur Welt, die durch sexuell übertragbare Krankheiten verursacht wurden, als Kinder von der ganze zehn Jahre dauernden Polio-Epidemie betroffen waren. 2003 wurden 630.000 Kinder unter 15 Jahren neu mit dem HI-Virus infiziert – 90 Prozent von ihren Müttern. Bei Kindern im Alter von ein bis vier Jahren ist AIDS die neunthäufigste Todesursache – und bald wird es vermutlich unter die ersten fünf Todesursachen aufrücken.

Auch zeigt das Fernsehen selten die Folgen ungewollter Schwangerschaften durch vorehelichen Sex. In einer Highschool ganz hier in der Nähe werden jedes Jahr 100 Mädchen schwanger. Und das ist der Durchschnitt. Landesweit wird statistisch gesehen alle 30 Sekunden ein Teenager schwanger; das ergibt eine Million im Jahr. Der Preis für die Gesellschaft: geschätzte 100 Milliarden Dollar Kosten für medizinische Leistungen, Sozialleistungen und andere Kosten, die in den nächsten zwei Jahrzehnten anfallen.

Im ganzen Land werden jedes Jahr 1,2 Millionen Babys ohne Vater geboren. Und diese Kinder sehen schrecklichen Nachteilen in fast jedem Lebensbereich entgegen – sozial, finanziell, emotional, im Verhalten, in der Bildung und sogar körperlich. Sie verlieren auf ganzer Linie – und bringen in der Folge die ganze Gesellschaft aus dem Gleichgewicht. Trotzdem steigt die Zahl ungewollter Schwangerschaften stetig an. Zwei von drei Kindern, die 1996 geboren wurden, werden vor ihrem 18. Lebensjahr nur mit einem Elternteil zusammenleben.

Außerdem zeigen die Medien nicht das Trauma der 130.000 deutschen Frauen – darunter 51.000 Teenager unter 18 Jahren (1,2 Millionen amerikanischen; darunter 400.000 Teenager) –, die ihre Schwangerschaften jedes Jahr mit einer Abtreibung beenden.

Eine Studie ergab, dass sie mit höherer Wahrscheinlichkeit Selbstmord begehen als andere Frauen. In anderen Studien berichten Psychiater von negativen psychiatrischen Erscheinungsbildern bei 55 Prozent der Frauen, die sich einer legalen Abtreibung unterzogen haben. Und eine andere Studie besagt: „Selbst Frauen, die sich stark für das Recht auf Abtreibung eingesetzt haben, reagierten auf die bei ihnen selbst vorgenommene Abtreibung mit Bedauern, Wut, Verlegenheit, Angst vor Ablehnung und sogar Scham."[6]

Viele leben mit einem schmerzhaften Bedauern, von dem sie sich nicht ohne Hilfe befreien können. Ein Washingtoner Psychiater und Geburtshelfer, der Tausende von Abtreibungen durchgeführt hatte, sagte:

„Ich denke, [...] dass jede Frau ein Trauma davonträgt, wenn sie eine Schwangerschaft abbricht. [...] Sie *muss einen psychischen Preis bezahlen.* [...] *Das kann Entfremdung sein, vielleicht die Ablehnung von menschlicher Wärme, vielleicht die Verhärtung ihres Mutterinstinkts. Irgendetwas passiert auf den tiefsten Ebenen des Bewusstseins einer Frau, wenn sie eine Schwangerschaft beendet. Ich spreche aus meiner Erfahrung als Psychiater."*[7]

Die Medien zeigen auch nicht die Folgen sexueller Abhängigkeit, dieses zwanghaften Verhaltens, das 13 Millionen Amerikaner dazu bringt, sich auf riskante und selbstzerstörerische Dinge einzulassen.

Die Medien zeigen selten die emotionalen Verletzungen, die zurückbleiben, wenn eine Beziehung nach außerehelicher Intimität zerbricht. Oder die Scham, Schuld und das zerstörte Selbstwertgefühl, das einen Menschen nach einer sexuellen Begegnung quälen kann, die kurze Zeit verlockend heiß war, dann aber eiskalt wurde.

Fragen Sie jeden beliebigen Mitarbeiter eines Selbstmordnotrufs, und er wird Ihnen sagen, dass es in den meisten Anrufen um zerbrochene Beziehungen geht, vor allem um solche, bei denen Sex im Spiel war. Eine Studie zeigte, dass 85 Prozent aller unverheirateten Frauen, die in psychiatrischer Behandlung sind, sexuell aktiv waren.

Hollywood trägt die Verantwortung für die sexuelle Revolution, aber die Zahl ihrer Opfer steigt täglich an. Vor fast 2.000 Jahren schrieb der Apostel Paulus Worte, die auch heute noch

Gültigkeit haben: „Hütet euch vor der Unzucht! Alle anderen Sünden, die ein Mensch begehen kann, betreffen nicht seinen Körper. Wer aber Unzucht treibt, vergeht sich an seinem eigenen Leib“ (1. Korinther 6,18).

Der hohe Preis billigen Vergnügens

Es gibt noch eine weitere Konsequenz, die außerehelicher Sex hat, die das Fernsehen jedoch vermutlich nie zeigen wird: die geistlichen Kosten. Doch diese können die schmerzhaftesten aller Konsequenzen sein.

In der Bibel heißt es, dass unsere Vergehen eine Trennung zwischen uns und Gott verursachen (Jesaja 59,2). Tief in uns sind wir Menschen uns meist bewusst, dass wir gegen Gott rebellieren, wenn wir uns für unseren Weg statt für seinen entscheiden.

Wenn sie sich also auf verbotenen Sex einlassen, neigen sie fast automatisch dazu, nicht mehr mit Gott im Gebet zu sprechen, sie schrecken davor zurück, zum Gottesdienst und zum Abendmahl zu gehen, sie hören auf, in der Bibel zu lesen, und sie schränken die Kontakte zu ihren christlichen Freunden ein, deren Lebensstil ihnen ihre eigene Sünde nur umso stärker bewusst macht. Sie lernen, ihre Ohren für das Reden des Heiligen Geistes zu verschließen, wenn er versucht, sie wieder zu Gott zurückzubringen.

Folglich verkümmert ihr geistliches Leben und ihr Herz wird taub und gleichgültig für das Reden Gottes. Was einmal eine reiche und lebendige Beziehung war, wird immer weniger, bis sie sich schließlich geistlich vertrocknet fühlen.

Man kann diese Sache nicht schönreden: Ein Mensch kann nicht eine enge Beziehung zu Gott haben und gleichzeitig bewusst und aufsässig Gottes Grenzen in Bezug auf Sex überschreiten. Man kann nicht offen und fortgesetzt gegen ihn rebellieren und dabei erwarten, dass sich die eigene Beziehung zu ihm ungehindert vertieft. Für Christen ist das eine schreckliche Konsequenz.

Hollywood mag großzügig über diese Konsequenzen hinwegsehen, aber sie sind real, und Gott möchte uns vor ihnen bewahren. Bitte verstehen Sie mich richtig: Gott hat nichts gegen dieses Verhalten, weil er ein Spielverderber wäre; er stellt sich dieser Form der Sünde genauso entgegen, wie Eltern sich einem Auto entgegenstellen, das auf ihr Kind zurast – aus liebevoller Besorgnis und um drohenden Schaden abzuwenden.

Was sollen wir also tun? Eines ist sicher: Wir können den allgegenwärtigen Medien nicht entfliehen, aber wir können eine Entscheidung fällen. Wenn eine Fernsehsendung, ein Film oder ein Musikvideo Sie zu überzeugen versucht, dass jeder Sex außerhalb der Ehe genießt, dass Ehebruch „in" ist und Treue „out", dass alle losziehen und das billige Vergnügen suchen und die, die das nicht tun, Verlierer und Einzelgänger sind, dann nennen Sie die Lüge beim Namen.

Bringen Sie Ihren Kindern bei, die Werte zu hinterfragen, mit denen die Medien hausieren gehen, damit sie nicht unwissentlich verdrehten Vorstellungen aufsitzen. Helfen Sie Ihren Kindern, das zu vermeiden, was ein Mädchen erlebte, das seine Jungfräulichkeit einbüßte und dann schrieb: „Ich konnte einfach nicht mit dem konkurrieren, was ich im Fernsehen sah; das Bombardement hörte nie auf, und so sagte ich mir: ‚Was soll's?'"[8]

Und wenn die Versuchung lauert, Ihre Hormone in Wallung geraten und Sie auf den Pfad gelockt werden, den Hollywood so sehr anpreist, dann halten Sie einen Moment inne, und denken Sie an die Kosten – an die körperlichen, emotionalen, psychischen und geistlichen Konsequenzen. Vergleichen Sie diese schreckliche Kehrseite mit dem flüchtigen und leeren Vergnügen, das Sie dafür eintauschen. Helfen Sie sich dadurch, dass Sie bereits im Vorfeld die Entscheidung treffen, im moralischen Rahmen zu bleiben, den Gott uns gesetzt hat. Denn auch wenn es provokativ klingt: Genau in diesen Beschränkungen finden wir echte sexuelle Freiheit.

Die Gefahren visuellen Ehebruchs

Was würde Gott den Konsumenten von Pornografie sagen, die der Ansicht sind, dass sie ihrem Sexleben damit nur einen harmlosen Kick geben? Ich denke, er würde ihnen einfach sagen: „Lass es. Ich weiß es besser. Wenn ich dich dazu auffordere, dich von solchen Sachen fernzuhalten, dann ist es zu deinem eigenen Besten."

Der Apostel Paulus schrieb: „Im Übrigen, meine Brüder und Schwestern: Richtet eure Gedanken auf das, was schon bei euren Mitmenschen als rechtschaffen, ehrbar und gerecht gilt, was rein, liebenswert und ansprechend ist, auf alles, was Tugend heißt und Lob verdient" (Philipper 4,8).

Es ist nicht so, dass Gott die menschlichen Körper, die er erschaffen hat, peinlich sind. Aber er hat sie erschaffen, damit sie ihre Sexualität im Rahmen einer Beziehung leben, die liebevoll, hingegeben und monogam ist – alles Eigenschaften, die Pornografie in jeder Hinsicht missachtet.

Pornografie malt eine Welt, in der Sex kalt, mechanisch, kurzlebig, entwürdigend und zunehmend gewalttätig ist. 20 Prozent aller pornografischen Materialien zeigen Sex in Form von tätlichen Angriffen und Vergewaltigung und dieser Prozentsatz steigt rapide an.

Unausweichlich machen diese Bilder den Betrachter nach einer Weile unempfindlich gegen echte Sexualität, verdrehen seine Vorstellungen, seine Einstellung und seine Werte. Psychologieprofessor Vincent Cline wies darauf hin, dass das Schockierende und Abstoßende in diesem Prozess schon bald zum Alltäglichen werde, danach werde es legitimiert, dann akzeptiert und schließlich anziehend.[9]

Im Rahmen einer Studie formulierte eine Gruppe durchschnittlicher Männer ihre Ablehnung gegenüber sexuellen Übergriffen und verlieh ihrem Mitgefühl mit den Opfern von sexuellen Belästigungen Ausdruck. Aber nachdem sie pornografische Filme gesehen hatten, änderte sich ihre Einstellung. Sie urteilten oberflächlicher über Vergewaltigung und sahen es als etwas, das Frauen verdienten oder wollten.

Und das ist die Lüge, die in 97 Prozent aller Pornografie vermittelt wird – dass Frauen tatsächlich vergewaltigt werden wollen und Spaß daran haben. Eine andere Studie, die von einem kanadischen Wissenschaftler durchgeführt wurde, ergab, dass sogar gewaltfreie Pornografie die Haltung von Männern gegenüber sexuellen Übergriffen schwächen kann.[10]

Und wer sich fragt, ob ein Zusammenhang zwischen Pornografie und der tatsächlichen Verübung gewalttätiger Verbrechen besteht, der schaue sich an, was in Pasco County, Florida, passierte, nachdem der Sheriff ein Jahr lang Razzien auf alle pornografischen Materialien gemacht hatte. Am Ende des Jahres lag die Anzahl der sexuellen Übergriffe um 53 Prozent unter denen in anderen Gegenden Floridas.

Der ehemalige US-Schiffsarzt C. Everett Kopp kam zu dem Schluss: „Ich glaube, dass ich genug Beweise dafür habe, dass Pornografie […] einen Zugang zu antisozialen Aktivitäten eröffnet, die schwerwiegende und zutiefst schmerzliche Folgen haben.“[11]

Pornografie wird Ihr Sexleben nicht aufpeppen, sondern vergiften. Sie führt falsche Vergleiche ein, bringt Männer dazu, Fantasien auszuleben, die ihre Ehefrau entwürdigen statt wertzuschätzen, und sie bringt Misstrauen und Egoismus in eine Beziehung. „Pornografie macht Frauen und Kinder zu Objekten, zu Fleischstücken, die allgemein zur Verfügung stehen“, sagte Chuck Colson. „Pornografie reduziert diese […] Geschöpfe zu Abfall. Und damit verspottet sie Gott, der dem Menschen Würde gegeben hat.“[12]

In seinem Buch *Christians in a Sex-Crazed Culture* schrieb Bill Hybels, dass die Sexualität in Gottes Vorstellung aus einer liebevollen und vertrauten Beziehung hervorgehen sollte, in der beide Partner seelische Nahrung, Kommunikation, Austausch, Dienst, Romantik und Zärtlichkeit finden. Wenn diese Werte in einer Ehe kultiviert werden, wecken sie sexuelles Interesse. Aber:

„Die Verwendung von Pornografie macht all das zunichte. Sie reduziert die sexuelle Dimension der Ehe auf ein biologisch angelegtes sportliches Ereignis und schließlich […] *wird der liebevolle Bereich der Ehe nicht mehr stark betont. Wenn das einer Beziehung erst einmal fehlt, dann fehlen der ehelichen Sexualität auch das Herz und die Seele. Die Frau fühlt sich benutzt und missbraucht und der Mann fühlt sich frustriert und leer. Er fängt an zu denken, dass eine neue Arbeitsstelle, ein neues Hobby oder noch besser eine neue Partnerin oder neue Partnerinnen seinen Frust und seine Leere lindern würden.“*[13]

Viel zu oft bringt Pornografie Männer dazu, sich mit immer mehr und immer bizarrerem Material zu versorgen, vergleichbar mit einem Drogenabhängigen, der immer stärkere Dosen braucht, um genauso *high* zu werden. Wenn Sie nicht glauben, dass Pornografie psychisch abhängig machen kann, dann denken Sie über den folgenden Brief nach, den ein Mann schrieb, der Bill Hybels' Gemeinde besuchte:

„Ich bin in emotionaler Hinsicht ein Invalide. Ich bin wegen meiner Abhängigkeit von Pornografie innerlich verkrüppelt. Sie vergiftet mein geistliches Leben, sie verdreht meine Sicht der Welt, sie zerstört mein soziales Leben, sie ruiniert meine emotionale Stabilität, [...] *und ich kann einfach nicht damit aufhören.* [...] *Das Verlangen frisst mich auf und doch befriedigt es mich nicht.* [Pornografie] *verspricht alles, bringt jedoch nichts hervor.*"[14]

Gott würde dazu sagen: „Glaube mir: Die Bilder, denen du den Zugang erlaubst, werden unausweichlich beeinflussen, wer du bist, wie du handelst, welche Ziele du hast und welche Gefühle du dir und anderen entgegenbringst." Auch hier gilt wieder: Der Vater weiß es am besten. Und wie wir gesehen haben, stützen ihn die neuesten Forschungsergebnisse.

Glauben Sie bitte nicht, dass Gott in Ihrem Fall eben doch nicht Recht hat und dass Sie sich unbedenklich mit Pornografie beschäftigen können, während Sie wunderbarerweise gegen die Folgen immun bleiben. „Du meinst sicher zu stehen? Gib Acht, dass du nicht fällst!", warnte Paulus (1. Korinther 10,12).

Entrümpeln Sie also Ihr Haus. Installieren Sie einen Internetfilter, der das obszöne Material von Ihrem Computer fernhält. Gehen Sie zu Ihrem geheimen Lager an Zeitschriften oder Ihrem versteckten Stapel von Filmen für Erwachsene. Stecken Sie alles in die Mülltonne. Machen Sie es, bevor Sie noch tiefer hineinrutschen – und bevor Ihre Kinder darüber stolpern.

Denken Sie über folgende bedenkliche Statistik nach: 70 Prozent aller Pornografie landet irgendwann in den Händen von Kindern. Und schlimmer noch: Das Durchschnittsalter der ersten Begegnung mit Internet-Pornografie liegt inzwischen bei elf Jahren. Fast die Hälfte aller Kinder im Schulalter bekommt jeden Tag pornografische Spam-Mails, und 80 Prozent der Teenager im Alter von 15 bis 17 Jahren haben bereits mehrfach Erfahrungen mit Hardcore gemacht. Wenn obszöne Bilder die Sicht eines Erwachsenen von Sexualität verzerren können, dann denken Sie doch einmal darüber nach, welch verheerende Wirkung sie auf die Einstellung Ihres eigenen Kindes haben können, gerade in der kritischen Zeit, wenn sich seine sexuelle Identität entwickelt.

„Ich bekam als Kind die pornografischen Zeitschriften meines Bruders in die Hände“, erzählte mir ein 45 Jahre alter Geschäftsmann, „und sie zerstörten mein Bild von Intimität so nachhaltig, dass ich bis heute noch nicht in der Lage war, es ungeschehen zu machen. Ich entdecke auch heute noch immer wieder, in welcher Weise es meinen Umgang mit Frauen beeinträchtigt. Ich fühle mich, als hätte man mir in meiner Kindheit meine natürliche Unschuld geraubt.“

Falls Sie den Zwang verspüren, Pornografie zu konsumieren, sollten Sie mit jemandem darüber sprechen. Wenn Sie das nicht machen, werden Sie immer fester in den Griff der Pornografie geraten. Erzählen Sie es einem Freund, dem Sie vertrauen können, und bitten Sie ihn, Sie auf Ihrem Weg zur Heilung zu begleiten. Oder sprechen Sie mit einem Pastor oder Seelsorger, der Ihnen helfen kann, zur Wurzel Ihrer Abhängigkeit vorzudringen, bevor sie Ihre Beziehungen zerstört.

Aber zuerst und in erster Linie sollten Sie mit Gott darüber sprechen. Als das *Discipleship Journal* seine Leser fragte, wann sie für Versuchungen am empfänglichsten seien, antwortete der größte Teil – über 80 Prozent –, dass es dann sei, wenn sie nicht genug Zeit mit Gott verbracht hätten.

Lassen Sie nicht zu, dass Ihre Schamgefühle über Ihren Umgang mit Pornografie eine Barriere zwischen Ihnen und Gott errichten. Gehen Sie zu ihm und bitten Sie ihn um Hilfe – jetzt sofort.

Mythen über die „wilde Ehe“

Allen, die meinen, es sei am besten, eine Beziehung erst einmal auszuprobieren, indem man sich auf vorehelichen Sex einlässt, würde Gott meiner Ansicht nach sagen: „Du bringst dich und deine ganze Zukunft in schreckliche Gefahr. Glaub mir, ich weiß, was für dich am besten ist.“

Jahrelang machten sich die Leute über die biblischen Lehren über Sex lustig, aber auch hier stellt sich die Sozialwissenschaft mittlerweile auf Gottes Seite. Ray Short zeigt dies in seinem Buch *Sex, Love, or Infatuation* auf:

- Wenn Sie der Auffassung sind, dass das Zusammenleben Ihre spätere Ehe stärker mache, dann überlegen Sie sich das lieber noch einmal genau. Statistiken zeigen, dass das Scheidungsrisiko bei Paaren, die vor der Heirat zusammengelebt haben, nach der Eheschließung doppelt so hoch ist wie bei anderen Paaren.
- Studien haben ebenfalls gezeigt: Je mehr Erfahrungen man vor der Ehe hat, desto höher ist die Wahrscheinlichkeit, dass man in der späteren Ehe unglücklich ist oder vom Ehepartner betrogen wird bzw. selbst betrügt. Bei Frauen, die vorehelichen Sex hatten, ist die Wahrscheinlichkeit am höchsten.
- Während Paare oft denken, vorehelicher Sex würde ihr Sexleben stärken, wenn sie erst einmal verheiratet seien, haben Untersuchungen ergeben, dass genau das Gegenteil der Fall ist. Die Wahrscheinlichkeit, ein befriedigendes Sexleben zu haben, ist bei verheirateten Paaren niedriger, wenn sie zuerst zusammengelebt haben.[15]

Andere Studien haben ergeben, dass eine Frau mit einer höheren Wahrscheinlichkeit von einem Liebhaber missbraucht wird, mit dem sie zusammenlebt, als von einem Ehemann, und dass die Wahrscheinlichkeit, von einem Freund zum Sex gezwungen zu werden, fünfmal höher ist als von einem Ehemann. Am wahrscheinlichsten werden Frauen gegen ihren Willen zum Sex gezwungen, die vor der Ehe mit einem Mann zusammenleben.

Robert Moeller, der sehr viel zum Thema „Ehe" geschrieben hat, machte die Beobachtung, dass das Konzept der „Ehe auf Probe" ein Widerspruch in sich sei. „Per Definition ist die Ehe eine ausschließliche, lebenslängliche, dauerhafte Verpflichtung", sagte er. „Wie kann etwas Temporäres, Unverbindliches mit unbestimmtem Ende als Test für etwas herangezogen werden, das genau das Gegenteil ist?" Er fügte hinzu, dass das Zusammenleben Misstrauen fördere:

„Wenn Paare sagen: ‚Wir wollen einfach sehen, ob wir zusammenpassen, bevor wir heiraten', dann meinen sie in Wirklichkeit: ‚Wir haben Zweifel daran, dass der andere der richtige Partner ist. Und wir wollen einen schnellen und einfachen Ausweg haben, wenn es uns nicht mehr gefällt.' Erkennen Sie, welche Unsicherheit dies für sexuelle Intimität bedeutet? Über dem Bett hängt im Grunde ein großes Fragezeichen. ‚Machen wir heute vielleicht zum letzten Mal Liebe? Was ist, wenn mein Partner jemandem begegnet, der interessanter ist als ich? Wenn ich ihm nicht mehr gefalle oder seinen Maßstäben nicht genüge – ist die Beziehung dann vorbei?' Ehelicher Sex ist dem ‚Sex auf Probe' überlegen, weil die Fragen, mit denen sich unverheiratet zusammenlebende Paare quälen, bereits beantwortet sind."[16]

Eine der aufsehenerregendsten Studien zu diesem Thema wurde 1994 von den Wissenschaftlern der Universität von Chicago veröffentlicht. Sie befragten 3.432 Amerikaner, um die exaktesten und umfassendsten Erkenntnisse über die menschliche Sexualität in unserem Land zu gewinnen. Ihre Ergebnisse entzauberten so viele Mythen, dass sie es auf die Titelseiten der Zeitungen schafften. Im Folgenden finden Sie einige ihrer Schlussfolgerungen:

- Verheiratete Paare waren nachweislich körperlich und emotional am stärksten befriedigt.
- Die niedrigste Zufriedenheit wurde bei allein lebenden Männern und Frauen festgestellt – genau bei denen, denen man den heißesten Sex unterstellte.
- Die Gruppe mit dem meisten Sex ist nicht die der Jungen und Ungebundenen, sondern die der Verheirateten.
- Die körperliche und emotionale Zufriedenheit nahm ab, wenn die Personen mehr als einen Sexualpartner hatten.[17]

Die Wissenschaftler gaben zu, besonders überrascht darüber gewesen zu sein, dass die durchweg sexuell am zufriedensten Frauen im Land konservative Protestanten waren, dicht gefolgt von Katholiken und liberalen Protestanten. Sie alle hatten eine eindeutig höhere Orgasmushäufigkeit als die Frauen ohne religiöse Bindung. Aber nachdem sie darüber nachgedacht hatten, kamen die Wissenschaftler zu einer Erklärung: Vielleicht „glauben diejenigen, die biblischen Lehren folgen, stärker an die Heiligkeit der Ehe und an Sexualität als Ausdruck ihrer Liebe zu ihrem Ehepartner.".[18]

Nein, das ist kein Witz!

Die Wissenschaftler fügten hinzu: „Trotz des populären Bildes von den sittenstrengen konservativen Protestanten gibt es umfangreiche Belege dafür, dass dieses Bild ein Mythos sein könnte, zumindest was die sexuelle Begegnung betrifft."[19]

Immer wieder findet man voneinander unabhängige Bestätigung von Sozialwissenschaftlern, dass Gottes Plan für unsere Sexualität sinnvoll ist. So paradox das auch klingen mag: Tatsache ist, dass uns seine Grenzen nicht binden, sondern ermöglichen, Intimität in ihrer erfüllendsten Form zu erfahren.

Wie die Wissenschaftler der Universität von Chicago noch anfügten: „Unsere Forschungsergebnisse könnten so gelesen werden, dass eine konservative Sichtweise von Romantik, Werben und Sexualität – vielleicht die Sicht Ihrer Mutter – der einzige Weg zu Glück und sexueller Befriedigung ist."[20] Das, so die Wissenschaftler, lag nicht in ihrer Absicht. Aber das ist eindeutig das, wofür die Beweise sprechen.

Vergebung und Reinigung

Wir können Gott in allen Lebensbereichen vertrauen, auch im Bereich der Sexualität. Selbst wenn unsere Leidenschaft verrückt spielt, können wir darauf vertrauen, dass Gott uns hilft, das Leben zu führen, das er für uns vorgesehen hat. Auch wenn die Versuchungen lauern, können wir darauf vertrauen, dass Gott uns davor bewahren wird, in selbstzerstörerisches Verhalten zu verfallen. Wer in seiner Ehe Probleme im sexuellen Bereich hat, kann darauf vertrauen, dass Gott sie gemeinsam mit ihm bewältigen wird. Opfer sexueller Übergriffe können darauf vertrauen, dass er ihre emotionalen Wunden vorsichtig verbinden wird.

Und auch wenn wir alle in sexueller Hinsicht vom Weg abgekommen sind – gleichgültig, ob in Gedanken, Worten oder Taten –, können wir dennoch darauf vertrauen, dass Gottes Vergebung allen zur Verfügung steht, die darum bitten. Auch wenn sexuelles Fehlverhalten äußerst hartnäckige Flecken hinterlassen kann, kann er uns rein schrubben, wenn wir uns demütig an ihn wenden und unser Fehlverhalten zugeben, statt irgendwelche Gründe dafür vorzuschieben.

Gott freut sich – er ist geradezu begeistert –, wenn er Gebete wie das von König David beantworten darf: „Nimm meine ganze Schuld von mir, wasche mich rein von meiner Sünde" (Psalm 51,4)! Wenn Sie mit einer von Herzen kommenden Bitte wie dieser zu ihm kommen, wird er Ihnen vergeben (was ein äußerer Akt ist und uns in Gottes Sicht wiederherstellt), und er wird uns reinigen (was ein innerer Akt ist und darin besteht, dass Gott uns im Laufe der Zeit von unserer Scham befreit).

Ich weiß selbst, wie sich das anfühlt, denn er hat das alles schon bei mir getan. Mehr möchte ich dazu nicht sagen, weil es sehr persönlich und sehr schmerzhaft ist, aber als ich noch ein Atheist war, als das höchste Ziel meines Leben darin bestand, Spaß zu haben, wechselte ich sehr oft meine Partnerinnen und ließ dabei viele desillusionierte Opfer zurück.

Ich wendete alle möglichen Taktiken an – von falschen Schmeicheleien bis hin zu manipulativen Lügen –, um das zu bekommen, was ich haben wollte. Danach machte ich mich aus dem Staub und verschwendete keinen Gedanken mehr an die andere Person. Mission erfüllt.

Ich dachte, ich wüsste es am besten. Doch ich hatte Unrecht. Statt Glück und Erfüllung fand ich nichts als Leere. Und es ist ein Zeugnis für die Höhe und Breite der Gnade Gottes, dass er mir vergeben und mir im Laufe der Jahre die Last meines Bedauerns erleichtert hat.

Nun kann ich voller Freude und Staunen die Worte des Apostels Johannes sprechen: „Seht doch, wie sehr uns der Vater geliebt hat! Seine Liebe ist so groß, dass er uns seine Kinder nennt. Und wir sind es wirklich: Gottes Kinder!" (1. Johannes 3,1). Stellen Sie sich das vor: Jemand wie ich – und, ja, auch jemand wie Sie – wird voller Liebe für immer in die Familie Gottes aufgenommen.

Aber vielleicht sind Sie immer noch skeptisch. Vielleicht denken Sie, dass Sie eine Ausnahme sind und Gottes Vergebung einfach nicht verdient haben. Wenn das der Fall ist, hilft Ihnen vielleicht der folgende Brief. Er wurde von einer jungen Frau an die leitenden Mitarbeiter der *Willow Creek*-Gemeinde geschickt, in der sie Mitglied ist. Sehen Sie selbst, was sie über Gottes Bereitschaft zu vergeben herausgefunden hat – und denken Sie darüber nach, wie er Sie von den Verfehlungen befreien kann, die Sie immer noch quälen:

„Ich wuchs in einer Familie auf, in der Schuld ein wichtiges Mittel zur Bestrafung war. Ich war ein schüchternes, verängstigtes Mädchen, das durch Schuldgefühle und das Gefühl, für alles Negative verantwortlich zu sein, ruhig gestellt wurde – ganz besonders durch das Gefühl, für Gott wertlos und nicht liebenswert zu sein.

Während meiner Zeit auf dem College wurde ich auf Grund vieler schlechter Entscheidungen schwanger. Damals war die einzige Lösung, mit der ich leben konnte, eine Abtreibung. Ich konnte nicht mit dem Wissen leben, wie sehr ich meine Eltern enttäuscht hatte. Ich konnte nicht mit neun Monaten Schuld und Scham leben. Ich konnte nicht damit leben, für mein Handeln verantwortlich zu sein.

Am Tag meiner Abtreibung wusste ich, dass ich ein heiliges Gebot Gottes verletzte. Ich tötete dieses Leben im vollen Bewusstsein meiner Schuld. Und ich glaubte von ganzem Herzen, dass er mir das nie vergeben würde.

Eine Freundin lud mich ein, die Willow Creek-*Gemeinde zu besuchen, wo ich mit den biblischen Lehren vertraut wurde. Ich hörte Dutzende von Predigten über Vergebung und Umkehr und dass Jesus für meine Sünden starb. Ich hörte das alles, aber tief in mir konnte ich das nie glauben. Wie konnte Gott mir vergeben, dass ich mein Baby umgebracht hatte?*

Im Februar 1989 vertraute ich schließlich Jesus mein Leben an, und im Juni hatte ich das Gefühl, ich sollte meinen Glauben öffentlich durch meine Taufe bezeugen. Während des Gottesdienstes stand ein großes Holzkreuz auf der Bühne, und wir sollten ein paar unserer Sünden auf ein Stück Papier schreiben und es ans Kreuz hängen, bevor wir getauft wurden. Es sollte das Symbol dafür sein, dass Gott uns vergeben hatte.

Ich erinnere mich gut an meine Angst – ich hatte mich noch nie so sehr gefürchtet –, als ich in winzigen Buchstaben das Wort ‚Abtreibung' auf das Stück Papier schrieb. Ich hatte Angst, dass irgendjemand den Zettel lesen und herausfinden könnte, dass ich es war. Ich hätte während des Gottesdienstes fast den Gottesdienstraum verlassen – so groß waren meine Schuldgefühle und die Angst.

Als ich an der Reihe war, ging ich mitten auf die Bühne zum Kreuz, befestigte dort das Stück Papier und wurde zu Bill Hybels geführt, um getauft zu werden. Er schaute mir direkt in die Augen. Ich war mir ganz sicher, dass er in meinen Augen das schreckliche Geheimnis lesen konnte, das ich so lange Zeit vor allen geheimgehalten hatte.

Aber stattdessen spürte ich, dass Gott zu mir sagte: ‚Ich liebe dich. Es ist in Ordnung. Ich habe dir vergeben.' Ich spürte so viel Liebe für mich – für eine schreckliche Sünderin. Das war das erste Mal in meinem Leben, dass ich Vergebung und bedingungslose Liebe wirklich spürte. Es war unglaublich und es war unbeschreiblich.

Danach sangen wir alle ‚Ich bin für immer dankbar' und ich weinte vor Freude und Erleichterung. Erleichterung nach all diesen Jahren."

So unglaublich es klingt: Gleichgültig, wie weit Sie in sexueller Hinsicht vom Weg abgekommen sind – es gibt Hoffnung, Reinigung, Vergebung und ein neues Leben durch Jesus. Das ist die unglaubliche, unerhörte Botschaft des Evangeliums.

10. Behauptung

Es reicht nicht, ab und zu mal nett zu sein

Darla nahm ihre Buntstifte und verfasste einen Brief an ihren himmlischen Vater:

„Lieber Gott,
meintest du es wirklich ernst, als du sagtest: ‚Behandelt die Menschen so, wie ihr von ihnen behandelt werdet'? Denn wenn ja, dann werde ich meinen Bruder jetzt auch mal so richtig fertigmachen!"[1]

Die kleine Darla ist nicht die Erste, die eine Goldene Regel kreativ umschreibt. Chicagoer Politiker haben ihre eigene Version: „Handle gegenüber anderen, bevor sie handeln." Und jeder in der Geschäftswelt kennt die berühmte Unternehmensversion: „Wer das Geld hat, bestimmt die Regeln."

Aber das alles sind natürlich Verdrehungen der Goldenen Regel, die Jesus in einem der am häufigsten zitierten Bibelverse formulierte. In der Bergpredigt, die man auch den „Mount Everest der Ethik" nennt, die absolut beste Predigt der Geschichte, sagte Jesus: „Behandelt die Menschen so, wie ihr selbst von ihnen behandelt werden wollt – das ist es, was das Gesetz und die Propheten fordern" (Matthäus 7,12).

Er erklärte, dass diese absolut außergewöhnliche und revolutionäre Aussage die Zusammenfassung dessen darstelle, was die gesamte Bibel über das Zusammenleben mit anderen Menschen lehre. Mehr noch: Er sagte nicht, dass wir uns an diese Regel nur halten sollen, wenn wir uns danach fühlen, und dass es ausreicht, wenn wir nach Lust und Laune ab und zu mal nett sind, sondern dass daraus ein Lebensstil der Barmherzigkeit und Fürsorge werden soll, der unseren Alltag prägt.

Kein anderer religiöser Führer hatte so etwas zuvor gelehrt, was Sie vielleicht überrascht, da man ja allgemein sagt, dass fast jedes religiöse System auf der Welt seine eigene Goldene Regel hat. Zwar haben viele tatsächlich eine Goldene Regel, aber alle anderen Religionen, die ich kenne, haben eine schwächere Version, die sich in der Negativform ausdrückt. Zum Beispiel:

- 500 Jahre vor der Geburt Jesu fragte jemand Konfuzius: „Gibt es ein Wort, das als Lebensregel für das ganze Leben dienen kann?" Konfuzius erwiderte: „Ist ‚Gegenseitigkeit' nicht so ein Wort? Tue anderen nicht, was du nicht möchtest, dass sie dir tun."
- 400 Jahre vor Christus lehrte der Philosoph Sokrates im alten Athen: „Tue anderen nicht an, was dich ärgern würde, wenn andere es dir täten."
- Etwa 300 Jahre vor Christus hatten die Stoiker eine Lehre, die besagte: „Was du nicht möchtest, dass man dir antut, das tue auch keinem anderen an."
- Ungefähr 200 Jahre vor Christus schrieb der Verfasser des Buches Tobit, das zu den Apokryphen zählt, diese besonders knappe Version: „Was du nicht leiden magst, das tue niemandem an."

Und zwei Jahrzehnte vor der Geburt Jesu kam ein junger Schüler zum großen jüdischen Rabbi Hillel. „Ich bin bereit, zum Judentum zu konvertieren", sagte er, „unter einer Bedingung – dass du mich das ganze Gesetz lehrst, während ich auf einem Bein stehe."

Mit anderen Worten: „Erspare mir all das Komplizierte und das Komplexe, alle Nuancen und Details – wenn du nicht in ein paar Worten ausdrücken kannst, wie wir mit anderen umgehen sollen, dann habe ich kein Interesse."

Während der Schüler also seine spontane Flamingo-Imitation ausführte, antwortete Hillel: „Was dir selbst verhasst ist, das tu keinem anderen an. Das ist das ganze Gesetz und der Rest ist Kommentar. Geh und lerne."

Gold oder Pyrit

Solange sie funktionieren, mögen diese Maximen hilfreich sein. Aber es besteht ein großer Unterschied zwischen ihrem negativen Ansatz und Jesu bewusster Formulierung der Goldenen Regel.

Beispielsweise basiert in manchen religiösen Traditionen die negative Version auf einer eigennützigen Gegenseitigkeit: „Ich werde dich nicht verletzen, weil ich hoffe, dass du mich im Gegenzug auch nicht verletzt." Dabei geht es jedoch nur um den Schutz Ihrer eigenen Interessen, und daran ist nichts, was sonderlich bewundernswert wäre.

Dagegen besteht die Grundlage der von Jesus formulierten Goldenen Regel aus selbstloser Großzügigkeit. Er forderte uns dazu auf, anderen gegenüber fürsorglich zu handeln, nicht um dafür im Gegenzug etwas zu bekommen, sondern unabhängig davon, ob der andere den Gefallen erwidert oder nicht.

Und es gibt noch einen weiteren entscheidenden Unterschied: Die negativen Fassungen erlauben es, ein recht passives, losgelöstes und unbeteiligtes Leben zu führen, indem man anderen einfach nichts Schlimmes antut. Die Goldene Regel dagegen fordert uns dazu auf, offensiv zu werden, die Initiative zu ergreifen und uns bewusst dafür zu entscheiden, zu anderen Menschen freundlich zu sein. Wie schon der christliche Gelehrte D. A. Carson schrieb:

„Die negative Form lehrt Verhaltensweisen wie folgende: Wenn es dir keinen Spaß macht, ausgeraubt zu werden, dann raube auch andere nicht aus. Wenn es dir nicht gefällt, beschimpft zu werden, dann beschimpfe auch andere nicht. […] Wenn du es nicht magst, niedergeschlagen zu werden, dann schlage auch andere nicht nieder. Die positive Form dagegen lehrt Verhaltensweisen wie folgende: Wenn du gerne geliebt werden möchtest, dann liebe andere. Wenn du gerne Dinge bekommst, dann gib anderen. Wenn du dich gerne wertgeschätzt fühlst, dann drücke anderen deine Wertschätzung aus.

Die positive Form reicht so viel weiter als ihre negative Entsprechung. Sie beinhaltet keine Erlaubnis, mich in eine Welt zurückzuziehen, in der ich niemanden verletze, aber auf der anderen Seite auch nichts Positives bewirke."[2]

Jemand erklärte den Unterschied einmal so: Wenn man ein Auto besitzt, würde die negative Regel raten: „Fahre niemanden über den Haufen. Fahre nicht unter Alkoholeinfluss und fahre nicht über die Mittellinie." Die Goldene Regel dagegen würde diese Ermahnungen einschließen, aber noch weitergehen: „Wenn jemand einen Chauffeur braucht, biete dich an. Wenn die Witwe am anderen Ende der Straße jemanden braucht, der sie zum Einkaufen fährt, stelle dich zur Verfügung. Wenn ein Fremder versucht, nach Hause zu kommen, nimm ihn mit. Schaue dich nach Möglichkeiten um, wie du Menschen dienen kannst, so wie du gerne hättest, dass auch sie dir dienen."

Diese umfassende Eigenschaft macht die Goldene Regel so unglaublich provokativ. Stellen Sie sich einfach vor, wie die Welt aussehen würde, wenn jeder danach lebte.

Die Terrorwarnungen wären wieder auf der sicheren grünen Alarmstufe. Wir müssten unsere Türen nachts nicht absperren. Wir könnten unsere Kinder zum Spielen in den Park schicken, ohne uns um sie Sorgen machen zu müssen. Die Verkaufszahlen von Autodiebstahlversicherungen würden auf ein Tief einbrechen. Wir könnten uns nach einem Geschäftsabschluss die Hände schütteln und absolut sicher sein, dass wir nicht übers Ohr gehauen wurden. Es gäbe keinen hinterhältigen Klatsch, keinen Rassismus, keine von Hass geschürten Verbrechen, keine Selbstmordattentate oder Enthauptungen im Nahen Osten, keine Hungersnöte und keinen Völkermord in Afrika, weder Korruption noch Betrug in Washington, D. C. Niemand würde Sie auf der Autobahn schneiden, und im Winter würden alle, die eine Schneefräse besitzen, die Wege der anderen freundlicherweise gleich mit freischaufeln. Wir würden in einer Welt leben, in der Vergebung, Mitgefühl, Frieden und Wohlwollen herrschen – und alle gute Manieren haben!

Doch unsere Welt sieht nicht so aus. Und das Problem liegt nicht darin, dass die Goldene Regel zu esoterisch oder zu kompliziert wäre. „Wir verhalten uns anderen gegenüber nicht so, wie wir uns wünschten, dass sie uns behandelten, weil wir die ganze Zeit damit beschäftigt sind, an uns selbst zu denken, und unsere Gedanken nie auf andere Menschen richten", sagte der Theologe D. Martyn Lloyd-Jones.

So sieht die Welt wegen der Sünde aus: Wir sind in erster Linie egoistische Menschen, die sich vor allem für ihr eigenes Wohlergehen interessieren. Jedes Mal, wenn sich jemand auf den Weg macht, um einem anderen zu helfen, wird er von gemischten Gefühlen motiviert. Er will immer auch wissen, was für ihn dabei herausspringt.

Es ist wie in der Geschichte von den Kindern, deren Katze kürzlich Junge bekommen hatte. Die Kinder schauten in den Schuhkarton und beobachteten voller Entzücken, wie sich die winzigen Kätzchen aneinanderkuschelten.

„Ach, ist das nicht niedlich?", rief eines der Mädchen aus. „Sie haben sich so lieb, dass sie versuchen, sich gegenseitig warm zu halten."

„Na ja, nicht ganz so", erwiderte ihre welterfahrene Mutter. „Eigentlich versuchen sie, *sich selbst* warm zu halten."

Bei der Goldenen Regel dagegen geht es darum zu versuchen, *den anderen warm zu halten, selbst wenn das bedeutet, dass uns dadurch kalt wird.*

So idyllisch es auch wäre, in einer Welt zu leben, in der die Goldene Regel von allen befolgt würde, so wissen wir doch, dass es nicht passieren wird. Trotz aller Versuche, eine „Nationale Woche der Nettigkeit" ins Leben zu rufen (paradoxerweise gefördert von einem Kongressabgeordneten, der später der weniger netten Taten der Erpressung und der Steuerhinterziehung überführt wurde), ergab eine Studie, dass die Amerikaner immer zynischer und immer weniger mitfühlend werden.

Manche Menschen büßen ihre guten Absichten unter dem Einfluss des täglichen Drucks und der Realität ein, wie die kalifornische Autofahrerin, deren Nummernschild das Wort „Peace" (Frieden) enthielt. Im Polizeiprotokoll stand später, dass sie zuerst auf einer zweispurigen Straße, die durch eine Schlucht führte, dicht auf einen langsam fahrenden Kleintransporter auffuhr, dann neben das andere Fahrzeug fuhr, mit einem Baseballschläger aus Aluminium darauf einschlug und es dann mit einer Flasche Lufterfrischer bewarf, als sie schließlich an ihm vorbeibrauste. „Sie sagte, sie hätte es eilig gehabt und war frustriert", sagte der Polizist, der ihr einen Strafzettel ausstellte. Als er sie auf ihr Nummernschild ansprach, erklärte sie, sie hätte es, weil es in der heutigen Gesellschaft so viel Gewalt gäbe.

In der Bibel können wir nachlesen, dass Menschen erst einmal davor zurückschrecken, sich Gottes Lehren und Geboten, einschließlich der Goldenen Regel, unterzuordnen (Römer 8,7). Und doch können wir als Nachfolger Christi die übernatürliche Kraft durch den Heiligen Geist bekommen, ein kleines Eckchen der Welt verändern, wenn wir die Goldene Regel in die Praxis umsetzen.

Wie schaffen wir das? Als ich versucht habe, die Goldene Regel in meinen Alltag zu integrieren – zugegebenermaßen nicht immer erfolgreich –, habe ich festgestellt, dass ich häufig meine Sichtweise neu ausrichten muss. In einer Welt, die sich viel zu oft um mich dreht, muss ich mich immer wieder ganz bewusst neu orientieren, wenn ich dieser provokativen Lehre Jesu folgen will.

Mit den Augen des Himmels sehen

Ich muss mich von Zeit zu Zeit daran erinnern, wie wichtig Gott alle Menschen sind, selbst wenn ich den anderen nicht kenne oder er völlig anders ist als ich. Aber, um ehrlich zu sein, das entspricht nicht meinen natürlichen Reflexen.

Ab und zu werde ich daran erinnert – etwa wie damals, als ich von einer Begebenheit las, die sich 1995 in North Carolina ereignete. Der zehnjährige Lawrence Shields stöberte in einer Diamantenmine in einem Eimer voller Schutt, als ein Stein sein Interesse weckte.

„Mir gefiel einfach seine Form“, sagte er später.

Als er den Schmutz und den Kies abgerieben hatte, der an dem Stein hing, und als er ihn an seinem T-Shirt rieb, um ihn zu polieren, sah er, dass es mehr war als nur ein Stein. Es stellte sich heraus, dass es ein Saphir war. Und nicht bloß irgendein Saphir, sondern einer mit 1.061 Karat!

Was ich damit sagen will: Wenn wir andere Menschen sehen, neigen wir dazu, uns auf das Äußere zu konzentrieren, das von Sünde verschmutzt ist. Wir sehen die Rebellion oder das Versagen, den ungewöhnlichen Lebensstil oder die stolze Haltung, und wir übersehen oft den eigentlichen Wert, der im Inneren verborgen ist – wo jeder von uns ein Diamant von unschätzbarem Wert ist, der nach dem Bild Gottes geschliffen wurde. Jeder von uns wird von Gott so sehr geliebt, dass er bereit war, den höchsten Preis zu bezahlen, nämlich den Tod seines Sohnes, um unsere Sünde abzuwaschen und uns wieder eine Beziehung zu ihm zu ermöglichen.

Wenn Sie also jemanden sehen, dessen Leben eine falsche Richtung nimmt, können Sie sich sagen: „Seine Lebenssituation mag schrecklich aussehen, aber das Bild Gottes in ihm ist wunderschön." Können Sie die Menschen ansehen, die Sie bisher abschätzig betrachtet haben, weil sie anders oder ärmer oder weniger gebildet sind als Sie, und sich trotzdem vorstellen, wie wertvoll sie trotz ihrer Umstände für Gott sind?

Wie in einem meiner Lieblingslieder „In Heaven's Eyes" („Mit den Augen des Himmels"), in dem Phil McHugh die Menschen so darstellt, wie Gott sie sieht, und keine wertlosen Verlierer und hoffnungslosen Fälle findet. Wenn wir Menschen aus Gottes Perspektive sehen, haben wir plötzlich neu die Motivation, sie mit derselben Würde, derselben Achtung und demselben Respekt zu behandeln, den wir für uns ersehnen.

Klingt das naiv? Vielleicht. Aber ohne diese göttliche Wahrnehmung habe ich keine Chance, Jesu Gebot zu befolgen und andere so zu lieben wie mich selbst. Es wird einfach nicht klappen.

Das ist einer der Gründe, warum das Motto der Gemeinde, in der ich zum Glauben kam, lautet, dass alle Menschen Gott unendlich wichtig sind. Alle Menschen. Das erinnert uns alle daran, dass wir einander so sehen müssen, als hätten wir in den Augen Jesu unschätzbaren Wert (was ja auch der Fall ist).

In die Haut eines Menschen schlüpfen

Es muss sich noch ein weiterer Perspektivenwechsel vollziehen. Ungeachtet, in welchen Umständen wir uns befinden, müssen wir die Situation aus dem Blickwinkel des anderen sehen. Das bedeutet, dass wir stärker dazu neigen, andere so zu behandeln, wie wir selbst gerne behandelt werden würden, wenn wir uns in ihre Lage versetzen und die Situation aus ihrem Blickwinkel betrachten. Der Apostel Paulus schrieb: „Helft einander, eure Lasten zu tragen. So erfüllt ihr das Gesetz, das Christus uns gibt" (Galater 6,2). Wie können wir die Last eines anderen Menschen tragen, wenn wir nicht verstehen, wie sich die Last für den anderen anfühlt?

Ich habe in dieser Hinsicht an einem späten Mittwochabend

eine Lektion gelernt, als ich Pastor in der *Willow Creek*-Gemeinde war. Nach einem anstrengenden Arbeitstag und einem Gottesdienst am Abend war ich gerade dabei, ins Bett zu gehen, als das Telefon klingelte.

Am anderen Ende der Leitung meldete sich ein junges Paar, das etwa eine halbe Stunde von meinem Haus entfernt war, als ihr Auto versagte. Sie hatten kein Geld, um diese Uhrzeit waren alle Tankstellen geschlossen und ihre beiden Kinder saßen auf der Rückbank. Da sie neu in der Stadt waren, kannten sie niemanden, den sie anrufen und um Hilfe bitten konnten. Aber sie waren ein paar Tage zuvor in einem der vier Gottesdienste unserer Gemeinde gewesen und hatten meinen Namen im Gottesdienstprogramm gesehen. Also schlugen sie meine Nummer im Telefonbuch nach.

„Ich weiß, dass wir fürchterlich unverschämt sind", sagte der Mann, „aber Ihr Name war der Einzige, an den wir uns erinnern konnten."

Mein erster erschöpfter Gedanke war: „Wir haben fast 100 verschiedene Dienstbereiche in der Gemeinde – haben wir nicht einen, der dafür zuständig ist, Leute aufzusammeln, wenn ihr Auto den Geist aufgegeben hat?" Meine zweite unausgesprochene Reaktion war: „Haben sie denn nicht den Namen von Bill Hybels im Programm gesehen? Er ist schließlich der Hauptpastor! Warum haben sie *ihn* nicht angerufen? Er wohnt viel näher als ich!" Mein dritter Gedanke lautete: „Wen könnte ich anrufen, damit er sich darum kümmert und ich nichts mehr tun muss?"

Ehrlich gesagt fühlte ich mich ausgenutzt und bemitleidete mich selbst. Schließlich erwartete mich mein warmes, kuscheliges Bett, und ich war der Ansicht, ich verdiente nach diesem langen Tag etwas Frieden und Ruhe.

Aber dann fing ich mich wieder. Ich musste meine Perspektive ändern. Ich versuchte, mir die Situation aus ihrem Blickwinkel vorzustellen. Wie musste es sich anfühlen, wenn man neu in einer Stadt war, niemanden kannte und spätabends mit den Kindern im Auto am Straßenrand stand? Als ich mir das vorstellte, wurde ich innerlich gleich etwas weicher. An diesem Punkt fragte ich mich schließlich: „Was würde ich von ihnen erwarten, wenn ich mich in ihrer Situation befände?"

Also setzte ich mich in meinen Wagen, holte sie ab und fuhr sie zu ihrer Wohnung. Dann vergaß ich den Vorfall sofort – bis ich drei Jahre später wieder daran erinnert wurde.

Nachdem ich meine Predigt in einem unserer Wochenendgottesdienste gehalten hatte, kam genau dieser Mann auf mich zu. Wie sich herausstellte, hatten er und seine Frau sich in den vergangenen Jahren gut in die Gemeinde integriert.

„Ich wollte Ihnen nur sagen, dass wir nie vergessen haben, wie Sie uns an diesem Abend gerettet haben", sagte er. „Ich denke immer daran, wenn ich kurz davor stehe, an der Kirche oder anderen Christen zu verzweifeln. Es erinnert mich daran, dass die Leute sich wirklich umeinander kümmern."

Schluck. Ich schämte mich, als ich mich daran erinnerte, wie sehr ich bei seinem Anruf innerlich gejammert hatte. Aber dass er nach all den Jahren immer noch so dankbar war, zeigte mir die Kraft der Goldenen Regel. Wenn wir sie selbst dann befolgen, wenn es uns schwerfällt oder gerade nicht passt, sind andere unter Umständen tief davon beeindruckt. Warum? Weil es in unserer „Jeder nur für sich"-Gesellschaft so völlig unerwartet ist – und so absolut dem widerspricht, was die Menschen normalerweise tun.

Gibt es jemanden, in dessen Haut Sie einen Augenblick lang schlüpfen müssen, damit Sie die Welt aus seiner Perspektive sehen können? Vielleicht eines Ihrer Kinder oder ein Mitarbeiter oder sogar Ihr Chef? Ich kann Ihnen aus persönlicher Erfahrung sagen, dass das Ihre Haltung zu einem Menschen völlig verändern kann. Sie werden nämlich plötzlich die Bereitschaft in sich spüren, dem anderen zu helfen, so wie Sie sich an seiner Stelle auch Hilfe wünschen würden.

Ich stand einmal an einem eiskalten Abend ungeduldig in der Warteschlange an der Kasse eines Supermarkts und wollte eigentlich nur noch eines: nach Hause ins Warme und zum Abendessen. Aber die Schlange bewegte sich nicht vorwärts. Ich wartete und wartete. Ich verlagerte mein Gewicht von einem Bein auf das andere. Ich seufzte laut. Ich schimpfte leise vor mich hin. Doch es ging immer noch keinen Millimeter weiter. Warum dauerte das so lange? War die Kassiererin eine Auszubildende? Hielt ein Kunde ein Schwätzchen mit ihr? Mein Blutdruck stieg unaufhörlich.

Schließlich lugte ich an die Spitze der Warteschlange, um zu sehen, was diese Verzögerung verursachte. Dort sah ich eine kleine ältere Frau, die langsam und unter Schmerzen ihr Geld aus ihrem Portemonnaie zog. Ihre Hände rot und rau und steif von der Eiseskälte und sie konnte ihre Finger kaum bewegen. Offensichtlich war sie bei diesen arktischen Temperaturen zu Fuß in den Supermarkt gekommen.

Oh, Mann. Meine Perspektive war umgehend wieder im Lot. Ich spähte in Richtung Himmel und bat um Vergebung, dann ging ich zu der Frau hin und sagte: „Entschuldigen Sie, Sie kennen mich nicht, aber draußen ist es kalt, und ich habe ein Auto. Darf ich Sie nach Hause fahren?“

Ich habe Folgendes gelernt: Die Goldene Regel wird dann zur natürlichsten Reaktion der Welt, wenn Sie das Leben aus dem Blickwinkel des anderen betrachten.

Liebe, die über uns hinausgeht

Die Befolgung der Goldenen Regel muss von Liebe motiviert sein, denn unser Handeln basiert nicht in erster Linie darauf, was wir im Gegenzug bekommen. Natürlich können wir bis zu einem bestimmten Punkt auch auf unsere eigenen Liebesvorräte zurückgreifen und die Goldene Regel damit von Zeit zu Zeit anwenden, hier und da, abhängig von unserer Stimmung. Das ist nett, aber um beständig danach zu leben – um sie zu einem Lebensstil zu machen, der auch in schwierigen, unpassenden und mit Opfern verbundenen Situationen greift –, brauchen wir etwas, das uns von außen dazu motiviert. Wir müssen uns an Gottes nie versiegende Quelle der Liebe anschließen.

Einmal fragte jemand Jesus, was Gottes wichtigstes Gebot sei, und Jesu Antwort bestand aus zwei Teilen. Im ersten Teil ging es darum, Gott von ganzem Herzen und mit ganzem Willen, mit ganzem Verstand und mit aller Kraft zu lieben. Der zweite Teil handelte davon, dass wir unsere Mitmenschen wie uns selbst lieben sollen (Markus 12,30–31). Verstehen Sie, warum die Reihenfolge dieser beiden Gebote so wichtig ist?

Wenn wir unser Leben für Gott öffnen, seine Gnade empfangen und uns nach ihm ausstrecken, lässt er unseren Egoismus schrumpfen und erweitert gleichzeitig unsere Fähigkeit, uns mehr um andere Menschen zu kümmern. In Bezug auf die Goldene Regel sagte Lloyd-Jones: „Sie müssen nicht bei Ihrem Mitmenschen anfangen, Sie müssen bei Gott anfangen." Wenn wir Gott lieben und uns an seine Kraftquelle angeschlossen haben, versetzt uns das in die Lage, auch andere Menschen zu lieben.

Als der Apostel Paulus neun Eigenschaften aufzählte, die der Heilige Geist zunehmend im Leben derer sichtbar werden lässt, die Jesus nachfolgen, setzte er die Liebe an die erste Stelle (Galater 5,22–23).

Eine Liebe, die von Gott geschürt wird.

Ein Kanal für den Strom Jesu

Stellen Sie sich doch einmal auf die Probe. Wenn Sie schon lange Christ sind, denken Sie an die Haltung, die Sie anderen Menschen gegenüber an den Tag legten, und zwar fünf Jahre, bevor Sie Christ gewurden. Nun überlegen Sie, welche Haltung Sie fünf Jahre, nachdem Gottes Gnade in Ihrem Leben Einzug gehalten hat, hatten. Sie sehen einen Unterschied, oder? Ich hoffe es zumindest!

Ich fing meine Reise als Atheist mit einem Barmherzigkeitsdefizit an. Ich sah andere Menschen in erster Linie als Mittel zu meinem eigenen beruflichen und sozialen Vorankommen. Aber nachdem ich Christ wurde und meinen Charakter und meine Werte zunehmend Christus unterstellte, veränderte sich meine Einstellung gegenüber anderen Menschen allmählich.

Der Unterschied war tatsächlich so tiefgreifend, dass meine fünfjährige Tochter ein paar Monate, nachdem ich Christ geworden war, zu meiner Frau sagte: „Mama, ich möchte, dass Gott das, was er für Papa gemacht hat, auch für mich macht."

Selbst in diesem zarten Alter konnte sie erkennen, dass Gott schon den Zynismus abschlug, der das Herz ihres Vaters verkrustete. Sie bemerkte bereits einen deutlichen Unterschied in meinem Verhalten zu anderen Menschen.

Gott versetzt uns nicht nur stärker in die Lage, mehr Mitgefühl zu empfinden, sondern auch, anderen mehr Liebe zu zeigen. Wollten wir versuchen, die Goldene Regel ohne Gott zu befolgen, wäre das, als würden wir unsere Energie von einer Batterie beziehen. Es funktioniert eine Zeitlang, aber wenn es früher oder später keine äußere Stromquelle gibt, an der man die Batterie aufladen kann, ist sie schließlich leer und kann keine Energie mehr abgeben.

Ganz anders sieht es aus, wenn Sie nicht aus Ihrer eigenen Kraft heraus handeln, sondern zulassen, dass Gottes Liebe durch Ihr Leben fließt. Mutter Teresa beschrieb diesen Sachverhalt folgendermaßen: „Die Stromleitung sind Sie und ich, die Stromquelle ist Jesus. Wir sind in der Lage, den Strom durch uns hindurchfließen zu lassen, uns von ihm gebrauchen zu lassen und das Licht der Welt darzustellen – Jesus Christus."

Ein Stromkabel verliert seine Kraft nicht, solange es an eine nie versiegende Quelle angeschlossen ist. Und die Liebe Gottes ist nie erschöpft. Aus diesem Grund verbrachte Mutter Teresa jeden Morgen Zeit im Gebet. Sie dachte über das Opfer nach, das er für sie gebracht hatte, und sie „trank" seine Liebe aus der Bibel, damit sie diese Liebe und Barmherzigkeit im Laufe des Tages wie ein Kanal an andere weitergeben konnte.

Ich möchte an dieser Stelle eine Warnung aussprechen: Sie werden unweigerlich irgendwann ernüchtert sein, wenn Sie versuchen, die Goldene Regel aus eigener Kraft in die Tat umzusetzen, ohne Gott zu erlauben, Ihr Herz zu öffnen und durch Ihr Leben zu wirken. Wenn die Goldene Regel Ihre altruistische Seite anspricht und Sie in Erwägung ziehen, sie bloß aus Liebe zu den Menschen umzusetzen, vergessen Sie es.

Wenn die Leute sich nicht erkenntlich zeigen, wenn sie nicht dankbar sind, wenn sie Ihre Großzügigkeit ausnutzen, wenn es niemand zu merken scheint, dass es Ihre Zeit, Energie und Mittel auffrisst, für andere da zu sein, dann werden Sie schnell zynisch und fragen sich, warum Sie sich überhaupt damit abgeben.

Aber der Apostel Johannes schrieb folgendes über Christen: „Wir lieben, weil Gott uns zuerst geliebt hat" (1. Johannes 4,19). Er hat erst etwas *für* uns getan und dann tut er etwas *durch* uns.

Vielleicht kann eine kleine Geschichte illustrieren, wie sich das auswirkt. Ich saß vor einigen Jahren am späten Abend in einem schrecklichen Gewittersturm in einem Flugzeug, das sich dem *Midway Airport* von Chicago näherte. Der Passagier neben mir war ein Ingenieur aus Indien. Während unseres Gesprächs erfuhr ich, dass er vorhatte, den Bus zum *O'Hare Airport* zu nehmen und sich dann von seiner schwangeren Frau und den beiden Kindern abholen zu lassen, die in einem entfernten Vorort wohnten. Für mich klang das ganz so, als seien Frustrationen schon vorgeplant.

„Schauen Sie", sagte ich, „mein Auto parkt am ‚Midway'-Flughafen. Soll ich Sie nach Hause fahren?"

Er war sehr dankbar. Auf der Fahrt erkundigte er sich, warum ich bereit sei, für einen Fremden wie ihn einen Umweg zu fahren. Mit dieser Frage erwischte er mich auf dem falschen Fuß, aber ich versuchte, es ihm zu erklären. „Hat für Sie schon mal jemand etwas Nettes getan, sodass Sie den Wunsch hatten, diese Freundlichkeit auch an andere weiterzugeben?", fragte ich.

Er dachte einen Augenblick nach und nickte dann.

„Genau das ist der Punkt", fügte ich hinzu. „Jesus Christus hat etwas unglaublich Nettes für mich getan."

Im weiteren Verlauf des Gesprächs verstand er, was ich damit meinte. Und das ist nur ein Beispiel dafür, wie man Gottes Liebe in einer Welt weitergeben kann, die sich nach Liebe sehnt.

Entscheiden Sie sich dafür, etwas zu bewegen

Etwas für andere zu tun, was man sich für sich selbst auch wünschen würde, ist schlicht und ergreifend eine Willensentscheidung. Wir müssen uns Tag für Tag bewusst dafür entscheiden, nach der Goldenen Regel zu leben, egal, was alles gegen uns steht.

Wenn wir dies nicht tun, besteht die Gefahr, dass unser Leben so schnell an uns vorbeirauscht, dass wir nicht lange genug innehalten, um überhaupt einen Gedanken an andere Menschen zu verschwenden. Und manchmal lassen wir uns lähmen, weil wir den Berg der Nöte auf der Welt sehen und das Gefühl haben, dass wir sowieso nichts ändern können, egal, was wir machen. Es passiert so schnell, dass wir diese grundlegende Wahrheit vergessen: Kein Bekunden von Mitgefühl für einen anderen Menschen ist verschwendet.

Das wurde mir wieder neu bewusst, als ich die Worte eines neuen ehrenamtlichen Mitarbeiters las, der mit Mutter Teresa unter den Ärmsten der Armen in Kalkutta arbeitete. Auf ihrem Weg durch ein Kinderheim erblickte Mutter Teresa einen Säugling, den man von der Straße gerettet hatte, für den aber jede medizinische Hilfe zu spät kam. Das Kind würde mit Sicherheit noch am selben Tag sterben.

Also nahm Mutter Teresa das Kind auf und gab es dem neuen Mitarbeiter mit einer einfachen Anweisung: „Lass dieses Kind nicht sterben, ohne dass es das Gefühl hatte, geliebt zu sein."

Der Mitarbeiter erzählte später: „Ich hielt das Baby in den Armen und brachte ihm meine ganze Liebe entgegen, bis es abends um sechs Uhr starb. Ich summte ihm stundenlang Brahms Wiegenlied vor, und wissen Sie was? Ich konnte spüren, wie sich dieses Baby, so winzig und schwach es auch war, an mich drückte."[3] Selbst ein sterbendes Kind reagiert auf einen winzigen Ausdruck menschlicher Freundlichkeit.

Sie müssen es nicht auf sich nehmen, die ganze Welt zu verändern. Blicken Sie den Tatsachen ins Auge: Sie schaffen es sowieso nicht. Aber wenn Sie sich anderen gegenüber im Alltag einfach so verhalten, wie Sie sich wünschen, dass diese sich Ihnen gegenüber verhalten – von einfacher Höflichkeit bis hin zu echter Hilfe für Menschen in Not –, werden Sie etwas im Leben des anderen und in Ihrem Leben verändern.

Ich erinnere mich noch lebhaft an einen Vorfall, der sich im Frühjahr ereignete, als ich gerade in der 5. Klasse war. Vor den Pausen am Vormittag und am Nachmittag wählten wir Mannschaften für das Fußballspiel in der Pause.

In den klar festgelegten, aber ungeschriebenen sozialen Strukturen der Klasse gab es zwei Jungen, die ständig ausgeschlossen wurden. Ted war ein Computerfreak, und das im Zeitalter des Rechenschiebers. Er trug eine Brille mit dicken Gläsern, sprach mit einer hohen Stimme und war nicht besonders sportlich. Der andere war Johnny. Er war übergewichtig und rein intellektuell etwas langsam, war in der 5. Klasse zweimal sitzen geblieben und somit älter als wir. Niemand wollte etwas mit den beiden zu tun haben. Und sie waren nicht einmal miteinander befreundet!

Eines Tages schickte unsere Lehrerin Ted und Johnny aus der

Klasse, um etwas zu erledigen. Als die beiden das Klassenzimmer verlassen hatten, wandte sie sich an uns und sagte: „Zweimal am Tag stellt ihr eure Fußballmannschaften zusammen und jedes Mal werden Ted und Johnny als Letzte gewählt. Ich weiß, dass ihr sie nicht verletzen wollt, aber warum versucht ihr das nicht mal zu ändern? Warum tut ihr nicht das für sie, was ihr euch von ihnen auch wünschen würdet?"

Am nächsten Tag war ich Kapitän der einen Mannschaft und durfte mein Team zusammenstellen. Ich sage Ihnen etwas: Ich kann mich heute nicht mehr erinnern, was sich damals alles ereignete, als ich in die 5. Klasse ging. Ich erinnere mich nicht an die Bücher, die wir gelesen haben, nicht an das Klassenzimmer, nicht an den Unterrichtsstoff und an fast keinen meiner Klassenkameraden.

Aber wenn ich die Augen schließe, sehe ich bis heute noch immer den Ausdruck absoluter freudiger Überraschung auf Teds Gesicht, als ich ihn als Ersten in meine Mannschaft wählte. Und ich werde nie den begeisterten Ausdruck auf Johnnys Gesicht vergessen, als der andere Mannschaftskapitän ihn als Ersten in seine Mannschaft aufnahm.

War das eine große Sache? Nein. Veränderte es die Welt? Natürlich nicht. Aber es veränderte etwas in mir. Obwohl seither mehr als vier Jahrzehnte vergangen sind, erinnere ich mich noch daran. Und ich wette, wenn Sie Ted und Johnny finden und nach diesem warmen Frühlingsmorgen im Jahr 1963 fragen würden, würden auch sie sich an alle Einzelheiten erinnern, weil ich sicher bin, dass diese Erfahrung auch etwas in ihnen verändert hat.

Wir hatten sie einfach mit der Würde und dem Respekt behandelt, mit dem wir alle behandelt werden wollten. Und das ist alles, wozu wir uns jeden Tag entscheiden müssen, wenn wir Kellnern und Kassierern, Kollegen und Konkurrenten, Nachbarn und Freunden, Vorgesetzten und Angestellten, Kindern und Eltern, Arbeitnehmern und Unternehmensleitern, Menschen in Not und Menschen begegnen, die sich einfach so durchs Leben wursteln.

Wir müssen uns einfach entscheiden, es zu tun. Wenn uns das gelingt, werden Menschen verändert.

Und wir auch.

Mein Freund Mark Mittelberg kann bestätigen, welche Kraft eine einzige Nettigkeit haben kann. Als er in North Dakota lebte, ging er eines Nachmittags noch schnell in den Supermarkt, um ein paar Dinge zu besorgen. Dort entschloss er sich, seiner Frau Heidi einen Blumenstrauß mitzubringen. Als er an der Kasse stand, bemerkte eine ältere Frau, die in der Schlange vor ihm stand, die Blumen.

„Hat Ihre Frau heute Geburtstag?", erkundigte sie sich.

„Nein", entgegnete er, „ich will ihr einfach nur eine kleine Überraschung mitbringen."

Die Frau seufzte. „Mein verstorbener Ehemann hat das oft gemacht", erwiderte sie wehmütig. „Auf diese Art sagte er: ‚Ich liebe dich.' Aber das ist schon viele Jahre her." Sie lächelte kraftlos. „Sehr viele Jahre." Als sie an der Reihe war, bezahlte die Frau ihre Lebensmittel, drehte sich um und verabschiedete sich. Dann ging sie weg und zog ihre kleine Einkaufstasche hinter sich her. Plötzlich kam Mark eine Idee. Er bezahlte schnell seine Blumen und seine Lebensmittel – und rannte auf den Parkplatz, um die Frau zu finden.

„Hier", sagte er und hielt ihr die Blumen hin. „Ihr Mann ist nicht mehr da, um Ihnen Blumen zu schenken, deshalb möchte ich Ihnen diese hier geben."

Die Frau war von dieser Geste so bewegt, dass sie Mark in ihre nahe gelegene Wohnung zu einer Tasse Tee einlud. Während sie Tee tranken, brachte sie alte Fotografien ihres Mannes herbei und erzählte aus der gemeinsamen Vergangenheit. Sie lebte sichtlich auf.

Später dachte Mark nur noch selten an diese Frau, aber er lebte in *ihrem* Gedächtnis weiter. Ein Jahrzehnt verging, in dem Mark und Heidi einige Male umzogen und schließlich in einem Vorort von Chicago landeten.

Irgendwie gelang es dieser Frau, sie aufzuspüren, und eines Tages bekamen die Mittelbergs an Weihnachten ein Päckchen mit altem Spielzeug für ihre Kinder Emma Jean und Matthew. Die alte Frau erinnerte sich an Mark, weil er ihrem Leben vor so vielen Jahren sozusagen eine Goldene Berührung zuteil werden ließ, und sie freute sich immer noch darüber, weil er sie so behandelt hatte, wie er es sich an ihrer Stelle gewünscht hätte.

Gott sagt uns in der Bibel Folgendes dazu:

„Es genügt aber nicht, dieses Wort nur anzuhören. Ihr müsst es in die Tat umsetzen, sonst betrügt ihr euch selbst! Wer die Botschaft Gottes nur hört, aber nicht danach handelt, ist wie ein Mensch, der in einen Spiegel blickt: Er sieht sich, wie er ist, und betrachtet sich kurz. Aber dann geht er weg – und schon hat er vergessen, wie er aussah. Anders der Mensch, der tief und anhaltend in das vollkommene Gesetz Gottes blickt, das uns frei macht. Er hört nicht nur hin, um es gleich wieder zu vergessen, sondern handelt danach. Freuen darf sich, wer das wirklich tut" (Jakobus 1,22–25).

Sie werden gesegnet, weil Sie Gottes anerkennendes Nicken spüren, wenn Sie seinen Worten gehorchen. Sie werden gesegnet, denn wenn Sie einem anderen Menschen Achtung entgegenbringen, dann zeigen Sie sich im Grunde selbst, dass Sie ebenfalls wertvoll sind. Sie werden gesegnet, wenn Sie Zeuge der Herzen verändernden Wirkung von Freundlichkeit und Mitgefühl bei anderen Menschen werden, gleichgültig, ob es ein Kind ist, das sich an Sie schmiegt, oder eine ältere Frau, deren Tag durch ein paar Euro für Blumen erhellt wird.

Sie werden gesegnet, wenn andere Menschen auf Gott hingewiesen werden, weil sie durch Sie seine Liebe auf ganz reale Art und Weise erfahren haben. Und außerdem werden die Nachfolger Jesu im Himmel gesegnet werden. In der Bibel steht: „Denkt daran: Der Herr wird jeden für seine guten Taten belohnen, gleichgültig ob jemand Sklave ist oder frei" (Epheser 6,8).

Außerdem tragen Ihre einfachen Freundlichkeiten dazu bei, die – wie David Steindl-Rast es nennt – „Spirale der Freude" aufwärts zu bewegen. Er beschreibt diese Spirale so:

„Eine Mutter beugt sich über ihr Kind in der Wiege und gibt ihm eine Rassel. Das Baby erkennt das Geschenk und erwidert das Lächeln der Mutter. Die Mutter freut sich über diesen kindlichen Ausdruck der Dankbarkeit, hebt ihr Kind hoch und gibt ihm einen Kuss. Das ist die Spirale der Freude. Ist nicht der Kuss ein größeres Geschenk als

die Rassel? Ist nicht die Freude, der er Ausdruck verleiht, größer als die Freude, mit der dieser Austausch begann?“[4]

Was für ein wunderschöner Gedanke – dass wir durch eine einzige Entscheidung, uns über unseren Egoismus hinwegzusetzen und einem anderen Menschen spürbar Liebe zu zeigen, in der Lage sein können, diese Spirale in Gang zu setzen, die andere Menschen so segnet, wie Gott uns segnet.

Das ist die außergewöhnliche Kraft der Goldenen Regel.

11. Behauptung

Der Himmel ist mehr als reines Wunschdenken

Es war ein sonniger und schöner Tag im August 1990, als Tobin McAuley, sein bester Freund und ihre beiden Freundinnen einen Katamaran mieteten, um an der Küste von Mexiko zu segeln. Etwa zwei Meilen vom Strand entfernt sprangen Tobins Freund und die Mädchen in die warme See, um ein bisschen zu schwimmen.

Sie lachten und plantschten im Wasser – bis Tobins Freund plötzlich um Hilfe rief, da er unter Krämpfen in den Beinen litt. Rasch manövrierte Tobin den Katamaran so dicht wie möglich an die Schwimmenden heran. Die Mädchen kletterten an Bord. Tobin schaute sich auf dem Boot schnell nach Schwimmwesten um, aber es gab keine. Also sprang er ohne Weste ins Wasser, um seinen Freund zu retten.

Das Problem war, dass die Mädchen nicht wussten, wie man einen Katamaran segelt. Verzweifelt versuchten sie, den Katamaran neben den Jungs zu halten, aber die Strömung trieb diesen schneller von ihnen weg, als Tobin und sein Freund zu ihm hin schwimmen konnten. Schon bald war der Katamaran außer Sicht – und der 29-jährige Tobin und sein 30 Jahre alter Freund ertranken.[1]

Wenn Soldaten in den Krieg ziehen, laufen sie Gefahr, nie mehr zurückzukehren. Wenn Menschen eine ernste Krankheit bekommen, ist ihnen bewusst, dass sie diese Krankheit vielleicht nicht überleben werden. Aber wenn Urlauber auf einen Segeltrip gehen, gehen sie nicht davon aus, dass das ihre letzten Augenblicke auf dieser Welt sein könnten.

Und doch habe ich im Laufe der Jahre immer wieder erlebt, dass der Tod an Tagen vorbeikommt, die eigentlich ganz sonnig und wunderschön begonnen hatten.

Als ich in der 5. Klasse war, spielten mein Freund Bart und ich an einem warmen Oktobertag nach der Schule noch gemeinsam. Als es Zeit war, nach Hause zu gehen, ging ich Richtung Süden zu meinem Elternhaus, und Bart und sein kleiner Bruder fuhren mit ihren Fahrrädern in Richtung Westen nach Hause.

Als sie an eine stark befahrene Bundesstraße kamen, rutschte Barts Fuß von den Pedalen. Er konnte nicht mehr bremsen, und bevor er die Kontrolle über sein Fahrrad zurückerlangt hatte, rollte er schon direkt in einen vorbeifahrenden Lastwagen hinein. Während sein hilfloser Bruder ihn in den Armen hielt, füllten sich Barts Lungen mit Blut, und er starb.

Es war ein sonniger Tag im Jahr 1979, als mein Vater auf dem Weg zu seinem Pendlerzug auf der Bundesstraße unterwegs war. Ohne Vorwarnung bekam er einen Herzinfarkt und war tot, bevor das Auto am Straßenrand zum Stehen kam.

1982 stand mein Freund Frank mitten in der Nacht auf, weil ihm schlecht war. Da er erst Mitte 30 war, vermutete er nichts Ernstes und hielt seine Beschwerden für eine Magenverstimmung. Aber er brach tot zusammen und hinterließ eine Witwe, einen sechsjährigen Sohn und eine vierjährige Tochter.

Als Journalist habe ich Hunderte von Fällen erlebt, bei denen Menschen in einen Tag hineingingen, der wie immer anfing, aber tragisch endete. Sie wurden Opfer von betrunkenen Autofahrern, Straßenräubern, Schüssen aus einem vorbeifahrenden Wagen, Autodieben, Autounfällen, Unfällen im Haushalt, Feuer, medizinischen Störungen oder Flugzeugabstürzen. Jedes Jahr sterben allein in unserem Land 6.000 Menschen beim Überqueren der Straße!

Ich möchte Sie nicht unnötig beunruhigen. Doch manche Menschen leben tatsächlich so, als ob ihnen wirklich die durchschnittliche Lebenserwartung von etwa 80 Jahren sicher wäre. Sie ist es aber nicht.

Es gibt eine alte Redensart, die besagt, dass nur zwei Dinge im Leben sicher sind: der Tod und die Steuern. Aber während Sie bei Ihren Steuern schummeln können, kann keiner von uns den Tod betrügen. Es ist unschön, unnatürlich und krankhaft effizient: Jeder muss sterben. Jemand sagte einmal etwas zynisch, dass das Leben eine Krankheit mit einer Sterblichkeitsrate von 100 Prozent sei, die auf sexuellem Wege übertragen würde.

Und die Menschen fürchten das Ende. Ein Drittel der Amerikaner haben solche Angst vor dem Tod, dass sie emotional nicht in der Lage sind, über ihr Ableben nachzudenken. Die Menschen fürchten den Todesschmerz, das Ungewisse, die Trennung von den Personen, die sie lieben, und die Zersetzung ihres Körpers. Sie können dieser Tatsache einfach nicht ins Auge blicken.

Den Kühlschrank abstellen

Andererseits scheinen aber immer mehr Menschen von diesem Thema fasziniert zu sein. Erfolgreiche Filme wie „The Sixth Sense" und „Ghost" beschäftigten sich mit dem Tod und der Frage, was danach kommt. Vor nicht allzu langer Zeit ging es in drei der zehn meistverkauften Bücher auf den Bestsellerlisten um dieses Thema. Über 300.000 Menschen kauften ein Buch über das Sterben, in dem ein Arzt sehr detailliert schilderte, wie es ist, an den unterschiedlichsten Krankheiten zu sterben. Bücher über Nahtoderfahrungen boomen.

Warum dieses große Interesse? Vor allem, weil der Großteil der Generation der Babyboomer 1996 das 50. Lebensjahr überschritten hatte und plötzlich die Risiken des Alters nicht mehr so weit entfernt waren. Ihre Eltern starben, und die Babyboomer selbst erreichten ein Alter, in dem Herzinfarkte und Krebs ihren Tribut fordern. Nun war die Wahrscheinlichkeit, selbst zu sterben, nicht mehr nur eine abstrakte mathematische Spekulation, sondern eine zunehmend realistische Möglichkeit.

Aus diesem Grund stellen immer mehr Menschen die Frage, die schon Hiob vor Tausenden von Jahren gestellt hat: „Doch kommt ein Toter je zurück ins Leben?" (Hiob 14,14). Was könnte es Wichtigeres geben als die Antwort auf diese Frage?

Selbst die ständig witzelnde Murphy Brown schlug sich mit dieser Frage herum. In einer unvergesslichen Folge der Sitcom, die nach der fiktiven Fernsehreporterin benannt war, machte sie sich Gedanken darüber, dass ihr Sohn Avery sie eines Tages fragen könnte, was passierte, wenn ein Mensch starb. Sie wollte dann eine Antwort parat haben.

Sie dachte an das zurück, was ihr Vater ihr erzählt hatte, als sie als Kind dieselbe Frage stellte: „Wenn du den Kühlschrankstecker ziehst, läuft der dann weiter?", fragte er einfach. Das verwirrte sie jedoch mehr, als dass es ihr eine Antwort gab. „Als ich zwischen fünf und sieben Jahre alt war", so Murphy, „dachte ich, wenn man sterbe, komme einfach der Laster einer Wohltätigkeitsorganisation und transportiere einen ab."

Also wandte sich Murphy an ihre Freunde und fragte sie nach ihren Gedanken zum Sterben, aber deren Vorschläge waren auch nicht sonderlich hilfreich.

Murphy Brown auf der Suche nach Antworten

Murphys Kollege Frank Fontana gestand, dass er seine Ansicht über das Leben nach dem Tod daran anpasste, ob seine aktuelle Freundin Hindu, Buddhistin oder Rastafari war. Murphys Produzent Miles Silverberg erklärte ihr: „Schau, ich bin Jude, und wir reden nicht viel über Himmel und Hölle. Wir konzentrieren uns auf das Hier und Jetzt. Wir sind in dieser Hinsicht fast wie Unitarier, abgesehen davon, dass es bei ihnen keine Gefilte Fisch gibt."

Murphy hoffte, ein paar solide Antworten von Moderator Jim Dial zu bekommen, der ein regelmäßiger Kirchgänger war. Aber als sie ihn fragte, was sein sonntäglicher Gottesdienstbesuch ihm für den Umgang mit Leben und Tod brachte, war er ehrlich genug zuzugeben, dass es ihm nichts brachte. Er sagte, er hoffe, eines Tages einen richtigen Glauben zu bekommen, der für ihn in dieser Hinsicht etwas verändern würde, wenn er sich nur tief genug in die Religion versenken würde.

Und Corkie Sherwood, der alberne, wiedergeborene christliche Reporter konnte Murphy nur ein paar Plattitüden anbieten, bevor er sie zu einer Gemeindetombola einlud, bei der sie mit etwas Glück einen passenden Mann kennenlernen oder ein neues Auto gewinnen konnte.

Niemand konnte Murphy Brown weiterhelfen – bis sie mit Eldon, einen Anstreicher und Vertrauten, sprach. „Ich *glaube* an ein Leben nach dem Tod", sagte er, „aber nicht so, wie du vielleicht denkst. Ich glaube, dass man in den Dingen weiterlebt, die man erschafft. Für mich ist das meine Kunst. Dort erlange ich Unsterblichkeit. Vielleicht gibt es für dich ja etwas Ähnliches."

Unglaublicherweise stellte diese Antwort Murphy Brown zufrieden! Sie dankte Eldon für seine Erkenntnis und ging – erstaunlicherweise – mit neuer Zuversicht weg. Aber würde Sie diese Antwort zufriedenstellen?

Natürlich ist es nett, wenn Sie etwas zurücklassen, das die Welt ein bisschen besser macht, als sie es ohne Sie war. Aber wenn das alles ist – wenn wir andernfalls zu ewiger Auslöschung verdammt wären wie ein ausgeschalteter Kühlschrank –, nun, das fände ich persönlich nicht besonders zufriedenstellend!

Aus diesem Grund stammt eines meiner Lieblingszitate von Jesus aus seinem Gespräch mit Martha über den Tod von Lazarus, der ihr Bruder und ein guter Freund von Jesus war. Jesus sagte zu ihr: „Ich bin die Auferstehung und das Leben. Wer mich annimmt, wird leben, auch wenn er stirbt, und wer lebt und sich auf mich verlässt, wird niemals sterben, in Ewigkeit nicht. Glaubst du mir das?" (Johannes 11,25–26).

Im Prinzip machte Jesus die folgende erstaunliche Aussage: „Es gibt ein Leben nach dem Tod. Das ist keine Einbildung, kein Produkt unserer Fantasie und kein Wunschdenken. Ich werde es dir beweisen, indem ich Lazarus nach vier Tagen im Grab wieder zum Leben erwecken werde. Und später werde ich es endgültig beweisen, indem ich selbst das Grab verlasse."

Für Christen, die sich manchmal im Stillen fragen, ob der Gedanke an den Himmel zu abstrus oder fantastisch ist, und für Skeptiker, die vermuten, dass dieser eher das Produkt einer lebhaften Fantasie als konkreter Realität ist, gehört diese unmissverständliche Aussage Jesu zweifellos zu seinen provokantesten.

Aber ist sie wahr? Und wenn ja, wie können wir da sicher sein?

Die Bedeutung der Auferstehung

Gary Habermas, ein bärtiger, hockeybegeisterter Wissenschaftler, der mehr wie der Türsteher eines Nachtclubs als ein Universitätsprofessor aussieht, ist weltweit als eine der führenden

Autoritäten in Bezug auf die Auferstehung Jesu anerkannt. Er schrieb seine Doktorarbeit über dieses Thema an der *Michigan State University* und verfasste mehrere überzeugende Bücher, in denen er den Beweis antrat, dass Jesus wirklich von den Toten auferstanden ist. 1985 machte er die Argumente des renommierten Atheisten Antony Flew in einem großen Streitgespräch zunichte, in dem es um die Frage ging, ob die Auferstehung ein tatsächliches geschichtliches Ereignis ist. Von den fünf unabhängigen Philosophen, die die Jury bildeten, stimmten vier für den Sieg von Habermas. Der letzte Philosoph war unentschieden.

Ich lernte ihn vor vielen Jahren kennen, als *Willow Creek* ihn einlud, bei einer Veranstaltung über die Auferstehung zu sprechen, die von über 5.000 Menschen besucht wurde, von denen die meisten spirituell auf der Suche waren. Da wir so viel Zeit miteinander verbrachten, erlaubte ich mir, ihm in meiner Neugier eine Frage zu stellen.

„Sie haben so viel Zeit und Energie darauf verwendet, die Auferstehung zu erforschen und zu verteidigen", sagte ich. „Was treibt Sie an? Warum ist Ihnen diese Frage so wichtig?"

„Das ist ganz einfach", erwiderte er. „Jeder winzige Beweis für die Auferstehung Jesu Christi ist auch ein Beweis für meine eigene Auferstehung."

Wenn man es so formuliert, dann hat jeder von uns ein persönliches Interesse an dieser Frage, einschließlich der Christen, die sich nach zusätzlicher Gewissheit sehnen, dass ihr Glaube eine gute Investition ist, und einschließlich aller realen Murphy Browns der Welt, die sich nicht sicher sind, wo sie geistlich gesehen stehen.

Natürlich sagt uns unsere alltägliche Erfahrung, dass Schweine nicht sprechen können (trotz des Films „Ein Schweinchen namens Babe"), dass der Nikolaus nicht den Schornstein hinunterklettert (trotz Tim Allens Weihnachtsfilm) und dass tote Menschen nicht wieder lebendig werden.

Aber in der Bibel wird behauptet, dass Jesus tatsächlich von den Toten zu den Lebenden zurückkehrte. „Ist aber Christus nicht auferweckt worden, so ist euer ganzer Glaube vergeblich", sagte der Apostel Paulus (1. Korinther 15,17). Aber wenn es stimmt, können wir hoffen, dass wir als Nachfolger Jesu eines

Tages den Tod selbst überwinden und die Ewigkeit mit ihm verbringen werden.

Für uns hängt die Existenz des Himmels davon ab, ob sich die Auferstehung tatsächlich ereignet hat. Deshalb ist sie für den christlichen Glauben von so zentraler Bedeutung. J. I. Packer sagte, dass Christen, die nach Beweisen für die Stichhaltigkeit ihres Glaubens gefragt werden, unausweichlich auf die Auferstehung verweisen:

„Das Ostergeschehen, so bekräftigen sie, beweist die Gottheit Jesu; es untermauert seine Lehre; es beglaubigt die Vollendung seines Werkes, nämlich der Sühne der Sünden; es bestätigt seine momentane kosmische Herrschaft und seine Wiederkunft als Richter; es garantiert, dass seine persönliche Vergebung, Gegenwart und Kraft im Leben der Menschen auch heute noch eine Tatsache ist; und es garantiert jedem Christen einen neuen Körper durch die Auferstehung in der zukünftigen Welt.“[2]

Bei so viel Herumreiten auf der Auferstehung fragt man sich, wie verlässlich die Beweise dafür sind, dass sie sich tatsächlich zugetragen hat. Wie sehr können wir uns darauf verlassen? Ich gehe an dieses Thema selbst als Fragender heran.

Das Gewicht der geschichtlichen Beweise

Wer ist Ihrer Ansicht nach der erfolgreichste Anwalt der Welt? Johnny Cochran? F. Lee Bailey? Mark Geragos? Der Anwalt, der den Prozess gegen *McDonald's* wegen der berühmten verschütteten Tasse brühheißen Kaffees gewonnen hat?

Es gibt für die Beantwortung solcher Fragen eine zuverlässige Quelle: das „Guinness-Buch der Weltrekorde“. Hier steht, dass Sir Lionel Luckhoo der erfolgreichste Anwalt der Welt sei. Er hat das erstaunliche Kunststück vollbracht, was bisher niemand auch nur annähernd geschafft hat: 245 Mordprozesse in Serie zu gewinnen, entweder direkt vor dem Geschworenengericht oder in der Berufungsverhandlung.[3]

Welche unheimlichen Fähigkeiten braucht ein Anwalt wohl, um diese noch nie da gewesene Leistung vor Gericht zu erbringen? Mit Sicherheit muss er geschickt sein, er muss intelligent sein, er muss extrem analytisch denken können, um vermeintlich wasserdichte Fälle auseinander nehmen zu können, und er muss Weltklasse haben, um verlässliche und überzeugende Beweise zu erbringen.

Wäre es bei dieser Qualifikation nicht interessant, Luckhoos messerscharfe Analyse der Beweise für die Auferstehung Jesu zu haben? Glücklicherweise haben wir diese, weil sich der ehemalige Skeptiker die Zeit nahm, seine umfassende Rechtserfahrung zu nutzen, um sich mit diesem Thema zu beschäftigen.

Und hier ist seine Schlussfolgerung: „Ich sage unmissverständlich, dass die Beweise für die Auferstehung Jesu Christi so überwältigend sind, dass sie mit einer Sicherheit angenommen werden muss, die absolut keinen Raum für Zweifel lässt.“[4]

Da er absolut davon überzeugt war, dass Jesus in einer unwiderlegbaren Demonstration seiner Göttlichkeit von den Toten auferstanden ist, tat Luckhoo das Logischste, was er tun konnte: Er nahm Jesu Vergebung und Führung für sich in Anspruch. „Mein Leben vollzog eine 180-Grad-Wende“, sagte er später. „Ich fand echten Frieden, Glück, Freude, Gerechtigkeit und Heiligkeit.“[5]

Mir gefällt Luckhoos Geschichte, weil ich die Auferstehung lange für ein witziges Märchen hielt. Schließlich hatte mich die *Yale Law School* darin geschult, durch und durch rational zu sein, und die Jahre, in denen ich mich darum bemühte, Artikel für die *Chicago Tribune* zu verfassen, hatten meine von Natur aus zynische Persönlichkeit nur noch verstärkt.

Aber da mich die Veränderungen, die ich an meiner Frau beobachten konnte, nachdem sie Christ geworden war, verwirrten, verbrachte ich zwei Jahre damit, meine journalistische und juristische Erfahrung systematisch zu nutzen, um nach Beweisen für die Auferstehung und die Glaubwürdigkeit der Behauptung Jesu zu suchen, er sei Gott. Wie Luckhoo war auch ich schließlich hundertprozentig überzeugt und vertraute mein Leben Jesus an – und heute lebe ich wie Habermas mit der Sicherheit, dass die Auferstehung Jesu ein herrlicher Wegbereiter meiner eigenen Auferstehung ist.

Um Ihre persönliche Sicherheit zu stützen, möchte ich einige der Beweise zusammenfassen, die ich besonders überzeugend fand. Anfangen werde ich mit der Beschreibung von Jesu Tod.

Man nennt es die „Ohnmachtstheorie" – die Vorstellung, dass Jesus am Kreuz einen Ohnmachtsanfall erlitt oder ein Mittel eingenommen hatte, das ihn nur tot erscheinen ließ. Und dann belebte ihn die kühle Luft des Grabes wieder und er kam lebend heraus. Folglich gab es keine wunderbare Auferstehung, da Jesus ja nicht wirklich gestorben war.

Auch wenn es keine angesehenen Wissenschaftler gibt, die diese Ansicht vertreten, erschien zu diesem Thema vor einigen Jahren ein populäres Buch, und es wird von Skeptikern immer wieder gerne angeführt. Ehrlich gesagt war ich selbst neugierig, als ich die verschiedenen Möglichkeiten durchdachte, aber es dauerte nicht lange, bis ich den Trugschluss dieser Haltung erkannte.

Nach der Verurteilung Jesu berichtet der Augenzeuge Johannes: „Da ließ Pilatus Jesus abführen und auspeitschen" (Johannes 19,1). Die meisten Menschen lesen über diesen Satz hinweg, aber ein Arzt namens Dr. C. Truman Davies untersuchte die römische Praxis des Auspeitschens im 1. Jahrhundert. Er kam zu dem Schluss, dass Jesus so unbarmherzig ausgepeitscht wurde, dass er sich schon am Rand des Todes befand.

Jesus wurde an einen Pfosten gefesselt und mindestens 39 Mal geschlagen – und vermutlich öfter – mit einer Peitsche, in die Knochensplitter und Bleikügelchen eingebunden waren. Immer wieder wurde die Peitsche mit voller Wucht auf seine bloßen Schultern, seinen Rücken und seine Beine geschlagen. Davis erläutert weiter:

„Zuerst dringen die schweren Schläge nur durch die Haut. Aber werden die Schläge fortgesetzt, dringen sie in die unter der Haut liegenden Schichten vor, wo sie zuerst das Blut aus den Blutgefäßen und Venen der Haut sickern lassen und schließlich arterielle Blutungen in den darunter liegenden Muskelschichten verursachen. Die kleinen Bleikugeln rufen zunächst große und tiefe Blutergüsse hervor, die bei den folgenden Schlägen aufbrechen. Schließlich hängt die Haut des Rückens in langen Fetzen herab und der ganze Bereich ist eine unkenntliche Masse von aufgerissenem, blutendem Gewebe."[6]

Ein Zeuge einer römischen Geißelung gab folgende Beschreibung ab: „Die Venen des Opfers lagen bloß und die Muskeln, Sehnen und Eingeweide waren deutlich zu sehen.“[7] Manche Opfer starben, noch bevor sie es ans Kreuz schafften. Jesus war ohne Zweifel bereits vor dem eigentlichen Beginn der Kreuzigung in einem sehr kritischen körperlichen Zustand. Es ist kein Wunder, wenn uns berichtet wird, dass er nicht in der Lage war, sein Kreuz selbst zu tragen.

Auch wenn Mel Gibsons Film „Die Passion Christi“ wegen seiner anschaulichen Beschreibung der Geißelung Jesu viel Kritik einstecken musste, war die tatsächliche Geißelung zweifellos noch viel schlimmer, als Gibson sie dargestellt hat. Als ich die Möglichkeit hatte, Gibson über seinen Film zu interviewen, deutete ich an, er hätte die Gewaltszenen etwas mildern können, um der Kritik aus dem Weg zu gehen. Er schaute mich mit großen Augen an und sagte: „Kumpel, ich *habe* die Gewalt gemindert!“ Hätte er die Schläge so gezeigt, wie sie tatsächlich gewesen waren, wären die Zuschauer vor Schreck aus den Kinosälen geflohen.

Christus litt für uns

Später wurden 10 bis 15 Zentimeter lange Nägel durch Jesu Hand- und Fußgelenke getrieben. Dr. Alex Metherell, ein weiterer Arzt, der sich umfassend mit der Kreuzigung beschäftigt hat, erklärte mir, dass das einen lähmenden Schmerz verursacht, ähnlich dem, der hervorgerufen wird, wenn man den Musikantenknochen mit einer Zange quetscht. Der Tod durch Kreuzigung war so brutal, dass man ein neues Wort dafür prägte – „kreuzigen“ stammt von dem lateinischen Wort *excruciare* (dt.: martern, foltern) ab, was so viel bedeutet wie „aus dem Kreuz heraus“.

Nachdem seine Hände und Füße fest angenagelt waren, wurde das Kreuz in die Höhe gezogen, und Jesus musste daran hängen. Dr. Metherell sagte, dass der Tod durch Kreuzigung in erster Linie ein langsamer Erstickungstod sei.

Durch die Anspannung seiner Muskeln konnte Jesus einatmen, aber erst dann ausatmen, wenn er sich mit den Füßen etwas nach oben drückte, um den Druck von seiner Brust zu nehmen. Natürlich war das extrem schmerzhaft, weil sein blutender Rücken dabei an dem rauen Holz des Kreuzes scheuerte und weil seine Füße angenagelt waren. Nach Stunden des Hochdrückens und Atmens setzte die Erschöpfung ein.

Wenn die römischen Henker den Tod beschleunigen wollten, zerschlugen sie dem Opfer die Schienbeinknochen, damit es sich nicht mehr hochdrücken konnte. Dann hing das Opfer schwach da, während sich seine Lungen mit Kohlendioxid füllten und es langsam erstickte. Das taten die Henker mit den beiden Verbrechern, die rechts und links neben Jesus gekreuzigt wurden.

Aber als sie zu Jesus kamen, sahen sie, dass er bereits tot war. Um jedoch ganz sicherzugehen, stieß ihm einer der Soldaten einen Speer in die Rippen, traf dabei den Herzbeutel und das Herz selbst, woraus eine klare Flüssigkeit und Blut austraten. Daraufhin bestätigten die römischen Fachleute seinen Tod.

Es ist eindeutig: Jesus hat die Qual des Kreuzes nicht überlebt. „Das Gewicht der historischen und medizinischen Beweise legt nahe, dass Jesus bereits tot war, noch bevor ihm die Wunde in der Seite zugefügt wurde“, schloss ein maßgeblicher Artikel im anerkannten *Journal of the American Medical Association*. „Alle Interpretationen, die von der Annahme ausgehen, dass Jesus nicht am Kreuz gestorben sei, widersprechen modernem medizinischem Wissen.“[8]

Selbst wenn Jesus alles infrage stellen wollte, was er gelehrt hatte, indem er die Menschen bewusst täuschte, selbst wenn er das Kreuz überlebt hätte, selbst wenn es ihm gelungen wäre, seinem Kokon aus Leinenbinden zu entkommen, der mit 35 Kilo Gewürzen getränkt war, selbst wenn er den riesigen Felsklotz vor seinem Grab weggerollt hätte – einen Felsen, der so schwer war, dass ihn 20 Männer nicht bewegen konnten, wie ein zeitgenössischer Bericht besagt – und selbst wenn es ihm gelungen wäre, an der römischen Wache vorbeizukommen: Überlegen Sie, in welchem Zustand er sich befunden hätte, als er seinen Jüngern erschien!

Er hätte sie kaum mit Mut erfüllt und die Begeisterung bei ihnen ausgelöst, eines Tages selbst einen solchen Auferstehungskörper zu bekommen. Wenn er sich in einem schrecklichen körperlichen Zustand befunden hätte, hätte sie das zweifellos nicht veranlasst, seine Wiederkehr so triumphierend zu verkünden und eine weltweite Bewegung zu gründen. Sie wären schockiert gewesen. Sie hätten sich vor all dem Blut und seinen Wunden geekelt. Sie hätten ihn bedauert und ihn zum Arzt gebracht.

Nein, die Ohnmachtstheorie ergibt keinen Sinn. Es besteht kein Zweifel: Jesus starb an Karfreitag. Aber Gott sei Dank, wie Tony Campolo gerne sagt, kam der Sonntag! Und es gibt fünf Kategorien von Beweisen, die bestätigen, dass die Auferstehung ein tatsächliches historisches Ereignis war, das an diesem Tag stattfand.

Frühe Berichte: das zuverlässige Zeugnis der Geschichtsschreibung

Ich war überzeugt, dass die historischen Dokumente, die das Neue Testament enthält und die die Auferstehung beschreiben, so fehlerhaft waren, dass man sie einfach nicht verifizieren konnte, weil sie so lange Zeit – vielleicht 100 Jahre – nach den damaligen Ereignissen verfasst wurden. Wie mir ein Professor im College erklärte, entwickelten sich in der Zwischenzeit Legenden und Wunschdenken und verdrehten die Tatsachen über die Person und das Leben Jesu unwiederbringlich.

Aber dann fand ich heraus, dass viele Wissenschaftler zu dem Schluss kommen, dass zwischen dem Leben Jesu und der Überzeugung, dass er der auferstandene Sohn Gottes sei, keine so große zeitliche Lücke klaffte. Der Schlüssel liegt darin, genau zu datieren, wann die Apostelgeschichte verfasst wurde, da sie über die Ausbreitung der ersten Gemeinden berichtet. Von da ausgehend kann man dann herausfinden, wann die Berichte über die Auferstehung aufgezeichnet wurden.

Jesus wurde im Jahr 30 oder 33 unserer Zeitrechnung gekreuzigt. In seinem Buch *Scaling the Secular City* zitiert der Wissenschaftler J. P. Moreland ein halbes Dutzend vernünftige Gründe, die den Schluss nahelegen, dass die Apostelgeschichte vor den 60er Jahren des 1. Jahrhunderts verfasst wurde.

Die drei Hauptpersonen der Apostelgeschichte – Petrus, Paulus und Jakobus – wurden beispielsweise alle zwischen 61 und 65 nach Christus getötet. Davon findet sich aber keine Erwähnung in der Apostelgeschichte, die sonst viele andere Details aus ihrem Leben berichtet. Auch berichtet die Apostelgeschichte nichts über die Christenverfolgungen unter Kaiser Nero Mitte der 60er Jahre oder dem Krieg zwischen den Juden und den Römern, der 66 n. Chr. ausbrach. Mit Sicherheit wäre all dies in der Apostelgeschichte erwähnt worden, wenn sie *nach* diesen Ereignissen verfasst worden wäre. Also muss sie *davor* geschrieben worden sein.[9]

Experten sind sich einig, dass der Historiker Lukas der Verfasser der Apostelgeschichte ist, und in der Apostelgeschichte steht ausdrücklich, dass es sich um den zweiten Teil eines zweiteiligen Werkes handelt. Der erste Teil ist das Lukasevangelium – das ebenso bestätigt, dass Jesus der auferstandene Sohn Gottes ist. Also wissen wir, dass es vor der Apostelgeschichte geschrieben wurde.

Die meisten Historiker sind sich auch einig, dass das Markusevangelium – das ebenfalls bezeugt, dass Jesus der auferstandene Sohn Gottes ist – vor dem Lukasevangelium geschrieben wurde, da Lukas offensichtlich einiges davon in sein eigenes Evangelium integriert hat. Folglich liegt der Bericht von Markus zeitlich noch dichter an den Ereignissen von Jesu Leben. Es gibt in der Tat Beweise dafür, dass eine wichtige Quelle, die Markus verwendete, als er von dem leeren Grab berichtete, nicht später als 37 nach Christus datiert werden kann.[10]

Nun ist der zeitliche Abstand so gering, dass nirgendwo mehr genug Zeit für Legendenbildung ist, die den historischen Bericht verfälschen könnte. A. N. Sherwin-White, ein anerkannter Experte für antike römische und griechische Geschichte an der Universität von Oxford, kam zu dem Schluss, dass selbst *zwei ganze Generationen* nicht ausgereicht hätten, damit die Legendenbildung genügend Zeit gehabt hätte, ein solides Fundament historischer Fakten auszulöschen.[11]

Mehr noch: Es gibt in der frühen Kirche ein Glaubensbekenntnis, das der Apostel Paulus in seinem 1. Brief an die Gemeinde in Korinth zitiert, welches bestätigt, dass Jesus für unsere Sünden getötet und begraben wurde und am dritten Tag auferstanden ist, wie es in der Bibel vorhergesagt wurde. Auf der Grundlage verschiedener Faktoren datieren manche

Wissenschaftler dieses Glaubensbekenntnis auf 24 bis 36 *Monate* nach der Auferstehung. Und die Augenzeugenberichte, die ihm zugrundeliegen, gehen bis zu den Ereignissen am Kreuz selbst zurück.[12] Für Historiker sind das im Grunde brandaktuelle Nachrichten!

Als Paulus in seinem 1. Brief an die Korinther erwähnte, dass der auferstandene Jesus 500 Menschen auf einmal erschienen sei, verwies er ausdrücklich darauf, dass viele von ihnen noch am Leben waren, als er diesen Brief verfasste (1. Korinther 15,6). Im Prinzip sagte er damit: „Das passierte erst vor so kurzer Zeit, dass die Augenzeugen immer noch leben – fragt sie selbst, wenn ihr mir nicht glaubt, und sie werden euch sagen, dass alles der Wahrheit entspricht!“

Das zeigt, wie sicher er sich war, deshalb können auch wir auf die Zuverlässigkeit der biblischen Berichte in Bezug auf die Auferstehung vertrauen.

Nachdem er alle relevanten historischen Beweise ausgewertet hatte, zog der Wissenschaftler William Lane Craig den folgenden Schluss:

„Innerhalb von zwei Jahren nach dem Tod Jesu scheinen eine signifikante Anzahl von Jesu Nachfolgern eine Sühnelehre formuliert zu haben. Sie waren überzeugt, dass er in körperlicher Gestalt von den Toten auferstanden und mit Gott vereint ist, und glaubten, für alle diese Überzeugungen Untermauerung im Alten Testament zu finden.“[13]

Das leere Grab: Ganz klar – die Leiche ist weg

Während der Gerichtsverhandlung gegen Jesus war Kaiphas, der von 18 bis 37 nach Christus als Hohen Priester fungierte, wie historisch belegt ist, Chefankläger. Es war Kaiphas, der Jesus der Gotteslästerung bezichtigte, weil dieser behauptet hatte, Gott zu sein, und es war Kaiphas, der ihn zur Vollstreckung des Todesurteils an Pilatus übergab.

Vor nicht allzu langer Zeit fanden Archäologen bei Ausgrabungen in Jerusalem das Grab von Kaiphas und seiner Familie. Aber obwohl man das Grab seines Anklägers gefunden hat, hat bis zum heutigen Tag niemand den Leichnam Jesu gefunden.[14]

Jesus wurde in ein Grab gelegt, das Josef von Arimathäa gehörte, einem prominenten Mitglied des Jüdischen Rates. Die Grabkammer wurde versiegelt und unter schwere Bewachung gesetzt. Und trotzdem wurde es am Ostermontag leer vorgefunden, und zwar – und das ist sehr wichtig – von ein paar Frauen.

Die Tatsache, dass der biblische Bericht darauf verweist, dass Frauen das leere Grab gefunden haben, macht diese Berichte besonders glaubwürdig. Der Grund: Frauen hatten in der jüdischen Gesellschaft einen geringen Status und waren vor Gericht nicht einmal als Zeugen zugelassen. Wenn die Jünger die Geschichte also ausgedacht oder beschönigt hätten, wären zweifellos Männer diejenigen gewesen, die das leere Grab entdeckt hatten, da ihr Zeugnis als glaubwürdiger gegolten hätte. Dass die biblischen Autoren die für damalige Verhältnisse peinliche Tatsache berichteten, dass Frauen als Erste das leere Grab sahen, ist nur ein weiterer Hinweis darauf, dass sie so genau wie möglich berichten wollten, was sich tatsächlich zugetragen hatte.

Aber wie Habermas ausführte, ist der wichtigste Beweis für das leere Grab, dass nie jemand behauptet hat, es sei etwas anderes als leer gewesen. Selbst die Feinde Jesu gaben zu, dass es an Ostern leer war. Sie versuchten, die Wachen zu bestechen, damit diese sagten, die Jünger Jesu hätten den Leichnam gestohlen, während sie selbst geschlafen hatten. Das ergab natürlich keinen Sinn, da den Jüngern Jesu sowohl das Motiv als auch die Gelegenheit dazu fehlten. Davon abgesehen: Woher hätten die Wachen wissen sollen, dass es die Jünger waren, wenn sie doch angeblich geschlafen hatten?

Fakt ist jedoch: Als die Jünger erklärten, das Grab sei leer, reagierten die Feinde Jesu nicht darauf, indem sie sagten: „Oh nein, ist es nicht“, oder: „Ihr habt in das falsche Grab geschaut.“ Stattdessen gaben sie zu, dass es leer war.

Die Frage ist nun, *wie* es leer wurde. Als ich als Skeptiker versuchte, dieses Geheimnis zu lüften, ging ich eine ganze Liste von Verdächtigen durch, stellte aber fest, dass allen das Motiv fehlte. Die Römer beispielsweise hätten den Leichnam nicht genommen; es lag in ihrem Interesse, dass Jesus tot war. Die jüdischen Führer hätten den Leichnam nicht genommen; es lag in ihrem Interesse, dass Jesus tot *blieb*. Beide Gruppen hätten Jesu leblosen Körper liebend gern durch die Hauptstraßen von Jerusalem getragen, denn das hätte der sich rasch ausbreitenden christlichen Bewegung umgehend einen Dämpfer versetzt, deren Verbreitung sie mit so viel Energie bekämpften.

Die Jünger hätten zum einen große Risiken eingehen und Schwierigkeiten überwinden müssen, um den Leichnam zu stehlen. Zum anderen brachte ihnen ein solcher Betrug nichts. Warum sollten sie ein Leben voller Entbehrungen und Leid führen und dann zu Tode gequält werden für etwas, von dem sie wussten, dass es eine Lüge war? Wenn sie sich diese Farce ausgedacht hätten, wäre sicher einer von ihnen unter der Folter zusammengebrochen und hätte die Wahrheit verraten.

Charles Colson kann das bestätigen. Als Berater von Präsident Richard Nixon während des *Watergate*-Skandals sah er selbst, wie Verschwörungen unter Druck scheiterten:

„Ist es wirklich wahrscheinlich, dass eine bewusste Vertuschung, eine Verschwörung, die eine Lüge über die Auferstehung verbreitet, die gewaltsame Verfolgung der Apostel, die genaue Überprüfung durch die ersten Konzile, die schrecklichen Säuberungsaktionen während des 1. Jahrhunderts, als die Christen den Löwen zum Fraß vorgeworfen wurden, weil sie sich weigerten, die Herrschaft Christi zu widerrufen, überlebt hätte? […] *Lassen Sie sich von jemandem, der sich innerhalb des* Watergate-*Netzwerks befand und nach außen blickte, der aus erster Hand sah, wie verwundbar eine solche Vertuschungsaktion ist, Folgendes sagen: Nur das ehrfurchtgebietende Zeugnis des auferstandenen Christus kann diese Menschen dazu gebracht haben, bis zum Tod daran festzuhalten, dass Jesus lebt und Herr ist.“*[15]

Somit sind auch diese Theorien nicht haltbar. Dann dachte ich: *Vielleicht gingen die Frauen zum falschen Grab – schließlich sind die Hügel außerhalb Jerusalems voll mit Gräbern. Vielleicht haben sie im Dunkeln die Orientierung verloren.* Aber auch diese These war bei näherer Untersuchung nicht haltbar.

Nicht nur Maria Magdalena und die anderen Frauen fanden das Grab leer vor, sondern auch Petrus und Johannes kamen und überprüften es persönlich. Wie wahrscheinlich ist es, dass sie denselben Fehler gemacht haben? Und mit Sicherheit hätten sie sich davon überzeugt, dass es das richtige Grab war, bevor sie ihr Leben aufs Spiel setzten, indem sie verkündeten, dass Jesus von den Toten auferstanden sei! Davon abgesehen wusste ihr Freund Josef von Arimathäa zweifellos, wo sich seine eigene Grabstelle befand. Und wenn sie irgendwie alle auf einmal plötzlich an Amnesie gelitten hätten, dann hätten die römischen und jüdischen Behörden ihnen mit Freuden das richtige Grab gezeigt, in dem Jesus sich noch befand, oder?

Das Zeugnis der Geschichtsschreibung ist eindeutig: Das Grab Jesu war am Ostersonntag leer.

Das Zeugnis der Augenzeugen: Sehen ist Glauben

Jesu Grab war nicht nur leer, sondern in einem Zeitraum von 40 Tagen erschien er auch lebendig zu einem Dutzend verschiedener Gelegenheiten vor über 515 Personen – Männern und Frauen, Gläubigen und Zweiflern, kompromisslosen Menschen und weichherzigen Seelen, Gruppen und Einzelpersonen, manchmal in geschlossenen Räumen und manchmal draußen in vollem Tageslicht.

Er sprach mit Menschen, er aß mit ihnen, er forderte einen Skeptiker sogar dazu auf, seinen Finger in die Nägelmale seiner Hände zu legen und seine Speerwunde in der Seite zu berühren, um zu beweisen, dass er es wirklich war. Diese Erfahrung war so einschneidend, dass Thomas bis zu seinem gewaltsamen Tod in Südindien verkündete, dass Jesus wirklich auferstanden war.

Ich habe als Gerichtsjournalist die Protokolle von Gerichtsverhandlungen eingesehen, aber ich habe nirgendwo annähernd so viele Augenzeugen gefunden. Um es plastischer auszudrücken: Wenn Sie jeden dieser Augenzeugen für nur 15 Minuten in den Zeugenstand rufen, ihn befragen und ins Kreuzverhör nehmen und wenn Sie dies rund um die Uhr ohne Pause machen, dann würden Sie dafür vom Frühstück am Montag bis zum Abendessen am Freitag brauchen. Wer wäre nach 129 Stunden Augenzeugenberichten nicht überzeugt?

Als Skeptiker habe ich natürlich versucht, in ihren Geschichten Ungereimtheiten zu finden. Könnten diese Erscheinungen beispielsweise Halluzinationen gewesen sein? Dr. Gary Collins, ehemaliger Präsident einer nationalen Psychologenvereinigung, seit 20 Jahren Universitätsprofessor für Psychologie und Autor von über 40 Büchern zu psychologischen Themen, sagt, dass diese Möglichkeit ausgeschlossen ist.

Halluzinationen, erklärt er, sind wie Träume – sie sind individuelle Ereignisse, die Menschen nicht miteinander teilen können. Ein Experte sagte, dass 500 Personen, die dieselbe Halluzination haben, ein größeres Wunder wären als die Auferstehung selbst!

Aber ich war noch nicht bereit aufzugeben. Wenn es keine Halluzinationen waren, dann vielleicht das, was Psychologen „Gruppendenken" nennen – eine Art Wunschdenken, bei dem die Mitglieder einer Gruppe einander subtil und suggestiv auffordern, etwas zu sehen, das in Wirklichkeit nicht gar da ist.

Aber Collins sagte, dass auch das nicht möglich sei, da die Umstände nicht dazu passten. Die Jünger erwarteten keine Auferstehung, da dies ihren jüdischen Glaubensüberzeugungen völlig widersprach. Also waren sie nicht auf diese Art des Gruppendenkens gepolt. Außerdem aß Jesus mit ihnen, sprach mit ihnen und erschien zahlreiche Male vor allen möglichen Menschen in unterschiedlichen emotionalen Verfassungen. Das alles passt nicht zu der Theorie vom Gruppendenken.

Und davon abgesehen: Was war mit dem leeren Grab? Wenn die Augenzeugen sich nur eingeredet hätten, Jesus zu sehen, dann wäre sein Leichnam noch im Grab gewesen – und dann hätten ihn die Römer mit Sicherheit vorgezeigt.

Eines ist sicher, sagte Craig: „Bei verschiedenen Gelegenheiten hatten unterschiedliche Gruppen und Einzelpersonen erlebt, dass Jesus lebendig von den Toten zurückgekehrt war. Dieser Schluss ist so gut wie unwiderlegbar."[16]

Die Ausbreitung der Kirche: Eine Lücke in der Geschichtsschreibung wird gefüllt

Angenommen, Sie hätten während der politisch konservativen Regierung unter Reagan den Vereinigten Staaten den Rücken gekehrt und während der nächsten 20 Jahre allen Kontakt zu den USA vermieden. Bei Ihrer Rückkehr erführen Sie aus einem Geschichtsbuch, dass nach Reagans letzter Amtszeit ein radikaler Marxist zum Präsidenten gewählt wurde. Sofort würde Ihnen eine wesentliche Frage in den Sinn kommen: Welches umwälzende Ereignis war dieser enormen sozialen Veränderung vorangegangen?

Moreland verwendet dieses Bild als Analogie für das, was im 1. Jahrhundert geschah, als die christliche Kirche von jüdischen Konvertiten gegründet wurde und einige wesentliche Grundsätze der jüdischen Tradition außer Kraft setzte oder umfassend abwandelte. Diese monumentale Veränderung, sagte er, sei wesentlich dramatischer als das Reagan-Szenario.

Es brauchte etwas so Dramatisches wie die Auferstehung, um die damaligen Juden dazu zu bringen, den Gottesdienst am Sonntag und nicht mehr am Samstag zu halten, sowohl das System der Tieropfer zur Sündenvergebung als auch die Einhaltung der Gebote Mose als Möglichkeit aufzugeben, vor Gott gerecht zu bleiben, sowie das Konzept der Trinität einzuführen. Dadurch riskierten alle, die sich der neuen Kirche anschlossen, sozial geächtet zu werden und – im Einklang mit der jüdischen Theologie – dass ihre Seelen zur Hölle verdammt waren.

„Wie konnte sich so etwas durchsetzen?", fragt Moreland. „Die Auferstehung bietet die einzige rationale Erklärung."[17]

C. F. D. Moule, ein Neutestamentler von der Universität Cambridge, formulierte es folgendermaßen:

„Wenn die Entstehung [der Kirche], *eines Phänomens, das unleugbar im Neuen Testament belegt ist, ein großes Loch in die Geschichte reißt, ein Loch in der Größe und der Form der Auferstehung, womit will der säkulare Historiker es dann zustopfen?"*[18]

Die frühe Kirche wurde von der Begeisterung und Aufrichtigkeit der Jünger angetrieben, die vor Ostern voller Angst geflohen waren, aber nach Ostern mutig bis zu ihrem Tod verkündeten, dass Jesus aus dem Grab zurückgekehrt war.

Zuerst war ich nicht von der Tatsache überzeugt, dass sie bereit waren, für ihre Überzeugungen zu sterben. Sicher, viele Menschen haben sich im Laufe der Geschichte für ihren Glauben geopfert. Warum waren beispielsweise fanatische Moslems bereit zu sterben, als sie die schrecklichen Anschläge vom 11. September 2001 verübten? Zeitungsartikel gaben die Antwort: weil sie auf Grund dessen, was man ihnen beigebracht hatte, fest davon überzeugt waren, dass sie wegen ihres Opfers sofort ins Paradies kämen und dort mit ihrem Schöpfer zusammen sein könnten.

Aber die Jünger befanden sich in einer völlig anderen Situation. Sie befanden sich in der einzigartigen Position, aus erster Hand zu wissen, dass Jesus tatsächlich von den Toten auferstanden war. Sie waren ihm begegnet. Sie hatten mit ihm gesprochen und gegessen. Sie verkündeten, dass es wahr war – er war wirklich auferstanden. Und weil es wahr war, waren sie bereit, dafür zu sterben.

Sehen Sie den Unterschied? Anders als die Terroristen, die nur glaubten, dass sie das Paradies erwartete, konnten die Jünger mit Sicherheit wissen, dass wahr war, was sie verkündeten. Denken Sie, sie wären bereit gewesen, sich für eine Lüge zu Tode foltern zu lassen? Niemand würde das tun. Sie waren bereit zu sterben, weil sie *wussten,* dass die Auferstehung Realität war.

Der außerbiblische Beweis: Bestätigung durch außerbiblische Quellen

Es gibt zwar viele Gründe, davon auszugehen, dass die neutestamentlichen Berichte über den Tod und die Auferstehung Jesu zuverlässig sind, aber es gibt andere historische Quellen, die zusätzliche Bestätigung liefern.

Habermas, eine führende Kapazität auf dem Gebiet dieser sogenannten außerbiblischen Berichte, hat 22 antike Quellen zusammengestellt, in denen der Tod Jesu erwähnt wird. Hinzu kommen 13, die sich konkret auf die Auferstehung beziehen, und weitere 10, die relevante Fakten in ihrem Umfeld anführen.[18]

Einer der interessantesten Hinweise betrifft die Dunkelheit, die das Land während der Stunden überzog, in denen Jesus am Kreuz hing. Als Skeptiker las ich in der Bibel von diesem Phänomen und spottete: „Der Himmel kann sich unmöglich verdunkelt haben; ich kann mir nicht vorstellen, dass Christen allen Ernstes so etwas glauben." Ich vermutete, dass jemand dieses Detail später hinzugefügt hatte, damit die theologische Schlussfolgerung sensationeller klang. Für mich war es ein weiteres Beispiel dafür, dass man den biblischen Berichten nicht trauen konnte.

Aber ein griechischer Historiker des 1. Jahrhunderts namens Thallus, der kein Christ war, verfasste 52 n. Chr. eine Geschichte der östlichen Mittelmeerwelt. Und er erwähnt darin tatsächlich diese plötzlich aufgetretene Dunkelheit. Allerdings erklärt er diese mit einer Sonnenfinsternis, was aber aus wissenschaftlichen Gründen nicht möglich gewesen sein kann.[20]

Auch hier bestätigt die Geschichtsschreibung nur, dass der Jesus, an den wir Christen glauben, auch der Jesus ist, der tatsächlich gelebt hat.

Das Urteil der Geschichte

Wenn jedes Detail der historischen Dokumentation zur Auferstehung Jesu von den Toten ein Beweis dafür ist, dass unser Leben ebenfalls nicht mit dem Tod endet, dann können wir voller Zuversicht in die Zukunft blicken. Die Hoffnung, dass Christen das Grab überwinden und die Ewigkeit mit Gott verbringen werden, ist keine verzweifelte Sehnsucht von Menschen, die Angst haben, ihrer eigenen Sterblichkeit ins Auge zu blicken. Sie ist vielmehr eine rationale und logische Schlussfolgerung auf der Grundlage des überzeugenden Zeugnisses der Geschichte.

„Kein vernünftiges Gericht der Welt", erklärte Lord Darling, der brillante Oberste Richter Englands, „käme daran vorbei, das Urteil zu fällen, dass die Auferstehung Jesu sich tatsächlich ereignet hat."[21]

Für einen Christen ist die Tatsache der Auferstehung eine Bestätigung seines Glaubens. Für einen Menschen, der sich auf einer spirituellen Suche befindet, ist sie eine Herausforderung, die er ernsthaft annehmen sollte. Ich kenne beide Seiten. An einem Tag, der im Juni 1983 so sonnig und schön begann, war ich froh, dass ich mich auf der Seite Jesu befand.

Damals arbeitete ich als Chefredakteur einer Zeitung in

Missouri und hatte meine Familie nach Chicago gebracht, die meine Mutter für ein paar Tage besuchen wollte. Spät an diesem Abend fühlte ich mich plötzlich krank und brach schon kurze Zeit darauf mit starken Schmerzen zusammen.

Meine Frau rief den Notarzt. Als er unterwegs war, lag ich ausgestreckt auf dem Boden – meine Atmung ging flach, mein Puls war ungleichmäßig, meine Haut blass –, ich versuchte, bei Bewusstsein zu bleiben, und spürte, dass eine seltsame Taubheit meine Arme und Beine befiel. *Das war es dann also,* dachte ich. Ich vermutete, ich würde wie mein Freund Frank einige Jahre zuvor sterben.

Ich gebe es zu: Ich hatte Angst. Ich wollte nicht sterben. Ich wollte sehen, wie meine Kinder groß wurden. Ich wollte mit Leslie ein langes und glückliches Leben führen. Aber ich war zu diesem Zeitpunkt seit 18 Monaten Christ, und ich wusste, dass ich auf zwei Dinge ganz sicher vertrauen konnte: zum einen, dass Gott sich um Leslie und die Kinder kümmern würde, und zum anderen, dass ich meine Augen in dem Augenblick, in dem ich sie vermeintlich für immer schloss, wieder in der Gegenwart Gottes öffnen würde.

Und Jesus würde seinen Arm um mich legen und zum Vater sagen: „Ich kenne diesen Mann. Ich liebe ihn und er liebt mich. Ich habe für jede einzelne Sünde, die er begangen hat, bezahlt. Weil ich ans Kreuz gegangen bin, ist er reingewaschen von allen Fehlern und in meine Güte eingehüllt – und deshalb eingeladen, die Ewigkeit im Himmel zu verbringen."

Ich konnte nur gewinnen: Wenn ich weiterlebte, wäre alles gut, und wenn ich sterben sollte, wäre ebenfalls alles gut. Das gab mir den Mut, mich dieser Krise zu stellen.

Wie Sie sehen, bin ich nicht gestorben. Nachdem ich fast eine Woche im Krankenhaus verbracht hatte, in der die Ärzte nicht in der Lage waren, die Krankheit zu diagnostizieren, die mich an jenem Abend befallen hatte, wurde ich wieder gesund und konnte viele weitere sonnige und schöne Tage erleben. Aber früher oder später wird einer dieser Tage mein letzter sein. Der Tod verfolgt mich und er verfolgt auch Sie.

Aber wir können ihm dank der historischen Beweise, die überzeugend darlegen, dass Jesus uns nicht nur in den Tod vorausgegangen ist, sondern auch von den Toten zurückgekehrt ist und uns den Weg in den Himmel gebahnt hat, mutig entgegensehen.

„Ich habe euch diesen Brief geschrieben, damit euch aufs Neue bewusst wird: Ihr habt das ewige Leben, so gewiss ihr euch zu seinem Sohn Jesus Christus bekennt" (1. Johannes 5,13).

12. Behauptung

Jesus ist der einzige Weg zu Gott

Ein Reporter eines Nachrichtensenders rief mich an, um mich darüber zu befragen, was ich vom Wiederaufleben des Interesses an Spiritualität in den Vereinigten Staaten hielt. Wir plauderten eine Zeitlang nett miteinander – bis ich erwähnte, ich hoffte, dass all diejenigen, die mit den verschiedenen Glaubensrichtungen herumexperimentierten, schließlich Jesus begegnen würden.

Sofort erkaltete die Atmosphäre unseres Gesprächs merklich. „Wollen Sie mir damit sagen, dass zwei Drittel aller Menschen dieser Welt in die Hölle kommen, weil sie nie etwas von Jesus gehört haben?", fragte er wütend. Sein Ton machte deutlich: Er beschuldigte mich, engstirnig, bigott und aufgeblasen zu sein.

Wir unterhielten uns nicht lange genug, dass ich meinen Standpunkt erläutern konnte, aber letztlich hatte er nicht mit mir ein Problem, sondern mit Jesus. Denn in der provokantesten Behauptung, die Jesus je geäußert hat, verkündete er: „Ich bin der Weg, denn ich bin die Wahrheit und das Leben. Einen anderen Weg zum Vater gibt es nicht" (Johannes 14,6).

Von allen unglaublichen Aussagen Jesu versetzt vor allem diese überzogen klingende Behauptung die Menschen in Rage. Viele halten sie für arrogant, intolerant und politisch inkorrekt. Selbst die Behauptung Jesu, dass er Gott sei, regt die Menschen nicht in dem Maße auf, wie es diese Aussage tut. Als ich vor einiger Zeit in Indien war, machte ich eine Erfahrung, die viele andere Christen dort auch schon gemacht haben: Ich erzählte ein paar Hindus, dass Jesus Gott ist, und sie erwiderten: „Kein Problem."

Ich war perplex. „Das heißt, Sie akzeptieren die Tatsache, dass Jesus der Sohn Gottes ist?", hakte ich nach.

„Natürlich", entgegneten sie. „Wir haben Millionen Götter. Da ist es kein Problem, Jesus in diesen Kreis aufzunehmen."

Aber als ich erwiderte: „Nein, Sie verstehen mich falsch – Jesus sagte, er sei der einzige Sohn Gottes und der *einzige* Weg, der zum ewigen Leben führt“, da wurden auch sie ärgerlich und stritten sich mit mir.

Führen alle Wege zu Gott?

Jesu Ausschließlichkeitsanspruch wird so kontrovers diskutiert, weil er der gängigen Ansicht widerspricht, dass alle Religionen im Wesentlichen gleichberechtigt seien. Mit anderen Worten: Es gibt eine Vielzahl von Wegen, die man auf seiner geistlichen Reise beschreiten kann, und sie alle führen schließlich zum selben Gott. Wenn man die Religionen auf ihre wesentlichen Aussagen reduziere, seien sich alle ähnlich, auch wenn sie unterschiedliche Begriffe und Rituale verwendeten, um Gottes universales Wesen zu lehren.

Doch Jesu ausgefallene Behauptung, der einzige Weg zu Gott zu sein, stellt das Christentum in eine gesonderte Kategorie. Indem Jesus behauptet, der einzige Weg zu Gott zu sein, erklärt er gewissermaßen, dass das Christentum einzigartig ist und deshalb mit keiner anderen Religion der Welt in Einklang gebracht werden kann. Es wurde beispielsweise behauptet:

- Die geistlichen Führer anderer Religionen sagen: „Folgt mir nach, und ich zeige euch, wie ihr die Wahrheit findet.“ Jesus aber sagt: „Ich *bin* die Wahrheit.“
- Die geistlichen Führer anderer Religionen sagen: „Folgt mir nach, und ich zeige euch den Weg zur Erlösung.“ Jesus aber sagt: „Ich *bin* der Weg zum ewigen Leben.“
- Die geistlichen Führer anderer Religionen sagen: „Folgt mir nach, und ich zeige euch, wie ihr Erleuchtung findet.“ Jesus aber sagt: „Ich *bin* das Licht der Welt.”
- Die geistlichen Führer anderer Religionen sagen: „Folgt mir nach, und ich zeige euch viele Türen, die zu Gott führen.“ Jesus aber sagt: „Ich *bin* die Tür.“

Und *dann erst* sagt Jesus: „Also folgt mir nach.“

Erkennen Sie den Unterschied? Lange haben Menschen

versucht, die verschiedenen Religionen der Welt in Einklang zu bringen. Das ist beispielsweise genau das, was die Glaubensrichtung des Baha'i lehrt. Doch es gibt drastische und unlösbare theologische Widersprüche zwischen dem Christentum und allen anderen Glaubenssystemen.

Tun kontra Getan

Ich möchte eine bekannte Illustration verwenden, um diesen Unterschied zu veranschaulichen. Alle anderen Religionen buchstabieren sich „T-U-N". Das heißt, sie basieren darauf, dass Menschen etwas tun, und durch ihr Bemühen und Kämpfen irgendwie die Gunst Gottes erringen. Ihre Anhänger müssen Pilgerfahrten unternehmen, den Armen Almosen geben, sich strikt an gewisse Ernährungsvorschriften halten, gute Taten vorweisen, die richtigen Lieder singen, eine tibetanische Gebetsmühle verwenden, eine Reihe von Reinkarnationen durchlaufen oder treu irgendwelchen anderen Regeln folgen. Diese Form der „Erlösung" stellt den menschlichen Versuch dar, sich Gott zu nähern.

Der christliche Glaube dagegen buchstabiert sich „G-E-T-A-N". Er gründet sich auf das, was Jesus Christus für uns am Kreuz getan hat. Die Bibel macht deutlich, dass wir alle geistliche Rebellen sind und dass niemand sich den Eintritt in den Himmel durch eigene Leistung verdienen kann. Jesus aber starb als unser Stellvertreter am Kreuz und bietet uns aus Gnade Vergebung und ewiges Leben an. Im Christentum nähert sich Gott den Menschen.

Die Führer anderer Religionen können prägnante und hilfreiche Erkenntnisse anbieten, aber nur Jesus – der der einzige und vollkommene Sohn Gottes ist – kann sich selbst als Bezahlung für unsere Schuld anbieten. Kein Führer irgendeiner anderen der großen Weltreligionen gibt auch nur vor, dies zu können. „Mose konnte mit Hilfe des Gesetzes Streitigkeiten schlichten; Mohammed konnte den Säbel schwingen; Buddha konnte persönlichen Rat erteilen; Konfuzius konnte weise Sprüche von sich geben", so der Theologe R. C. Sproul, „aber keiner dieser Männer war dazu qualifiziert, Sühne für die Sünden der Welt zu leisten."[1]

Dieses Element der Gnade findet sich nur im Christentum. Wie ein Wissenschaftler herausstellte, wird dieser Gegensatz besonders augenfällig, wenn man ein Gleichnis Jesu mit einer ähnlichen Geschichte vergleicht, die sich in der buddhistischen Literatur findet. In beiden Geschichten geht es um rebellische Söhne, die ihr Elternhaus verlassen, aber später ihren Irrtum einsehen und zurückkehren.

In der buddhistischen Geschichte wird der Sohn gezwungen, die Strafe für seine Vergehen abzuarbeiten und Jahre in Knechtschaft zu verbringen. Aber die christliche Geschichte endet damit, dass der verlorene Sohn von seinem Vater herzlich empfangen und mit unverdienter Gnade überschüttet wird.

Die Botschaft der Gnade – „G-E-T-A-N" – und die Botschaft, dass vergangene Fehltritte mit Leistung auszugleichen sind – „TUN" – sind völlig unvereinbar. Man kann also nicht behaupten, dass beide von demselben Gott handeln. Schließlich ist Gott nicht schizophren. Es ist unwahrscheinlich, dass ein Gott, der Liebe und Gnade verkörpert, in einem Teil der Welt sagt: „Psst! Lasst euch sagen, wie ihr mit mir versöhnt werden könnt", und dann einem anderen Teil der Welt einen völlig entgegengesetzten Weg aufzeigt, wie man ihn verstehen und anbeten kann, und schließlich einem dritten Teil wieder etwas völlig anderes sagt.

Stattdessen erscheint es doch logisch, dass Gott uns einen Weg eröffnet, auf dem wir ihm nachfolgen und ihn finden können, und dass er diesen Weg auf außergewöhnliche und unvorhergesehene Weise offenbart – was er tat, indem er Jesus Christus mitten hinein in die Geschichte der Menschheit sandte.

Also ist es wichtig, welchen Weg Sie auf Ihrer geistlichen Reise beschreiten. So unglaublich es klingt, aber Jesus sagt, dass alle anderen Wege in eine Sackgasse führen und nur er der Weg zu Gott ist.

Die Kirche der Irren

Jesu Anspruch, der einzige Weg zu Gott zu sein, macht den Mythos zunichte, dass alle Religionen im Wesentlichen gleich seien. Aber es gibt noch einen weiteren Mythos. Dieser besagt, selbst wenn das Christentum anders sein sollte, dann sei es nur eine Glaubensrichtung unter vielen und mit den anderen Religionen gleichberechtigt. Dahinter verbirgt sich Gedanke, dass jeder das Recht hat, nach seiner Façon glücklich zu werden.

Sproul weist darauf hin, dass dieser Ansatz sehr ansprechend klinge, weil er oberflächlich betrachtet die tolerante und pluralistische Einstellung unserer Gesellschaft widerspiegele. In vielen Ländern der westlichen Welt werden alle religiösen Meinungsäußerungen geschützt; die Menschen haben die Freiheit zu glauben, was sie glauben wollen. Dies führt jedoch auf der anderen Seite zu der irrigen Schlussfolgerung, dass wohl alle Religionen gleichberechtigt sein müssen, wenn sie alle gleichermaßen geschützt sind. Und das ist nicht der Fall.

Der sich dahinter verbergende Gedanke dieses „Marktplatzes der Ideen" ist der, dass Wahrheit und Irrtum ungehinderten Zugang in die allgemeine Debatte haben sollen, damit sich am Ende die Wahrheit durchsetzen kann. Auch wenn das Gesetz jeden schützt, der seine Meinung vertritt, sagt es nichts darüber aus, wessen Ansichten der Wahrheit entsprechen und welche in die Irre gehen oder offensichtlich falsch sind.

Der Kolumnist Mike Royko verfasste einmal eine nicht ganz ernst gemeinte Kolumne, in der er behauptete, Mitglied in der Kirche der Irren zu sein. Diese fiktive Kirche glaube daran, dass vor Millionen von Jahren auf einem entfernten Planeten ein paar Hundert Außerirdische einen verdorbenen vegetarischen Dip aßen. Unglücklicherweise enthielt dieser ein Virus, das ihre Gehirne in Brei verwandelte.

Als alle Behandlungsversuche fehlschlugen, wurden die Opfer zu einem unbewohnten Planeten transportiert, der zu einer Irrenanstalt umfunktioniert wurde. Dort konnten sie sich frei bewegen und sich nach Belieben dämlich verhalten. Der Planet war die Erde und wir sind alle Nachfahren dieser Außerirdischen. Royko sagte den Zweiflern: „Sie wollen Beweise für meine Behauptung? Lesen Sie die Geschichtsbücher. Schauen Sie in die Zeitung und hören Sie die Nachrichten. Und dann sagen Sie mir, dass wir nicht ein großer Haufen Verrückter sind!"

Ich bin mir ziemlich sicher, dass Royko das im Spaß sagte, aber in vielen Ländern haben die Menschen das Recht zu glauben, was sie glauben wollen. Die Kirche der Irren wäre durch die Verfassungen dieser Nationen genauso geschützt wie jede andere Glaubensrichtung auch. Und doch würde das nicht bedeuten, dass ihre Lehren der Wahrheit entsprächen.

Die schillerndsten Anwärter der Geschichte

Aber woher wissen wir, dass Jesus die Wahrheit sagt, wenn er behauptet, der einzige Weg zu Gott zu sein? Jeder könnte das behaupten. Und tatsächlich haben es auch eine Reihe von Personen behauptet! David Wallechinsky und Irving Wallace haben sich mit ein paar von ihnen näher beschäftigt, darunter mit Sabbatai Zebi, einer der faszinierendsten Persönlichkeiten unter denen, die vorgaben, der Messias zu sein.

Zebi wurde 1626 als Sohn eines Geflügelzüchters geboren, litt unter manischen Depressionen und verstand es, die Menschen mit seinen Reden zu fesseln. Er erklärte 1648, dass er der Messias sei, heiratete später eine polnische Prostituierte und zog Tausende von Menschen mit seiner Lehre an, dass Promiskuität und Nacktheit Tugenden seien. Seine Botschaft war, dass er der einzige Weg zu Gott wäre.

1666 wurde er von den türkischen Behörden verhaftet, weil er in Verdacht stand, den Sultan stürzen zu wollen. Man stellte ihn vor die Wahl: zu Tode gefoltert zu werden oder Moslem zu werden. Wallechinsky und Wallace berichten: „Ohne mit der Wimper zu zucken, legte er das Judentum zugunsten des Glaubens an Mohammed ab und nahm den Namen Mahmed Effendi an.“ So viel zu seinen messianischen Ambitionen.[2]

Eine weitere Kandidatin war Jemima Wilkenson, die 1752 in eine Familie von Quäkern hineingeboren wurde, die in Rhode Island lebte. Sie erzählte den Leuten, dass sie im Alter von 20 Jahren gestorben, aber von Gott wieder zum Leben erweckt worden wäre. Am Ende hatte sie über 200 glühende Anhänger, die davon überzeugt waren, durch sie ihr Ticket zu Gott in der Tasche zu haben.

Wallechinsky und Wallace beschreiben in ihrem Buch, dass Jemima eines Tages am Ufer eines Sees stand und verkündete, nun über das Wasser gehen zu wollen, wie Jesus es getan hatte. Sie wandte sich an ihre Nachfolger und fragte: „Glaubt ihr, dass ich das kann?" Sie riefen: „Ja! Ja!" Da entgegnete sie: „Nun, in diesem Fall besteht keine Notwendigkeit, es zu tun." Und sie ging über trockenes Land nach Hause.

Ich bin mir nicht sicher, ob das den Glauben ihrer kleinen Anhängerschar untermauerte. Und es half ihr ebenfalls nicht, dass sie 1820 starb. Ihre Anhänger befolgten ihre Anweisung, sie nicht zu begraben, da sie wiederauferstehen würde. Als ihr Körper sich langsam zersetzte, zerstreuten sich die letzten Anhänger ihrer Sekte schnell.[3]

Und es gab noch andere Anwärter. Henry James Prince behauptete drei Jahre nach seiner Ordination zum anglikanischen Priester in England, Gott zu sein. Obwohl er behauptete, unsterblich zu sein, starb er 1899. Ebenfalls im 19. Jahrhundert war Hung Hsiu Ch'üan auf Grund von Halluzinationen nach einem Nervenzusammenbruch davon überzeugt, Jesu jüngerer Bruder und von Gott gesandt zu sein, China zu retten. Er zettelte die T'ai-P'ing-Revolution mit an, die Millionen von Menschen das Leben kostete, bevor er 1911 Selbstmord beging, indem er Gift nahm.[4]

Aber Jesus war anders. Er behauptete nicht nur, der Weg, die Wahrheit und das Leben zu sein, sondern er hatte Referenzen, die kein anderer religiöser Führer vorweisen konnte. Und das verleiht ihm einzigartige Glaubwürdigkeit.

Die Glaubwürdigkeit der Aussagen Jesu

Wenn ich behauptete, George W. Bush zu sein, würden Sie sagen, ich sei verrückt. Aber wenn George W. Bush behauptete, George W. Bush zu sein, würden Sie ihm glauben. Warum? Weil es überzeugende Beweise dafür gibt – er sieht aus wie Bush, er redet wie Bush, er wird vom Geheimdienst beschützt, er wird von Unmengen von Reportern belagert usw. Genauso gibt es auch eine ganze Reihe von Beweisen dafür, dass Jesus Gott ist, und deshalb ist es glaubwürdig, wenn er behauptet, der einzige Weg zu sein, auf dem man ewiges Leben erlangt.

Und das hat er tatsächlich behauptet. Skeptiker wenden ein, dass Jesus nie vorgegeben habe, Gott zu sein, und dass er nur ein spirituell erleuchteter Führer sei, der sich im Grab umdrehen würde, wenn er wüsste, dass die Menschen ihn anbeteten – das heißt, wenn er denn noch im Grab wäre!

Doch wie der britische Pastor John Stott ausführte, behauptete Jesus *eindeutig*, „ihn zu kennen bedeutete, Gott zu kennen; ihn zu sehen bedeutete, Gott zu sehen; ihn anzunehmen bedeutete, Gott anzunehmen; ihn zu hassen bedeutete, Gott zu hassen; und ihn zu ehren bedeutete, Gott zu ehren".[5]

Zu den Beweisen, die seine Aussagen stützen, zählen seine Wunder, die von den verlässlichen historischen Berichten dokumentiert werden, aus denen sich das Neue Testament zusammensetzt. Jesus sagte: „Wenn das, was ich tue, nicht die Taten meines Vaters sind, braucht ihr mir nicht zu glauben" (Johannes 10,37). Er wusste, dass sie seine Identität nachhaltig belegen würden.

Er vollbrachte viele Wunder am helllichten Tag und in Gegenwart von Skeptikern. Er bewies seine Macht über die Natur, indem er auf dem Wasser lief und Wasser in Wein verwandelte. Er bewies seine Macht über Krankheiten, indem er Menschen heilte, und er bewies seine Macht über den Tod, indem er Lazarus zurück ins Leben holte, nachdem dieser vier Tage in einem kalten, feuchten Grab gelegen hatte.

Außerdem stützt sein Charakter seine Behauptung. Wenn wir anderen Menschen wirklich nahe kommen, fallen ihre Fehler oft ausgesprochen deutlich ins Auge. Als ich im Rahmen meiner Arbeit als Reporter über Politiker oder berühmte Persönlichkeiten berichtete, konnte ich bei näherem Kontakt und längerer Beschäftigung mit ihrer Person feststellen, dass sie Unzulänglichkeiten hatten wie jeder andere Mensch auch.

Doch genau das Gegenteil stellten alle fest, die näher mit Jesus in Berührung kamen. Je besser sie ihn kannten, desto stärker bewunderten sie seine Integrität und Reinheit. Beispielsweise war Jesus während seines dreijährigen Dienstes niemand näher als Johannes und Petrus. Und was hielten sie von ihm?

Johannes sagte: „In ihm gibt es keine Spur von Sünde" (1. Johannes 3,5). Und Petrus schrieb: „Er hat kein Unrecht getan; nie ist ein unwahres Wort aus seinem Mund gekommen" (1. Petrus 2,22).

Weiterhin wird dies durch die Art und Weise untermauert, wie Jesus die Eigenschaften Gottes verkörperte. Mit anderen Worten: Sie können einen Blick auf die Eigenschaften werfen, die Gott zu dem machen, der er ist – etwa Allmächtigkeit, Allgegenwart, Allwissenheit, Gerechtigkeit, ewige Existenz usw. –, und Sie werden Beweise dafür finden, dass Jesus genau diese Wesensmerkmale ebenfalls besaß.

Passender Fingerabdruck

Dann gibt es noch den Beweis des passenden Fingerabdrucks, der Jesu Behauptung stützt. Ich habe viele Gerichtsverhandlungen beobachtet, in denen Fingerabdrücke die entscheidenden Beweise lieferten. Ich nahm einmal an einem Mordprozess teil, in dem der Angeklagte im Prinzip wegen eines einzigen Fingerabdrucks überführt wurde, den man auf der Zellophanhülle einer Zigarettenschachtel gefunden hatte. Ein Fingerabdruck ist absolut überzeugend, weil wissenschaftlich erwiesen ist, dass er nur zu einer einzigen Person auf dem ganzen Planeten passen kann.

Das Alte Testament der Bibel enthält etwa vier Dutzend größere Vorhersagen bezüglich des Messias', und wenn man diese zusammensetzt, erhält man quasi so etwas wie einen Fingerabdruck. In der Bibel heißt es, dass wir absolut sicher sein können, dass derjenige, der diesem Fingerabdruck entspricht, wirklich der Messias ist – der Retter Israels und der Welt. Und von allen Menschen, die je gelebt haben, passt nur Jesus exakt zu diesem Fingerabdruck.

Die Wahrscheinlichkeit, dass dies passiert, ist astronomisch gering. Der Mathematiker Peter Stoner macht in seinem Buch *Science Speaks* eine konservative Schätzung, die besagt, dass die Wahrscheinlichkeit, dass ein Mensch alle diese 48 Prophetien erfüllen könnte, bei eins zu einer Billion, Billion, Billion, Billion, Billion, Billion, Billion, Billion, Billion, Billion, Billion, Billion, Billion läge![6]

Um die Größe dieser Zahl erfassen zu können, fragte ich einen Wissenschaftler: „Wie klein ist ein Atom?" Er antwortete: „Ein Atom ist so klein, dass man eine Million davon in eine Reihe legen muss, um den Durchmesser eines menschlichen Haares zu bekommen." Dann rief ich einen anderen Wissenschaftler an und fragte ihn: „Hat irgendjemand schon einmal die ungefähre Anzahl aller Atome im uns bekannten Universum berechnet?“ Erstaunlicherweise lautete die Antwort: Ja!

Auf der Grundlage dieser Zahlen kam ich zu dem Schluss, dass die Wahrscheinlichkeit, dass Jesus alle 48 Prophetien erfüllte, ebenso hoch war wie die, ein bestimmtes Atom unter einer Billion, Billion, Billion, Billion, Milliarden Universen der Größe unseres Universums zu finden. Das ist so gut wie unmöglich.

Jesus sagte, dass er gekommen sei, um diese Prophetien zu erfüllen. „Alles, was im Gesetz, in den Schriften der Propheten und in den Psalmen über mich steht, muss in Erfüllung gehen“ (Lukas 24,44). Und entgegen alle Wahrscheinlichkeiten erfüllte es sich nur durch seine Person.

Als ob das nicht schon genug wäre, haben wir noch die Auferstehung Jesu, die er nicht nur vorhersagte, sondern die – wie im vorhergehenden Kapitel gezeigt – auch ein glaubwürdiges historisches Ereignis ist, das endgültig beweist, dass Christus der ist, der er zu sein behauptet.

Wenn man das alles zusammennimmt, ist es klar, dass das Christentum nicht nur eine Philosophie ist; es entspricht der Wahrheit. Es ist nicht nur eine Lebensform; es ist ein Glaube, der auf ganz einzigartige Weise in der Geschichte verankert ist. Aus diesem Grund hat die Geschichte nicht gelacht, als Jesus behauptete, der einzige Weg zu Gott zu sein.

Die Geschichte hat sich vielmehr verändert.

Zeugnisse und Glaubwürdigkeit

Auch wenn man die Nachfolger Jesu oft der Engstirnigkeit beschuldigt, weil sie glauben, dass Jesus der Einzige ist, der uns zu Gott führen kann, ist es sicher nicht engstirnig, auf der Grundlage dieser umfassenden Beweise zu handeln und zu der vernünftigen Schlussfolgerung zu kommen, dass seine Behauptung der Wahrheit entspricht.

Ich habe beispielsweise ein paar Freunde, bei deren Tochter im Babyalter eine Leberfunktionsstörung diagnostiziert wurde, die Gelbsucht verursachte. Die Symptome dieser Krankheit bestehen in einer Gelbfärbung der Haut und der Augen. Als sie mit ihrer Tochter zum Arzt gingen, sagte er ihnen, dass sich hieraus möglicherweise eine schwere Krankheit entwickeln konnte, die aber leicht behandelbar war. Sie mussten ihr Baby nur unter ein spezielles Licht legen, und das würde ihre Leber stimulieren, richtig zu funktionieren.

Aber die Eltern hätten sagen können: „Das klingt uns zu einfach. Wie wäre es, wenn wir sie einfach mit Wasser und Seife schrubben und anschließend in Bleichmittel legen? Wenn wir uns nur richtig Mühe geben, bekommt sie sicher ihre normale Gesichtsfarbe zurück."

Der Arzt hätte dagegen gehalten: „Nein, es gibt nur diese eine Behandlungsmöglichkeit."

„Wie wäre es dann damit?", hätten sie vorschlagen können. „Was wäre, wenn wir das Problem einfach ignorieren und einfach so tun, als ob alles normal wäre? Wenn wir nur fest genug daran glauben, wird schon alles gut werden."

„Sie werden das Leben Ihres Kindes gefährden, wenn Sie das tun", hätte der Arzt erwidert. „Schauen Sie, gleichgültig, ob es Ihnen gefällt oder nicht, es gibt nur eine einzige Möglichkeit, diese Krankheit zu heilen. Sie zögern, weil es Ihnen zu einfach klingt, aber schauen Sie sich all die Zeugnisse an, die hier an den Wänden hängen. Sehen Sie diese Diplome? Ich habe viele Jahre lang Medizin studiert und gelernt, wie man Babys heilt. Schauen Sie sich dieses Behandlungszimmer an. Ich praktiziere hier seit 20 Jahren. Ich habe immer wieder unter Beweis gestellt, dass meine Behandlungsmethoden funktionieren. Ich weiß, wovon ich rede. Vertrauen Sie mir!"

Würde irgendjemand diese Eltern bezichtigen, engstirnig zu sein, wenn sie diesem Arzt vertrauten – einem Arzt mit Zeugnissen und Glaubwürdigkeit – und die einzige Behandlungsmethode wählten, die ihre Tochter retten würde? Das ist nicht engstirnig. Das ist logisches Handeln auf der Grundlage von Beweisen.

Und wir tragen alle diese tödliche Krankheit in uns, die man Sünde nennt. Wir halten uns an Christus, weil er der große Arzt ist, der das einzige Heilmittel hat, das uns heilen kann. Manche spotten, dass sein Rezept der frei zugänglichen Gnade zu einfach sei, aber Jesus sagt, dass es das Einzige ist, das die Flecken der Sünde auf unserem Leben entfernen kann. Und es gibt niemand außer ihm, der entsprechende Zeugnisse und Glaubwürdigkeit vorzuweisen hat wie er.

Die Geschichte von den zwei Vereinen

Bevor der Reporter unser Gespräch über Spiritualität in den USA beendete, sagte er, dass es für ihn „elitär" klinge, wenn Christen behaupteten, dass nur Jesus alleine ewiges Leben bringen könne. Leider legen manche Christen in ihrem Umgang mit anderen eine gewisse Arroganz an den Tag. Wir müssen demütig, liebevoll und tolerant sein, und gleichzeitig an der Wahrheit festhalten. Echtes Christsein ist alles andere als arrogant.

Stellen Sie sich einmal zwei Vereine vor. Der erste hat ganz strenge Regeln und lässt nur Personen zu, die sich ihre Mitgliedschaft verdient haben. Sie müssen etwas leisten, mehr Wissen erlangen oder eine lange Liste von Anforderungen erfüllen, um sich für die Mitgliedschaft zu qualifizieren. Trotz ihrer ernsthaften Bemühungen können viele Menschen die Hürde einfach nicht überwinden und bleiben ausgeschlossen. So sehen andere religiöse Systeme aus.

Aber der zweite Verein macht seine Türen weit auf und sagt: „Jeder, der Mitglied werden möchte, darf kommen. Reich oder arm, schwarz oder weiß, egal, zu welcher Volksgruppe Sie gehören oder wo Sie leben – wir würden uns freuen, Sie bei uns begrüßen zu dürfen. Die Mitgliedschaft beruht nicht auf Ihren Qualifikationen, sondern nur darauf, dass Sie diese Einladung annehmen, denn Ihr Mitgliedsbeitrag ist bereits bezahlt. Wir überlassen es Ihnen. Es ist Ihre Entscheidung. Wir werden Sie nie abweisen, wenn Sie Mitglied werden wollen." So sieht Christsein aus.

Welcher Verein ist versnobt? Christen sollen nicht exklusiv sein; sie sollen andere einschließen. Sie sollen nicht hochmütig sein; sie sollen alle gleich behandeln. Sie sollen nicht so tun, als ob sie besser seien oder mehr leisteten als andere. D. T. Niles beschrieb das Christentum mit folgenden Worten: Es ist „wie ein Bettler, der dem anderen Bettler sagt, wo es etwas zu essen gibt"[7].

Was ist mit denjenigen, die nichts davon gehört haben?

Was ist dann mit den Menschen, die irgendwo an einem isolierten Ort leben und keine Möglichkeit haben bzw. hatten, die Botschaft des Christentums zu hören? Was geschieht mit ihnen? Das ist wohl eine der am häufigsten gestellten Fragen zum christlichen Glauben – und ehrlich gesagt haben wir darauf keine umfassende Antwort. Gott hat uns nicht explizit erklärt, was er mit diesen Menschen machen wird. „Seinen verborgenen Plan kennt der Herr, unser Gott, allein; aber seinen Willen hat er uns und unseren Nachkommen für alle Zeiten klar und deutlich verkündet" (5. Mose 29,28). Das steht jedenfalls in der Bibel.

Aber wir wissen ein paar Dinge, die uns helfen können, Klarheit über dieses Thema zu bekommen. Zum einen wissen wir aus der Bibel, dass Gott jedem von uns einen moralischen Standard ins Herz geschrieben hat und dass jeder diesen Standard verletzt. Aus diesem Grund quält uns auch unser Gewissen, wenn wir etwas falsch machen. Zweitens wissen wir, dass jeder bereits aus dem Erleben der sichtbaren Welt genügend Informationen hat, um darauf zu schließen, dass Gott existiert. Doch viele Menschen haben dieses Wissen unterdrückt und Gott abgelehnt – und dafür verdienen sie gerechterweise die Strafe.

Aber wir wissen auch aus dem Alten und dem Neuen Testament, dass alle, die Gott suchen, ihn auch finden werden. In der Bibel heißt es sogar, dass der Heilige Geist uns zuerst sucht und es dadurch erst möglich macht, dass wir nach ihm suchen. Das legt für mich den Schluss nahe, dass Menschen, die entsprechend ihrer Erkenntnis handeln und ernsthaft nach dem wahren Gott suchen, auch eine Gelegenheit finden werden, das ewige Leben zu bekommen, das Gott in seiner Gnade durch Jesus Christus möglich gemacht hat.

Ich erinnere mich noch an die Geschichte eines Mannes, der von Gurus in einer Gegend Indiens aufgezogen wurde, in der es keine Christen gab. Als Teenager kam er zu dem Schluss, dass es im Hinduismus zu viele Widersprüche gab und dass die Lehren seine Seele nicht zufriedenstellen konnten. So bat er Gott um Antworten – und in einer bemerkenswerten Reihe von Ereignissen führte Gott Menschen in sein Leben, die die

Botschaft Jesu an ihn weitergaben. Heute ist er ein Nachfolger Jesu.

Wir können wiederholt in der Bibel nachlesen, dass Gott äußerst fair ist. Gleich im ersten Buch der Bibel lesen wir: „Du bist der oberste Richter der ganzen Erde, darum darfst du nicht selbst gegen das Recht verstoßen" (1. Mose 18,25)! Ronald Nash meint zu diesem Thema: „Wenn Gott mit jedem von uns fertig ist, wird sich keiner beschweren können, ungerecht behandelt worden zu sein."[8] Mit anderen Worten: Wenn sich die Geschichte vollendet hat, werden wir alle staunen, wie absolut vollkommen Gottes Urteil ist.

Und schließlich wissen wir, dass niemand dem endgültigen Tod entrinnen kann, wenn er nicht die Bezahlung in Anspruch nimmt, die Christus am Kreuz geleistet hat. Wie viel ein Mensch über Jesus wissen muss oder wo die Grenze zum Glauben gezogen wird, weiß nur Gott allein. Er und nur er allein kann die verborgenen Motive eines Menschen beurteilen. „Urteilt also nicht vorzeitig, bevor Christus kommt, der das Verborgene ans Licht bringen und die geheimsten Gedanken enthüllen wird. Dann wird Gott das Lob austeilen, so wie jeder und jede es verdient" (1. Korinther 4,5).

Jedenfalls wird niemand einfach vom Himmel ausgeschlossen, nur weil er oder sie nie den Namen Jesus gehört hat. Der Autor und Redner Cliffe Knechtle sagte, dass einem Menschen der Zugang verweigert werde, weil

„er Gott sein ganzes Leben lang gesagt hat, dass er prima ohne ihn auskommen kann. Am Tag des Gerichts wird Gott dann sagen: ‚Auf der Grundlage deiner Entscheidung, dein Leben ohne mich zu leben, wirst du auch die Ewigkeit ohne mich verbringen.' Das ist die Hölle. Gott wird unseren Willen nicht übergehen. Wenn wir unser Leben lang gesagt haben: ‚Mein Wille geschehe', wird Gott am Tag des Gerichts zu uns sagen: ‚Dein Wille wird in Ewigkeit geschehen.' Oder wie G. K. Chesterton es formulierte: ‚Die Hölle ist Gottes größtes Kompliment an die menschliche Freiheit und die Würde der menschlichen Entscheidung.'"[9]

Was Sie und mich betrifft, so können wir uns nicht damit herausreden, dass wir noch nie von Jesus gehört haben. Wir haben die Botschaft von Jesus gehört. Wenn Sie sie bislang noch nicht gehört hatten, so haben Sie sie nun gehört. Daher ist klar, dass wir dafür verantwortlich sind, wie wir auf Grund dieses Wissens handeln.

Es gibt eine bekannte Geschichte über den Komiker W. C. Fields, der auf seinem Totenbett ängstlich durch die Bibel blätterte. Als ihn jemand fragte, was er da tue, antwortete er: „Ich suche nach Schlupflöchern, mein Lieber, ich suche nach Schlupflöchern."

Ich kann Ihnen versichern: Ich habe nachgesehen. Es gibt keine.

Ein selbst verschuldetes Unglück

Als ich 14 Jahre alt war, hielt ich mich eines Spätnachmittags alleine zu Hause auf und malte im Keller mit Ölfarben auf eine große Leinwand. Während Acrylfarben sehr schnell trocknen, scheinen Ölfarben ewig zu brauchen. Da ich rasch die Geduld verlor, schloss ich ein paar Heizstrahler an, um die Sache zu beschleunigen.

Das war keine sehr gute Idee.

Kurze Zeit später ging ein Bündel Lumpen, die mit Terpentin getränkt waren, in Flammen auf. Dann fing ein Tisch Feuer und schon bald brannte die ganze mit Holz vertäfelte Ecke des Kellers lichterloh.

Ich rannte zum Telefon, um die Feuerwehr zu alarmieren. Als ich zurückkam, sah ich, dass das Feuer völlig außer Kontrolle war. Orangefarbene und gelbe Flammen schlugen bis an die Decke, über der das Wohnzimmer lag. Ich wusste, dass das ganze Haus abbrennen würde, wenn es den Flammen gelang, die Decke zu durchbrechen. Und dann hätte ich wirklich ein großes Problem.

Ich schnappte mir in der Waschküche einen Eimer Wasser, stürzte zurück zum Feuer und schüttete das Wasser gegen die Wand, an der die Flammen züngelten. Das beeindruckte das Feuer herzlich wenig. Der ganze Keller füllte sich schnell mit dickem, schwarzem, rußigem Rauch. Um alles noch schlimmer zu machen, war die Beleuchtung inzwischen ausgefallen.

Als ich den Rauch und die giftigen Dämpfe einatmete, verlor ich rasch die Orientierung. Ich konnte die Treppe nicht mehr sehen. Da erkannte ich voller Schrecken, dass ich mich nicht mehr selbst retten konnte. Ich war nicht mehr in der Lage, den Weg aus dem Keller zu finden, bevor ich vom Feuer überwältigt werden würde. Ich befand mich in einer lebensbedrohlichen Situation.

Genau in diesem Augenblick kam ein Polizist und öffnete die Tür zum Keller. Er trat auf die erste Treppenstufe und leuchtete mit einer großen Taschenlampe herein. „Hier ist die Polizei!", rief er. „Irgendjemand hier unten?"

Rettung aus großer Gefahr, und zwar gleich in doppelter Hinsicht

Ich hätte die Situation rein intellektuell analysieren können. Die Lage im Keller war ernst; wenn ich noch etwas länger blieb, war die Wahrscheinlichkeit sehr hoch, dass ich durch den Rauch und das Feuer umkam. Aber der Polizist kannte den einzigen Weg nach draußen. Er war ein Fachmann und in der Lage, mich in Sicherheit zu bringen. Mehr noch: Er hatte eine große Taschenlampe, mit der er mir den Weg leuchten konnte.

Aber es reichte nicht aus, das alles nur zu wissen. Ich musste entsprechend handeln. Ich musste mein Vertrauen auf diesen Polizisten – ein auf Tatsachen gestütztes Vertrauen – in die Tat umsetzen, indem ich mich von ihm retten ließ. Also folgte ich dem Licht, und er legte seinen Arm um mich und führte mich in die Sicherheit, weg von dem Inferno.

Viele Jahre später befand ich mich in geistlicher Hinsicht in einer vergleichbaren Situation. Nachdem ich fast zwei Jahre lang die Behauptungen Jesu unter die Lupe genommen hatte, wusste ich, dass es einzigartige Zeugnisse für seine Glaubwürdigkeit gibt. Und auf der Grundlage dessen, was er sagte, war mir zum ersten Mal klar, dass ich mich nicht selbst retten konnte. Ich war schuldig, gegen einen heiligen Gott gesündigt zu haben. Der Fall war klar und abgeschlossen. Und die Strafe bestand in ewiger Trennung von ihm.

Ich war hoffnungslos desorientiert und verloren, aber Jesus

rief mich und kam mir entgegen, um mich zu retten. Er war in der Lage, mich in die Sicherheit zu führen. Er kannte den Weg zum ewigen Leben. Tatsächlich *war* er der Weg. Und er brauchte keine Taschenlampe, denn, wie er sagte: „Ich bin das Licht für die Welt. Wer mir folgt, tappt nicht mehr im Dunkeln, sondern hat das Licht und mit ihm das Leben" (Johannes 8,12).

Aber es reichte nicht aus, das nur zu wissen. Ich musste handeln. Ich musste einen Glaubensschritt gehen. Keinen blinden und unvernünftigen Schritt, sondern einen, der sicher und fest war, weil er auf der Grundlage der durch die Geschichte belegten Glaubwürdigkeit Jesu Christi gegangen wurde.

Also gestattete ich ihm am 8. November 1981, seinen Arm um meine Schulter zu legen und mich aus der Dunkelheit zu führen, weg vom Inferno und hin an einen sicheren Ort.

Milliarden von Menschen glauben bereits den Zeugnissen Jesu Christi. Sie sind überzeugt, dass er Gott bzw. der Sohn Gottes ist. Vielleicht zählen Sie ja schon zu ihnen. Aber wenn Sie nie auf der Grundlage dieser Überzeugung aktiv geworden sind, dann hoffe ich, dass Sie sich von ihm aus Ihrer andernfalls hoffnungslosen Situation retten lassen, indem Sie Christus im Gebet als den annehmen, der Ihnen vergibt und Sie leitet.

Wenn Sie das tun, werden Sie entdecken, was ich entdeckt habe:

- Jesus *ist* der Weg – der Weg zu einem Leben voller Abenteuer, Erfüllung, Herausforderung und Sinn, selbst wenn wir um seinetwillen Opfer bringen oder leiden müssen.
- Jesus *ist* die Wahrheit – und er schenkt uns Weisheit, die sowohl im Alltag als auch in turbulenteren Zeiten funktioniert.
- Und Jesus *ist* das Leben. Er – und nur er alleine – kann uns die Zuversicht schenken, dass wir in alle Ewigkeit mit ihm leben werden.

13. Behauptung

Auf Nummer sicher zu gehen ist die gefährlichste Art zu leben

Er war gesellig und wortgewandt, ein schulterklopfender Geschäftsmann mit unzähligen Ideen, der sich gerade ein neues Konzept ausgedacht hatte, mit dem er – da war er sich ganz sicher – eine Million Dollar verdienen konnte.

Wie eine Biene, die von Blüte zu Blüte flog, schwirrte dieser Pappbecher-Händler vor einigen Jahrzehnten im *Rolling Green Country Club*, der sich in einem Vorort von Chicago befindet, von einer Person zur nächsten. Er war auf der Jagd nach dem Geld, das er brauchte, um sein neuestes Unternehmen starten zu können. Das Konzept: ein neuartiges Restaurant. Der Einsatz: nur 950 Dollar pro Franchise.

Mein Vater war einer von denen, die von diesem Unternehmer angesprochen wurden, aber er war skeptisch. An diesem Abend lachte er über die Geschäftsidee, als er meiner Mutter davon erzählte: „Ein Hamburgerstand!", sagte mein Vater. „Wie kann er nur erwarten, dass man Geld damit verdienen kann, wenn man Hamburger zu so niedrigen Preisen verkauft?"

Ein paar Tage später teilte mein Vater Ray Kroc höflich mit, dass er es nicht für klug hielt, in dieses fragwürdige Fastfood-Unternehmen zu investieren, das *McDonald's* heißen sollte.

Natürlich erwirtschaftete *McDonald's* Milliarden von Dollar, und einige Golffreunde meines Vaters sind heute Millionäre, weil sie das Risiko eingingen, in Krocs Traum zu investieren. Später konnte mein Vater über diese vertane Gelegenheit lachen, aber das war erst viele Jahre später!

Von Kroc über Smith zu Ihnen

Das Leben ist eine riskante Angelegenheit. Ärzte sprechen von „Risikofaktoren", Unternehmensleiter von „Risikoabschätzung", und Studenten der Wirtschaftswissenschaften vergleichen „Risiken mit Abwärtstrend und Risiken mit Aufwärtstrend". Wie mein Vater hat vermutlich jeder von uns sich schon einmal dagegen entschieden, ein Risiko einzugehen – gleichgültig, ob in einer geschäftlichen Angelegenheit oder im privaten Bereich –, und die Entscheidung später bedauert.

Geschäftsleute, die mutig Risiken eingehen, erlangen leicht unsere Bewunderung. Und zwar nicht, wenn sie einfach würfeln und sich in ein Unternehmen stürzen, ohne nachzudenken, sondern wenn sie den Markt beobachten, eine Marktlücke entdecken, die Chancen analysieren, ein Produkt oder eine Dienstleistung entwickeln und dann alles riskieren, um ihren Traum Wirklichkeit werden zu lassen. Menschen wie Ray Kroc.

Oder wie Fred Smith. Die Leute hielten Smith für verrückt, als er 1973 die Idee hatte, einen Über-Nacht-Zustelldienst für Paketsendungen aufzubauen. Als Student beschrieb Smith das Projekt für seinen Professor in Betriebswirtschaft, aber er bekam seine Arbeit mit einer mittelmäßigen Note und vielen Anmerkungen am Rand zurück, in denen erklärt wurde, warum diese Idee sich nie verwirklichen lassen würde.

Aber Smith glaubte an sein Projekt. Mit 28 Jahren riskierte er sein gesamtes Familienerbe in Höhe von vier Millionen Dollar, um eine kleine Flotte von Firmenjets zusammenzustellen und sein Unternehmen unter dem Namen *Federal Express* auf dem Markt einzuführen.

In der ersten Nacht sah es so aus, als ob die Skeptiker Recht behalten würden: Nur sechs Päckchen wurden versandt, von denen eines ein Geburtstagsgeschenk war, das Smith einem Freund schickte. Aber Smith hielt durch und gründete mit *Federal Express* einen völlig neuen, viele Millionen Dollar einbringenden Wirtschaftszweig der Über-Nacht-Paketzustellung.

Was bringt Menschen wie Smith dazu, solche Risiken einzugehen? Was bringt uns dazu, ein Risiko einzugehen, egal, ob es die Gründung eines neuen Unternehmens ist, ein neuer Job oder der Umzug in einen anderen Teil des Landes? In der Regel geht jemand ein Risiko ein, weil es die einzige Möglichkeit ist, sich weiterzuentwickeln. Es klingt paradox, entspricht aber den Tatsachen: Auf Nummer sicher zu gehen kann die riskanteste Art zu leben sein!

Als Turniergolferin stellte meine Mutter fest, dass der größte Fehler, den man in einem Turnier begehen konnte, darin bestand, sich zu entscheiden, auf Sicherheit zu spielen, wenn man weit in Führung lag. Unausweichlich vergab sie dann den Vorsprung, verlor den Schwung und lief Gefahr zu verlieren.

Wir müssen uns bewegen, wenn wir vorwärtskommen wollen. Wie schon der amerikanische Komiker Will Rogers es treffend formulierte: „Selbst wenn man sich auf dem richtigen Weg befindet, wird man überholt, wenn man sich einfach nur hinsetzt."

Die Freude des Fehlermachens

Ein junger Filmemacher hatte es endlich geschafft und saß seinem Idol, einem von den Kritikern gefeierten Regisseur, den er seit Jahren aus der Ferne bewunderte, von Angesicht zu Angesicht gegenüber. Zu diesem Zeitpunkt hatte der junge Produzent bereits erfolgreich einige Komödien produziert und er beschrieb dem berühmten Regisseur einige von ihnen. Der Regisseur nickte, dann fragte er, ob schon einmal einer seiner Filme ein Flop geworden sei.

„Nein", erwiderte der junge Mann stolz. „Kein einziger."

Der Regisseur schüttelte den Kopf. „Oh", erwiderte er traurig, *„das ist wirklich schade."*

Was meinte er damit? Er wollte damit nicht sagen, dass das Scheitern an sich eine gute Sache ist. Vielmehr ging es ihm darum, dass der Produzent nie sein volles Potenzial erreichen würde, wenn er nicht ein Risiko einging und seinen Wohlfühlbereich verließ. Er meinte damit, dass Menschen, die nie scheitern, möglicherweise nie versucht haben, ihre Grenzen zu erweitern.

Diese Begegnung veränderte den Produzenten. Er hätte weiter wie bisher einmal im Jahr eine Komödie drehen, dabei aber nur die Hälfte seiner Kreativität ausschöpfen können. Aber nach dem Kommentar des Regisseurs entschloss er sich, ein paar Risiken einzugehen, Dinge auszuprobieren und neue Herausforderungen anzunehmen, um zu sehen, ob er seine Grenzen erweitern konnte.

Es dauerte nicht lange, bis er seinen ersten Flop landete. Aber auf lange Sicht gewann er dadurch mehr, als er sich jemals hätte träumen lassen. Um erfolgreich zu sein, musste er das Risiko des Scheiterns einkalkulieren. Er musste zu einem Menschen werden, der Risiken einging.

Solchen Menschen sind einige Eigenschaften gemeinsam: Sie sehen potenzielle Gewinne und Erfolge voraus, sie nehmen Gelegenheiten mutig wahr, sie nutzen Chancen, um zu wachsen und um ihren Horizont zu erweitern. Natürlich kalkulieren sie auch mögliche Verluste ein, aber sie sind mehr als bereit, die Kehrseite zu vernachlässigen, wenn sich das Endergebnis lohnt. „Man konzentriert sich nicht auf die Risiken", sagte der Testpilot Chuck Yeager, der als Erster die Schallmauer durchbrach. „Man konzentriert sich auf die Ergebnisse."

Der Lohn geistlicher Risiken

Wenn wir ein Risiko eingehen, gehen wir über das hinaus, was wir für unsere Grenzen halten, um unser Ziel zu erreichen. Dabei müssen wir unausweichlich Ängste überwinden – die Furcht vor dem Unbekannten, vor körperlichen Beeinträchtigungen, vor Versagen, vor Demütigung und sogar die Furcht vor Erfolg. Und es gehört eine Portion Abenteuerlust dazu.

Als ich aufs College ging, lieh mir ein Freund oft seine *Kawasaki* aus, die in erster Linie fürs Gelände gedacht war. Wenn ich mit 50 Stundenkilometern über die ebenen Straßen im Wohngebiet unseres Campus' fuhr, war es zwar sicher, aber auch langweilig. Wenn ich aber von der Straße abfuhr, durch hohes Gras, durch den Matsch, über umgefallene Bäume und Büsche, über Geröll und abschüssige Hänge fuhr – also Risiken ausgesetzt war –, dann war *das* richtig aufregend.

Dasselbe gilt auch für ein Leben im Glauben. Wenn wir unsere Ängste überwinden und geistliche Risiken eingehen, dann erleben wir wirklich das Abenteuer des Glaubens. Jesus sagte, dass nur jemand, der bereit sei, sein Leben für ihn zu riskieren, es finden werde, dass aber der, der an seinem Leben hinge – der Risiken scheut –, es verlieren werde.

Glaube und Risiko gehören untrennbar zusammen. Wenn

wir unseren Glauben herausfordern – indem wir Christus immer mehr nachfolgen, auch wenn seine Weisheit mit dem Denken unserer Gesellschaft kollidiert –, gehen wir auf der Grundlage der Überzeugung, dass wir Gott vertrauen können, kalkulierbare Risiken ein.

Wenn wir Gottes Lehren in Bezug auf Ehrlichkeit befolgen, auch wenn wir Angst haben, einen Preis dafür bezahlen zu müssen; wenn wir Gott darum bitten, es uns zu ermöglichen, durch unser Leben etwas im Leben anderer Menschen zu verändern, auch wenn wir Angst vor dem Unbekannten haben; wenn wir jemandem von Gott erzählen, auch wenn wir Angst davor haben, uns zu blamieren; wenn wir dem Reden des Heiligen Geistes folgen, auch wenn wir zögern – das alles sind geistliche Risiken. In solchen Situationen verlassen wir die langweilige Straße durchs Wohngebiet und begeben uns zugunsten des Nervenkitzels in unwegsames Gelände.

Und wir riskieren am meisten, wenn wir beten. Als Skeptiker war ich der Ansicht, Gebet sei eine leere Übung für willensschwache Menschen, die in ihre gefalteten Hände hinein quatschten, weil sie Angst hatten, selbst aktiv zu werden. Da lag ich ganz schön falsch!

Wenn wir nämlich erkennen, dass am anderen Ende unserer Gebete tatsächlich jemand zuhört – ein allmächtiger Jemand, der sich wünscht, dass wir wachsen und reifen, uns weiterentwickeln und Jesus immer ähnlicher werden –, da wird das Gebet für uns zum großen Abenteuer. Da eröffnen sich uns neue Pfade. Da bebt unser Herz.

Im Laufe der Jahre habe ich festgestellt, dass vor allem zwei Gebete sehr riskant sind. Zumindest sind sie aus unserer begrenzten menschlichen Sicht sehr riskant. Eines der beiden Gebete betrifft Menschen, die sich „einfach mal so" mit dem christlichen Glauben beschäftigen, das andere betrifft Nachfolger Jesu. Beide sind nur einen Satz lang. Und beide bergen das Potenzial, alles zu verändern – wenn Sie das Risiko eingehen.

Sind Sie bereit? Dann beschäftigen wir uns auf den nächsten Seiten mit dem riskanten Gebet für alle, die neugierig auf den Glauben sind.

Sich Gott öffnen

In einem Bestseller begleitet der Guru der Generation X, Douglas Coupland, einen jungen Mann durch eine bewegte Zeit. Dieser bedauert seine Fehler. Seine Ehe war festgefahren. Er war gefangen in einem nichtssagenden Job. Statt Freundschaften hatte er das, was er „halbgare Beziehungen" nannte. Er machte sich Sorgen, weil er das Leben nicht länger so spüren konnte, wie er es früher spürte. Er blickte unsicher in seine Zukunft.

Der Titel des Buches: *Life after God.*

Aber nach 212 Seiten voller Ziellosigkeit und Frust kam er zu folgendem Schluss:

„Und dies ist mein Geheimnis:

Ich werde es dir sagen, mit einer Offenheit des Herzens, die ich wohl niemals wiedererlangen werde; und so bete ich, dass du in einem stillen Raum bist, wenn du diese Worte hörst. Mein Geheimnis ist, dass ich Gott brauche – dass ich krank bin und allein nicht mehr weiter kann. Ich brauche Gott, damit er mir hilft, zu geben, denn ich scheine zum Geben nicht länger in der Lage zu sein; damit er mir hilft, gut zu sein, denn ich scheine zur Güte nicht länger imstande zu sein; damit er mir hilft, zu lieben, denn ich scheine über die Fähigkeit zu lieben hinaus zu sein."[1]

Wie Couplands Hauptperson haben vielleicht auch Sie ein Geheimnis. Vielleicht lassen Ihre derzeitigen Umstände Sie zu dem Schluss gelangen, dass Sie unter Umständen – *wirklich nur unter Umständen* – Gott brauchen, um Ihrer Welt Hoffnung und Leben einzuhauchen.

Oder vielleicht brauchen Sie ihn, um die Kruste von einem Herzen abzuschlagen, das von Egoismus und Zynismus zerfressen ist. Oder vielleicht brauchen Sie ihn … und, um ehrlich zu sein, sind Sie sich nicht ganz sicher, warum. Sie haben einfach das Gefühl, dass es in Ihrem Leben mehr geben müsste als einen Job, drei Mahlzeiten am Tag und das nagende Gefühl, dass irgendetwas fehlt.

Also haben Sie sich beiläufig mit dem christlichen Glauben beschäftigt. Noch nicht besonders ernsthaft. Sie haben ein oder zwei Bücher durchgeblättert – einschließlich diesem hier. Fragen schwirren Ihnen durch den Kopf. Sie würden gerne der Wahrheit auf den Grund gehen, aber Sie wissen nicht wie – und Sie haben ein bisschen Angst vor dem, was Sie dabei herausfinden könnten.

Oder vielleicht *wissen Sie theoretisch* schon eine Menge über Gott, aber Ihnen ist klar, dass Sie ihn eigentlich nicht *wirklich kennen*. Sie haben sich mit dem Begriff des Göttlichen herumgeschlagen, dabei aber Jesus nie persönlich kennengelernt. Sie sind als Kind zur Kirche gegangen und haben den Religionsunterricht besucht, aber das schien Sie Gott gegenüber eher abgestumpft zu haben, als Sie für ihn sensibel zu machen. Wenn jemand Sie fragt, sagen Sie, dass Sie ein religiöser Mensch seien, auch wenn die Wahrheit anders aussieht: Ein von Herzen kommender, Ihr Leben verändernder, Ihre Seele zufriedenstellender Glaube hat sich bislang nicht eingestellt.

Dieses Gebet ist für Sie gedacht. Ein paar Worte, die eine Revolution auslösen können. Beten Sie sie auf eigenes Risiko:

„Gott, öffne meine Augen für dich, dafür, wie du wirklich bist, und dann werde ich mein Leben für dich öffnen.“

Vom Zuschauer zum Suchenden

Für Sie mag dieses Gebet stark risikobehaftet sein. Denn wenn Sie es aufrichtig beten, katapultiert es Sie vom Status des Beobachters in den Status eines Menschen, der wirklich daran interessiert ist, die Wahrheit über Gott herauszufinden. Sie betreten unbekanntes Neuland. Vielleicht kommt Ihnen auch Goethes „Zauberlehrling“ in den Sinn: „Die ich rief, die Geister, werd ich nun nicht mehr los.“

Vielleicht haben Sie Angst, in eine moralische Zwangsjacke gesteckt zu werden, in der Sie ersticken. Ihre Freiheit könnte von strengen Regeln erstickt werden, und das zu einer Zeit in Ihrem Leben, in der Sie eher weniger Regeln bräuchten statt mehr.

Vielleicht befürchten Sie auch, in einen Menschen verwandelt zu werden, der Sie nicht sein wollen – einen Polyesteranzug tragenden Missionar, der jeden Satz mit „Amen!“ beendet oder zugunsten seines Glaubens auf jeglichen Spaß verzichtet.

Oder es könnte sein, dass Sie Ihr Selbstbild in Gefahr sehen, wenn Sie sich Dinge eingestehen müssen, über die Sie lieber nicht sprechen würden. Ist es nicht gesünder, sich auf die ganzen positiven Dinge zu konzentrieren, die Sie geleistet haben, statt Ihre Fehler auszugraben?

Am 20. Januar 1980 habe ich ein vergleichbares Gebet gesprochen, auch wenn diese Risiken bedrohlich vor mir aufragten. Und Gott hat es beantwortet. Durch Nachforschungen und Beziehungen zu anderen Menschen habe ich Gott erkundet, bin ihm begegnet und habe ihm schließlich am 8. November 1981 geantwortet, indem ich Jesus als denjenigen, der mir vergibt und mich leitet, in mein Leben aufgenommen habe. Heute kann ich auf die Revolution zurückschauen, die sich in meinem Leben ereignet hat. Und ich kann aufrichtig sagen, dass sich diese anfänglichen Risiken, die ich bedrohlich vor mir aufragen sah, völlig in Luft aufgelöst haben.

Freiheit und Erfüllung

Statt mich durch ein Leben nach Gottes Plan erstickt zu fühlen, fand ich Befreiung und Sicherheit. Meine Erfahrung entspricht im Wesentlichen dem, was der Apostel Johannes über Gott sagte: „Und seine Gebote sind nicht schwer zu befolgen" (1. Johannes 5,3). Dieses Thema zieht sich durch seinen gesamten Brief – dass Gottes Regeln sinnvoll sind, uns gut tun, dass seine Weisheit im Alltag anwendbar ist, ganz wie die Regeln, die ich meinen eigenen Kindern gesetzt habe.

Ich erlege meinen Kindern keine verrückten Beschränkungen auf, um jeglichen Spaß aus ihrem Leben herauszuquetschen. Ich setze ihnen vielmehr vernünftige Regeln, die meiner Vaterliebe für sie entspringen. Ich möchte sie dadurch vor Gefahren bewahren, ich möchte ihnen helfen, ihren Charakter weiterzuentwickeln, harmonisch mit anderen zu leben und ihr volles Potenzial auszuschöpfen. Diese Regeln entspringen einer Beziehung, die von Vertrauen, Vergebung, Kommunikation und liebevoller Disziplin geprägt ist. Und genauso geht auch Gott vor.

Freiheit bedeutet nicht, dass wir alles tun können, wonach

uns der Sinn steht. Freiheit bedeutet, das zu erfüllen, wozu wir erschaffen wurden. Ich kann von Los Angeles nach Chicago fahren, weil es Autobahnen, Ampeln, Verkehrszeichen und eine Straßenverkehrsordnung gibt. All diese Dinge dienen nicht dazu, mich in meiner Freiheit zu behindern, sondern mir die Freiheit des Reisens zu ermöglichen. Und weil die Regeln von demjenigen stammen, der uns erschaffen hat, schenken uns Gottes Regeln die Freiheit, indem sie eine Umgebung schaffen, in der wir uns entfalten können.

Gott quetscht mich nicht in eine Form und beraubt mich meiner Einzigartigkeit, sondern er möchte, dass ich alle Möglichkeiten der Person ausschöpfe, die ich sein soll. Es ist wie in dem biblischen Bericht, in dem ein Hirtenjunge namens David sich freiwillig meldete, um gegen den gefürchteten Krieger Goliath zu kämpfen. Die Heerführung versuchte David auf den Kampf vorzubereiten, indem sie ihn in das Klischee eines Soldaten presste – er bekam einen Brustpanzer, einen bronzenen Helm auf den Kopf sowie ein Schwert. So sahen Soldaten eben damals aus, wenn sie in den Kampf zogen.

Aber der Panzer drückte ihn mit seinem Gewicht nieder und schränkte ihn in seiner Bewegungsfreiheit ein. Der Helm drückte. Das Schwert fühlte sich in seiner Hand irgendwie fremdartig an. David ging ein paar Schritte, dann sagte er: „Nein, so kann ich nicht kämpfen. Ich bin das alles nicht gewohnt. Das bin ich nicht. Ich muss so sein, wie ich bin.“ Also legte er die Standardrüstung ab, zog seine Hirtenkleidung wieder an, nahm seine Steinschleuder und fünf glatte Steine und zog in den Kampf. Er kämpfte gegen Goliath, so wie er war, und Gott ließ ihn diesen Feind besiegen (1. Samuel 17,38–50).

So wird Gott auch Sie nicht zwingen, etwas zu werden, wozu Sie nicht geschaffen sind. Er hat Sie erschaffen. Gott möchte Ihre Persönlichkeit, Ihr Temperament, Ihre Talente und Ihre Erfahrungen nehmen und Ihnen einen neuen Charakter, neue Haltungen, neue Fähigkeiten und die Führung des Heiligen Geistes geben, damit Sie Ihr volles Potenzial erreichen können.

Wer ich heute bin, spiegelt viel besser Gottes Absichten für mein Leben wieder als all meine Jahre als zechender, fluchender Zyniker. Am Ende riskierte ich mit diesem Gebet eigentlich nur, dass ich von den Dingen befreit wurde, die mich im Grunde niederdrückten, statt mich freizumachen.

Und das war überhaupt kein Risiko.

Das Risiko der Umkehr

Auch die Lebenswende selbst schien mir eine riskante Angelegenheit zu sein. Das ist ein Wort, das man eigentlich nicht häufig verwendet. Es ist im Original eine Kombination aus zwei Wörtern, die „Veränderung des Sinnes" bedeuten. Umkehr bezeichnet das Bekenntnis, dass wir Rebellen sind – dass wir Gott ignoriert und seine Regeln gebrochen haben –, und dann eine buchstäbliche Sinnesänderung, indem wir uns umdrehen und mit Gottes Hilfe in die andere Richtung gehen.

In der Bibel ist Umkehr nichts, das wir tun oder sein lassen können; sie ist unabdingbar. Die ersten Worte, die Jesus bei seinem öffentlichen Wirken gesprochen hat, lauteten: „Es ist so weit: Jetzt wird Gott seine Herrschaft aufrichten und sein Werk vollenden. Ändert euer Leben und glaubt dieser guten Nachricht!" (Markus 1,15).

Aber ich hielt sie für ein großes Risiko für mein Ego und mein Selbstbild. Es gefiel mir nicht, zugeben zu müssen, dass ich etwas falsch gemacht hatte. Ich wollte der Möglichkeit nicht ins Auge sehen, dass ich in moralischer Hinsicht versagt hatte. Ich wollte mich nicht mit meinen eigennützigen Motiven beschäftigen und auch nicht mit meinen Halbwahrheiten, meinen verdrehten Wünschen, mit den Situationen, in denen ich meine Augen abgewandt hatte, um Menschen, die in Not waren, nicht sehen zu müssen, ethisch fragwürdig gehandelt hatte, Gott geflucht hatte oder anderen das Schlimmste gewünscht hatte. Ich war ein echter Fachmann darin, „gute", vernünftige Gründe für mein Verhalten zu finden und meine Spuren zu verwischen.

Und ich war nicht der Einzige, dem es so ging. Einer der Köder populären Denkens lautet, dass wir eigentlich alle gut seien und zu immer besseren Menschen werden – eine Prämisse, die bereits von den Abendnachrichten an jedem beliebigen Tag widerlegt wird. Diese trügerische Überzeugung nährt unsere –

wie Psychologen es nennen – „selbstwertdienliche Verzerrung“: Wir schreiben unsere Erfolge unseren eigenen Fähigkeiten zu, Misserfolge werden auf unglückliche Umstände geschoben.

Vor einigen Jahren wurde beispielsweise ein Drogendealer in Chicago verurteilt, da er einen gigantischen Drogenhandel aufgezogen und – das ist keine Übertreibung – Hunderte von Straftaten begangen hatte, darunter den geplanten Mord an einem Bundesagenten. Nach dem Urteilsspruch schaute der Verbrecher dem Richter in die Augen und sagte völlig ernst: „Ich bin vielleicht ein Drogendealer, aber ich bin kein schlechter Mensch.“ So viel zum Thema „selbstwertdienliche Verzerrung“!

Vergleichen Sie das damit, in welcher Weise der britische Autor G. K. Chesterton sich mit dem Ausmaß seiner Sünde und der Art und Weise, wie sie die Menschen in seinem Umfeld vergiftete, auseinandersetzte. Als die *London Times* Leser dazu einlud, sich zu dem Thema „Was ist mit der Welt nicht in Ordnung?“ zu äußern, schrieb er folgenden Brief:

„Sehr geehrte Herren,
ich.
Ihr ergebener G. K. Chesterton“[2]

Ob es Ihnen gefällt oder nicht: Wenn wir der Wahrheit ins Auge sehen und sie nicht länger verzerren, um unseren Selbstwert zu vergrößern, sind wir mit der Tatsache konfrontiert, dass wir alle Gottes Standards für unser Leben nicht genügen. Außerdem, so lesen wir in der Bibel, sind alle unsere guten Taten „unrein wie ein schmutziges Kleid“ (Jesaja 64,5). Verglichen mit der Heiligkeit Gottes sind sie zerrissene und angeschlagene Bemühungen, die von gemischten und egoistischen Motiven befleckt sind.

Gott gab uns das Gesetz, das wir die Zehn Gebote nennen. Er wollte uns damit helfen zu erkennen, dass wir nicht nach seinen Idealvorstellungen leben können. Martin Luther sagte dazu:

„Gott möchte den Menschen lehren, sich selbst durch die Gebote zu erkennen. Er möchte ihn sehen lassen, wie falsch und ungerecht sein

Herz ist, wie weit er immer noch von Gott entfernt ist und wie unfähig sein Wesen ist. […] So soll der Mensch gedemütigt werden, er soll zum Kreuz kriechen, er soll nach Christus dürsten, er soll sich nach seiner Gnade sehnen, er soll an sich selbst verzweifeln und all sein Vertrauen in Christus legen.“[3]

Wenn wir uns weigern, das Risiko einzugehen und unser Versagen zuzugeben und uns von unseren Fehlern abzuwenden, wenn wir das alles in uns verschlossen halten, dann frisst es uns allmählich von innen auf, wie der Rost an einem alten Auto nagt. König David beschrieb dies in Psalm 32 sehr anschaulich: „Herr, erst wollte ich meine Schuld verschweigen; doch davon wurde ich so krank, dass ich von früh bis spät nur stöhnen konnte. Ich spürte deine Hand bei Tag und Nacht; sie drückte mich zu Boden, ließ meine Lebenskraft entschwinden wie in der schlimmsten Sommerdürre“ (Psalm 32,3–4).

Es mag unser Selbstbild bedrohen, unser eigenes sündhaftes Wesen zuzugeben. Aber das ist nichts im Vergleich mit dem Lohn, den wir erhalten, wenn wir offen unsere Fehler zugeben und Gott um seine Hilfe bitten, wenn es darum geht, unser Leben auf einen gesünderen Kurs zu bringen. In der Bibel lesen wir, dass wir Vergebung, Reinigung, Heilung und ein Gefühl der Befreiung bekommen, das in uns fließt, wenn wir Gott um Vergebung bitten. Die nächsten Worte, die David in Psalm 32 schrieb, lauten folgendermaßen: „Darum entschloss ich mich, dir meine Verfehlungen zu bekennen. Was ich getan hatte, gestand ich dir; ich verschwieg dir meine Schuld nicht länger. Und du – du hast mir alles vergeben“ (Psalm 32,5)!

Statt auf ein stolzes, egoistisches Selbstbewusstsein stützt sich unser neues Selbstbild nun auf eine erstaunliche Aussage aus der Bibel: „Wie sehr Gott uns liebt, beweist er uns damit, dass Christus für uns starb, als wir noch Sünder waren“ (Römer 5,8) *– gerade zu einem Zeitpunkt, als wir unsere schlimmsten Verbrechen begangen oder unsere abscheulichsten Gedanken gedacht haben.*

So außergewöhnlich groß und tief ist Gottes Liebe.

Wenn Sie meinen, dass es riskant sei, mit Gott ins Reine zu kommen, dann möchte ich Ihnen etwas erzählen, das ich vor ein paar Jahren erlebte. Ein Bekannter rief mich an, um mir etwas, wie er sagte, Peinliches zu berichten. Seine kleine Tochter war dabei erwischt worden, dass sie bei uns im Buchladen der Gemeinde etwas hatte mitgehen lassen. Er wollte sich nun erkundigen, ob ich die Gemeinde vertreten würde, damit sie vorbeikommen und sich entschuldigen könnte. Er sagte, er wolle diesen Vorfall nutzen, um ihr eine Lektion zu erteilen. Ich stimmte zu – aber ich hatte eine viel größere Lektion im Sinn.

Am nächsten Tag kamen die Eltern und ihre achtjährige Tochter also in mein Büro.

„Erzähl mir, was passiert ist", sagte ich zu dem Mädchen so freundlich ich konnte.

„Na ja", fing es an und schniefte, „ich war nach dem Gottesdienst im Buchladen und sah ein Buch, das ich wirklich unbedingt haben wollte, aber ich hatte kein Geld …" Tränen traten ihr in die Augen und liefen ihr über das Gesicht. Ich gab ihr ein Taschentuch. „Also steckte ich das Buch unter meine Jacke und nahm es mit. Ich wusste, dass es falsch war. Ich wusste, dass ich es nicht tun sollte, aber ich habe es getan. Und es tut mir leid. Ich werde es nie wieder tun. Ehrlich!"

„Ich bin froh, dass du so bereitwillig zugibst, was du getan hast, und dass du dich dafür entschuldigst", erklärte ich ihr. „Das ist sehr artig, und es ist genau das, was man in so einer Situation macht. Aber was wäre deiner Ansicht nach eine angemessene Strafe für dich?"

Sie zuckte mit den Schultern. Ich dachte einen Augenblick nach. „Soweit ich weiß, kostet das Buch fünf Dollar. Ich denke, es wäre nur gerecht, wenn du dem Buchladen die fünf Dollar bezahlen würdest und dazu noch dreimal diesen Betrag, was also insgesamt 20 Dollar wären. Meinst du, das wäre gerecht?"

Sie nickte traurig. „Ja", murmelte sie. Sie sah ein, dass es gerecht war und Strafe nun einmal sein musste. Aber nun stand ihr die Furcht ins Gesicht geschrieben. 20 Dollar sind für ein Kind eine riesige Summe. Woher sollte sie so viel Geld bekommen?

Ich wollte diese Situation nutzen, um ihr etwas über Jesus beizubringen. Also zog ich meine Schreibtischschublade auf, holte mein Scheckbuch heraus und stellte einen Scheck über den gesamten Betrag aus. Ich riss den Scheck heraus und überreichte ihn ihr. Ihr Mund stand vor Erstaunen offen.

„Ich werde die Strafe für dich bezahlen. Weißt du, warum ich das mache?" Fassungslos schüttelte sie den Kopf. „Weil ich dich mag. Weil du mir am Herzen liegst. Weil du für mich wertvoll bist. Und denke daran: Dieselben Gefühle hat auch Jesus für dich. Nur noch viel stärker."

Ich sage Ihnen was: Ich wünschte, ich könnte Worte finden, die den Ausdruck von absoluter Erleichterung, Freude und Erstaunen auf ihrem Gesicht beschreiben könnten. Ihr wurde fast schwindlig vor lauter Dankbarkeit.

Und das ist ein bisschen mit dem vergleichbar, was Jesus Ihnen anbietet. Durch sein Leiden und seinen Tod am Kreuz bezahlte er an Ihrer Stelle die komplette Strafe für Ihre Vergehen. Aus seiner Liebe zu Ihnen bietet er Ihnen diese Bezahlung als Geschenk an – das Sie annehmen oder ablehnen können.

Es ist Ihre Entscheidung.

Es war eigentlich kein Risiko bei dem, was das kleine Mädchen machte. Sie gab ihren Fehler zu, weil es den Tatsachen entsprach und weil es ihr leidtat. Sie nahm den Scheck an, weil sie keine Möglichkeit hatte, die Summe aus eigener Tasche zu bezahlen.

Und ihre Reaktion entsprach dem, was ich oft auf den Gesichtern von Menschen sehe, die das kurze Gebet gesprochen haben und als Folge eine ihr Leben verändernde Begegnung mit Jesus haben. Sie spiegelt Freude, Dankbarkeit und vor allem Erstaunen über seine enorme Gnade wider.

Ja, es ist schon ein bisschen riskant, aber das eigentliche Risiko ist nicht das, an das Sie vermutlich sofort gedacht haben. Das wahre Risiko besteht darin, dieses Gebet nicht zu sprechen.

Sich auf ein geistliches Abenteuer einlassen

In einem Comicstrip aus der Serie „B.C." ist ein Höhlenmensch zu sehen, der ein Gebet spricht: „Gott, falls es dich gibt, schick mir ein Zeichen!" Dann taucht zu seinem Erstaunen – *wumms!* – plötzlich eine riesige, grelle Neonschrift vor ihm auf, auf der die Worte „Ich bin hier! Ich bin hier!" blinken.

Wenn Sie Gott suchen, dann können Sie ganz sicher sein, dass er sich nicht vor Ihnen versteckt. Sie können ihn überhaupt nur dann suchen, weil er schon angefangen hat, etwas in Ihnen zu verändern. Ihre Suche ist eine Antwort auf das leise Reden des Heiligen Geistes. Vertrauen Sie darauf, dass Gott Ihnen auf Ihrer geistlichen Reise helfen wird. „Bittet und ihr werdet bekommen!", sagte Jesus. „Sucht und ihr werdet finden! Klopft an und es wird euch geöffnet" (Matthäus 7,7)!

Und bitten Sie aufrichtig. Lesen Sie die Bibel mit einem wachen Verstand. Sprechen Sie mit anderen Christen, lesen Sie christliche Bücher, hören Sie christliche Kassetten, und besuchen Sie eine Gemeinde, die sensibel auf die Bedürfnisse von Menschen eingeht, die auf der Suche sind. Mein Freund Judson Poling rät auch zu folgenden Schritten:

- Verbringen Sie Zeit in der freien Natur, beobachten und erleben Sie Gottes Schöpfung.
- Erkennen Sie Ihre Vorprägung – die Dinge, die Sie jetzt schon glauben. Fassen Sie den Mut, auch diese Dinge infrage zu stellen.
- Erkennen Sie die empfindlichen Punkte in Ihrer Vergangenheit – Ihre Erfahrungen und Erlebnisse –, sonst könnte Ihre Objektivität beeinträchtigt sein.
- Setzen Sie eine Frist für Ihre Suche und ziehen Sie immer wieder Bilanz über Ihren Fortschritt. Versuchen Sie am Ende der Frist, die bestmögliche Entscheidung zu treffen.
- Sie müssen nicht alles wissen, um Erkenntnisse zu gewinnen.[4]

Kurz gesagt: Suchen Sie mit ganzem Herzen. Machen Sie es zu einer Priorität in Ihrem Leben. Investieren Sie darin Zeit und Energie. Es hängt so viel von Ihrer geistlichen Suche ab, dass es sinnvoll ist, sich mit Begeisterung darauf einzulassen. „Ihr werdet mich suchen und werdet mich finden. Denn wenn ihr mich von ganzem Herzen sucht, werde ich mich von euch finden lassen" (Jeremia 29,13 f.), verspricht Gott in der Bibel.

Dann ist da noch das andere Gebet, von dem ich vor ein paar Seiten gesprochen habe. Es ist für diejenigen gedacht, die Christus bereits gefunden und sein Geschenk der Vergebung und Gnade empfangen haben und sicher und für ewig in seine Familie aufgenommen sind.

Es ist ein Gebet, das Gott einlädt, Sie aus Ihrem Wohlfühlbereich herauszuholen, Ihrem Glauben neue Horizonte zu eröffnen und eine neue Ära voller Abenteuer und gespannter Erwartung einzuläuten. Wenn Sie dieses Gebet aufrichtig sprechen, kann es der Auftakt zu einem Leben voller Nervenkitzel sein, und zwar voller erfüllendem Nervenkitzel:

„Gott, hier bin ich. Ich stehe ganz zu deiner Verfügung. Gebrauche mich, wie du mich noch nie zuvor gebraucht hast.“

Ich dachte über dieses Gebet nach, als ich im Fernsehen die Olympischen Spiele im Turmspringen anschaute. Dabei erinnerte ich mich an meine Kindheit, als ich im Schwimmbad zum ersten Mal diese scheinbar endlose Leiter zum Sprungturm hinaufgeklettert war.

Ich erinnere mich noch gut daran, wie ich zögernde Schritte auf diesem schmalen, sich wie Sandpapier anfühlenden Brett machte. Und je weiter ich mich dem Rand näherte, desto stärker durchfuhren Schauer meinen Körper. Als ich das Ende erreicht hatte, spähte ich über den Rand und zuckte zurück. Das Wasser war so weit unten, dass es aussah wie in einem dieser Canyons in einem „Road Runner“-Cartoon – mindestens eine Million Kilometer entfernt!

Auch wenn ich wusste, dass mir bei einem Sprung nichts passieren konnte, dass das Verletzungsrisiko gering war, meine Freunde schon vor mir von diesem Brett gesprungen waren und es überlebt hatten, bestand meine natürliche Reaktion trotzdem darin, einen Schritt zurückzutreten und mich am Geländer festzuhalten. In diesem Augenblick verlangsamte sich mein Herzschlag etwas und ich konnte wieder etwas befreiter atmen.

Manche Christen haben das Gefühl, dass ihr geistliches Leben langweilig, farblos und zur Routine verkommen ist, dass es vorhersehbar und sicher ist – was daran liegt, dass sie sich an so einem Geländer festhalten. Sie fragen sich, warum ihr Herz für geistliche Dinge nicht mehr schneller schlägt, und die simple Erklärung lautet: Ohne Risiko kein Abenteuer.

Dieses Gebet lädt Gott ein, mit Ihnen ans Ende dieses Sprungbrettes zu treten, wo Sie eine Ahnung davon bekommen, welches Risiko Sie erwartet, und wo das Leben mehr Biss hat. Wenn sich Ihre Zehen um den Rand krümmen und die Höhe Ihnen den Atem verschlägt, dann fangen Sie erst so richtig an zu beten, dann machen Sie sich stärker von Gott abhängig, dann steigt Ihr Adrenalinspiegel und dann – wenn ich den Vergleich bis zum Ende weiterführen darf – kann Gott wirklich anfangen, mit Ihrem Leben andere nass zu spritzen!

Dieses Gebet meint im Grunde: „Ich möchte in dein Werk eintauchen. Gebrauche mich, wie du es noch nie zuvor getan hast. Ich möchte etwas in der Welt bewirken, bei einem Menschen nach dem anderen. Gebrauche mich, um deine Botschaft der Hoffnung einem Menschen zu bringen, der verzweifelt ist. Gebrauche mich, um einem Teenager zu helfen. Gebrauche mich, um das Problem eines anderen Menschen zu lösen. Gebrauche mich, um den Schmerz eines anderen Menschen zu lindern. Gebrauche mich, um das Gebet eines Menschen zu beantworten. Gebrauche mich, um jemandem etwas zu essen zu geben, der Hunger hat.

Gebrauche mich, um jemanden zu ermutigen, der verzweifelt ist. Gebrauche mich, um die Einsamkeit eines anderen Menschen zu lindern. Gebrauche mich, um meine Kinder in einer Familie zu erziehen, die sich an deine Gebote hält. Gebrauche mich, um den Glauben eines Menschen zu vertiefen. Gebrauche mich, um jemandem Mut zu machen. Gebrauche mich, um einem zerbrochenen Menschen zu helfen, zu erkennen, wie unschätzbar wertvoll er in deinen Augen ist. Gebrauche mich, um ein Leben in deinem Namen zu berühren. Ich habe keine Lust mehr darauf, mich nur am Geländer festzuhalten. Ich habe keine Lust mehr, nur im seichten Teil des Lebens herumzuplanschen. Ich möchte ins tiefe Wasser springen! Ich möchte, dass du mich gebrauchst, damit ich deine Augen und Ohren und Hände und Füße in einer Welt sein kann, die dich Tag für Tag mehr braucht."

Wenn Sie dieses Gebet sprechen und ernst meinen, dann wird sich etwas verändern. Und die Wahrscheinlichkeit ist hoch, dass Sie von Zeit zu Zeit Situationen gegenüberstehen, in denen Ihnen das Herz vor Angst bis zum Hals schlägt, in denen die Gewinnchancen gering scheinen, die Hindernisse hoffnungslos furchteinflößend, Ihre Opfer schmerzhaft und Ihr Versagen unausweichlich.

Und Sie werden es doch nie bereuen.

Gott kann uns gebrauchen, wenn wir uns nutzlos fühlen

Wenn Sie wie ich sind, werden Sie so ein Gebet mit einem Hauch Zweifel sprechen. Eine Stimme wird Ihnen zuflüstern: „Na, komm, wen willst du denn hier veräppeln? Warum sollte der allmächtige Gott des Universums so eine mickrige Person wie dich gebrauchen? Du solltest dich besser gut an deinem Geländer festhalten, denn sonst steht dir ein tiefer Fall bevor."

Vielleicht sind Sie für solche Stimmen empfänglich, die Sie darauf hinweisen, dass Sie kein Theologe sind, keine Mutter Teresa, kein Billy Graham oder dass Ihr Alter, Ihre Erfahrung oder Ihr Hintergrund Sie davon ausschließen, in dieser Welt etwas zu bewegen.

Wenn ich solchen Botschaften in die Falle gehe, dann besteht eine meiner Strategien darin, mir das Leben anderer Menschen anzusehen, die vermutlich dasselbe von sich gedacht haben und doch auf bemerkenswerte Weise von Gott gebraucht wurden.

Wie das 15-jährige Mädchen, das vor vielen Jahren im Rampenlicht stand, dessen Knie zitterten und dessen Hände vor Angst schweißnass waren und das doch auf außergewöhnliche Weise von Gott gebraucht wurde – einfach nur, weil es sich zur Verfügung gestellt hatte.

In dieser Geschichte geht es auch um John Sung, der aus China in die Vereinigten Staaten kam, um Naturwissenschaften zu studieren, und sich als sehr begabter Student in Chemie und Physik entpuppte. Er gewann Stipendien und viele Preise; er wurde in eine akademische Elitegemeinschaft aufgenommen, Zeitungen überschütteten ihn mit Lob, und 1926 erhielt er seinen Doktortitel an der Universität von Ohio.

Trotz seiner akademischen Erfolge war Sung in geistlicher Hinsicht aufgewühlt. Obwohl er in einer christlichen Familie aufgewachsen war, sehnte er sich nach einer Beziehung zu Gott. Seine geistliche Reise nahm viele Umwege. Er versuchte es mit buddhistischen Gesängen, aber er fühlte sich immer noch leer. Er liebäugelte mit dem Taoismus, aber Gott schien immer noch weit entfernt. Er wurde depressiv, schrieb, dass er das Gefühl hatte, seine Seele wandere in einer Wüste. Und ich vermute, dass er an diesem Punkt ein Gebet sprach, das dem „Gebet für Suchende" entspricht, das ich vor einigen Seiten erwähnte.

Dann hörte Sung, dass ein brillanter christlicher Redner die Universität besuchen und über den christlichen Glauben sprechen würde. Endlich, so dachte er, ein intellektuell Ebenbürtiger, jemand, der glaubwürdig war und den er auf Grund seines messerscharfen Verstandes und seiner akademischen Meriten respektieren konnte. Vielleicht konnte dieser Mann ihm etwas Wichtiges über Gott sagen.

Sung betrat den Hörsaal an diesem Abend mit hohen Erwartungen. Er suchte sich einen Platz, von dem aus er gut sehen konnte, und wartete darauf, dass das Programm begann. Aber schon bald gab es eine Ankündigung: Der Redner war verhindert. Sung seufzte enttäuscht.

Als er sich gerade zum Gehen wandte, fragten die Organisatoren der Veranstaltung eine Schülerin, die in das erste Jahr auf der Highschool ging, ob sie den Hauptredner vertreten würde. Ich bin ziemlich sicher, dass sie, als sie voller Furcht aufs Podium ging, schnell ein Gebet sprach, dass Gott sie gebrauchen würde, wie er sie noch nie zuvor gebraucht hatte.

Aber was konnte ein schüchterner Teenager einem hochgebildeten Menschen wie John Sung schon sagen? Was konnte diese junge Christin sagen, das für einen Menschen wichtig sein könnte, der bereits so viel Wissen über so viele Glaubensrichtungen besaß?

Was sie an jenem Abend sagte, war ganz einfach: Sie sprach aufrichtig und mit fast kindlicher Offenheit über die revolutionäre Veränderung, die Jesus Christus in ihrem jungen Leben bewirkt hatte. Mit einer unschuldigen Reinheit und einer von Gott inspirierten Liebe sprach sie über genau das, wonach John Sung sich sehnte.

Er brauchte keinen intellektuellen Vortrag, der seinen Verstand ansprach; er brauchte eine authentische Christin, die zu seinem Herzen sprach. Und Gott gebrauchte ihre Worte, um John Sung an diesem Abend zu verändern.

Er veränderte ihn in einen hingegebenen und stetig im Glauben wachsenden Christen, der sein Leben seinem Dienst verschrieb. Schließlich ging John Sung zurück in den Fernen Osten, wo er Hunderte von chinesischen Gemeinden zu neuem Leben erweckte und Zehntausenden von geistlich hungernden Menschen half, die Vergebung und Barmherzigkeit Jesu zu entdecken. Man nannte ihn einen der größten Evangelisten Chinas.[5]

Und das alles, weil Gott einen Teenager gebrauchte, dessen Name die Geschichte schon lange vergessen hat.

Ein Kinderkreuzzug

Und es gibt viele solcher Geschichten.

Da war zum Beispiel der ungebildete Schuhmacher, der gezwungen war, in einer winzigen Londoner Gemeinde auf die Kanzel zu steigen, nachdem der Pastor durch einen Schneesturm verhindert war. Ein Teenager kam an diesem Morgen in die Kirche, um dem kalten Wetter zu entkommen, hörte, was er später als eine der schlechtesten Predigten bezeichnete, die je gehalten wurde, und vertraute doch Jesus an Ort und Stelle sein Leben an.

Dieser Teenager war Charles Haddon Spurgeon, der später der Prediger schlechthin wurde und einen neuen evangelistischen Eifer in die größte Stadt Englands trug.

Dann war da der „Kinderkreuzzug" in den 1970er Jahren im Nordwesten von Chicago. Eine Gruppe von jungen Leuten sorgte sich so stark um ihre Freunde, die ohne Gott verloren waren, dass sie eine neue Art von sucherorientierter Gemeinde ins Leben riefen. Hier sollten ihre Freunde die Botschaft von Jesus kennenlernen, die die Mitglieder der Gruppe so stark verändert hatte.

Inspiriert durch einen großväterlichen Theologieprofessor, wurde aus ihrem grünschnäbelig begonnenen Dienst eine der am stärksten besuchten Gemeinden in den Vereinigten Staaten. Eine Gemeinde, die mich, meine Frau, meine Kinder und unzählige Tausende andere in eine lebendige Beziehung zu Jesus Christus geführt hat.

Ich bin überzeugt, dass Gott diese Jugendlichen nicht *trotz* ihrer Unerfahrenheit gebrauchte; ich denke, er gebrauchte sie *wegen* ihrer Unerfahrenheit.

Mit jugendlicher Unbekümmertheit stellten sie ihr Leben Gott uneingeschränkt zur Verfügung. Sie setzten voller Freude ihre Zeit, ihre Begabungen und ihren Besitz ein. Ihr jugendliches Alter ließ sie für neuartige Ansätze und gewagte Strategien offen sein, und so verkündeten sie die Botschaft Jesu auf kreative Art und Weise Menschen, die sich auf einer spirituellen Suche befanden. In ihrem Idealismus gingen sie Risiken ein, denen andere aus dem Weg gegangen wären. Weil sie nicht über viel eigene Erfahrung verfügten, auf die sie sich stützen konnten, verließen sie sich auf Jesus. Und sie weigerten sich, es diesen inneren Stimmen des Zweifels zu erlauben, ihren von Gott gegebenen Traum zunichtezumachen.

Die Kraft des Ansatzes „Ein Leben nach dem anderen"

Um ihren 20. Geburtstag zu begehen, musste die *Willow Creek*-Gemeinde die größte Halle Chicagos mieten – das *United Center*, die Heimat der *Chicago Bulls* –, um 20.000 Besuchern Platz zu bieten. Jeder, der an diesem Abend in die Halle kam, bekam eine winzige Taschenlampe in die Hand gedrückt.

Gegen Ende des Abends bat Nancy Beach – die eine von denen war, die als Jugendliche an der Gründung der Gemeinde beteiligt gewesen waren, und immer noch eine wichtige leitende Mitarbeiterin – darum, die Halle zu verdunkeln. Dann bat sie jeden, der durch die Arbeit von *Willow Creek* ein Nachfolger Jesu geworden war, seine Taschenlampe anzuschalten.

Es gab eine kurze Pause … und dann verwandelte sich innerhalb eines Augenblicks der dunkle Zuschauerraum in ein wahres Sternenmeer, in dem Tausende und Abertausende von Lichtern freudig feierten, was Gott tun kann, wenn sich risikobereite Nachfolger ihm voll und ganz zur Verfügung stellen. Es gab „Oooohs" und „Aaaahs", als sich die Leute umschauten – und dann gab es einen spontanen Applaus für Gott.

An diesem Punkt ereignete sich eine bemerkenswerte Begebenheit. Ein Fotograf war auf die Bühne getreten, um die Szenerie festzuhalten. Genau im selben Bruchteil einer Sekunde, in der er sein Foto machte, schoss auch jemand im Erdgeschoss mit Blitzlicht eine Aufnahme vom Publikum.

Erstaunlicherweise wurde das Blitzlicht auf dem Foto, das mit der ersten Kamera auf der Bühne gemacht wurde, festgehalten. Und als das Foto belichtet wurde, war nur eines der Gesichter in diesem Meer an Gesichtern beleuchtet, die an diesem Abend im *United Center* zu sehen waren.

Es war das Gesicht von Dr. Gilbert Bilezikian, dem betagten Theologieprofessor, der die Vision weitergegeben hatte, eine Gemeinde zu gründen, um Menschen zu erreichen, die geistlich verloren waren. Die Kamera erwischte ihn dabei, wie er wie ein Baby weinte – weil dieser Augenblick alle Anstrengungen wert gewesen war.

All die Risiken. All die Kritik von denen, die dies nicht verstanden. All die Arbeit, die Gebete, die Opfer, den Schmerz. All die Pläne, Besprechungen und Gottesdienste. Und all die Stunden und Jahre. Die Tausenden von flackernden Lichtern, die einzelne Menschen repräsentierten, deren Leben von Gott auf den Kopf gestellt worden war und deren ewige Bestimmung umgeschrieben wurde – *es war es alles wert, für sie.*

Ein Motto der Gemeinde lautet: „Was für ein Abenteuer!" Und es besteht kein Zweifel: Wenn Sie sich Gott und seinem Wirken in Ihrem Leben voll und ganz zur Verfügung stellen – wenn Sie Ihre Arme weit öffnen und ihn bitten, Sie so zu gebrauchen, wie er Sie nie zuvor gebraucht hat –, dann sehen Sie sich vor!

Dann steht Ihnen das Abenteuer Ihres Lebens bevor!

Anmerkungen

1. Behauptung
Sie sind wirklich frei, wenn Sie Ihren Feinden vergeben

1 Terry Anderson: „Small Graces", in: *Guideposts*, September 1993, S. 3–5; für einen ausführlicheren Bericht siehe auch Andersons Buch: *Den of Lions. Memoirs of Seven Years.* New York, Crown, 1993.
2 Die vollständige Geschichte von der Familie Morris und Tommy Pigage finden Sie in: „Could They Forgive Their Son's Killer?", in: *Reader's Digest*, Mai 1986, S. 136–140 und in „Seventy Times Seven". In: *Guideposts*, Januar 1986, S. 2–6.
3 Robert Smith Thompson: *The Missiles of October.* New York, Simon & Schuster, 1992, S. 320–321.
4 David S. Dockery & David E. Garland: *Seeking the Kingdom.* Wheaton/Illinois, Harold Shaw, 1992, S. 68.
5 William Barclay: *The Gospel of Matthew*, Bd. 1. Philadelphia, Westminster, 1975, S. 176.
6 John Stott: *The Message of the Sermon on the Mount.* Downer's Grove, Illinois, InterVarsity Press, 1985, S. 119.

2. Behauptung
Sie können sogar lernen, sich selbst zu vergeben

1 „Artswatch", in: *World*, 7. April 1990, S. 15.
2 Dr. Chris Thurman: *The Truths We Must Believe.* Nashville, Nelson, 1991, S. 23–24.
3 Dr. David Stoop: *Hope for the Perfectionist.* Nashville, Nelson, 1991, S. 81.
4 LaGena Lookabill Greene im Gespräch mit Paula Spencer:

„I Am What AIDS Looks Like", in: *Aspire*, Januar 1996, S. 14–19.

[5] „Offerings at the Wall", in: *Chicago Tribune Magazine*, 28. Mai 1995, Titelseite.

[6] Arthur Freeman: *Woulda, Coulda, Shoulda*. New York, William Morrow, 1989.

3. Behauptung
Sie können die Schlammschlacht überleben, ohne zum Schwein zu werden

[1] Lee Strobel: *Reckless Homicide: Ford's Pinto Trial*. South Bend/Indiana, And Books, 1980, S. 75–92, 184.

[2] Warren Wiersbe: *The Integrity Crisis*. Nashville, Nelson, 1988, S. 21.

[3] Doug Sherman und William Hendricks: *Keeping Your Ethical Edge Sharp*. Colorado Springs, NavPress, 1990, S. 26.

[4] Albert Carr: „Is Business Bluffing Ethical?" In: *Harvard Business Review*, Januar–Februar 1969, S. 153.

[5] Jack Eckerd und Charles Paul Conn: *Eckerd: Finding the Right Prescription*. Old Tappan, New York, Revell, 1987, S. 189.

[6] Robert Solomon und Kristine Hanson: *It's Good Business*. New York, Athenaeum, 1985, S. XIII–XIV.

[7] Eckerd und Conn: *Eckerd: Finding the Right Prescription*. A. a. O., S. 190.

[8] Paul Reiser: *Couplehood*. New York, Bantam, 1995, S. 226–27.

[9] Laura Nash: *Believers in Business*. Nashville, Nelson, 1994, S. 45–46.

[10] Ebd., S. 37.

[11] Ebd., S. XIV–XV.

[12] Sherman und Hendricks: *Keeping Your Ethical Edge Sharp*. A. a. O., S. 153–54.

4. *Behauptung*
Sie können etwas bewirken, das für die Ewigkeit Bestand hat

1 Terry C. Muck: *Those Other Religions in Your Neighbourhood.* Grand Rapids, Michigan, Zondervan, 1992, S. 150–51.

5. *Behauptung*
Gott kann Ihnen Kraft geben, wenn Sie Kraft brauchen

1 Bruder Andrew mit Verne Becker: *The Calling.* Nashville, Moorings, 1996, S. 26–27.

6. *Behauptung*
Sie gewinnen, wenn Sie sich selbst aufgeben

1 Eugene H. Peterson: *The Message.* Colorado Springs, Nav-Press, 1993, S. 491.
2 D. James Kennedy: *What If Jesus Had Never Been Born?* Grand Rapids, Michigan, Zondervan, 1994, S. 36.
3 David Jeremiah: *Acts of Love.* Gresham, Oregon, Vision House, 1994, S. 102–104.
4 Kenneth Leech: *True Prayer: An Invitation to Christian Spirituality.* San Francisco, Harper & Row, 1980, S. 73.

7. *Behauptung*
Eine Prise Zweifel kann Ihrem Glauben wieder Geschmack verleihen

1 C. S. Lewis: *Pardon, ich bin Christ.* Basel, Brunnen Verlag, 1977, S. 129.
2 Os Guinness: *In Two Minds: The Dilemma of Doubt and How to Resolve It.* Downers Grove, Illinois, InterVarsity Press, 1976, S. 25.
3 Karl Barth: *Evangelical Theology: An Introduction.* New York, Holt, Rinehart & Winston, 1963, S. 124.

4 Lynn Anderson: *If I Really Believe, Why Do I Have These Doubts?* Minneapolis, Bethany House, 1992, S. 25–26.

5 Gary R. Habermas: *Dealing with Doubt.* Chicago, Moody Press, 1990, S. 15. Seine Gedanken zu diesem Thema haben meinen Ansatz stark beeinflusst.

6 Mark R. Littleton: „Doubt Can Be a Good Thing". In: *The Lookout.* 17. März 1991, S. 5.

7 Henri Nouwen: *Reaching Out.* New York, Doubleday, 1957, S. 128.

8 Rufus Jones: *The Radiant Life.* Zitiert in: Gary E. Parker: *The Gift of Doubt: From Crisis to Authentic Faith.* San Francisco, Harper & Row, 990, S. 71.

9 Ebd., S. 69.

10 Anderson: *If I Really Believe.* A. a. O., S. 31.

11 Daniel Taylor: *The Myth of Certainty.* Grand Rapids, Michigan, Zondervan, 1992, S. 16.

12 Paul C. Vitz: „The Psychology of Atheism". In: *Truth: An International, Interdisciplinary Journal of Christian Thought.* Bd. 1, 1958, S. 29.

13 Guinness: *In Two Minds.* A. a. O., S. 70.

14 R. C. Sproul (Hrsg.): *Doubt and Assurance.* Grand Rapids, Michigan, Baker, 1993, S. 22.

15 Ebd., S. 24.

16 Parker: *The Gift of Doubt.* A. a. O., S. 142.

8. Behauptung
Gott hat ein Heilmittel gegen Ihre verborgene Einsamkeit

1 Marla Paul: „Help Wanted: Everyone Has Time for Everything – Except for Making Friends". In: *Chicago Tribune*, 21. Mai 1995.

2 Ebd.

3 David W. Smith: *Men Without Friends.* Nashville, Nelson, 1990, S.V.

4 Ebd., S. 24–31.

5 James Wagenvoord: *Men: A Book for Women.* New York, Avon, 1978, S. 165.

6 Smith: *Men Without Friends.* A. a. O., S. 47–48.

[7] C. S. Lewis: *Was man Liebe nennt.* Basel, Brunnen Verlag, 1998, S. 122.
[8] Lee Iacocca: *Iacocca: An Autobiography*. Boston, G. J. Hall, 1985, S. 138.
[9] Gary Inrig: *Quality Friendship*. Chicago, Moody Press, 1981, S. 54.
[10] Ebd., S. 26.
[11] Ted Engstrom: *The Fine Art of Friendship*. Nashville, Nelson, 1985, S. 17.
[12] Inrig: *Quality Friendship*. A. a. O., S. 52–53.
[13] Smith: *Men Without Friends.* A. a. O., S. 214.
[14] Inrig: *Quality Friendship*. A. a. O., S. 53.
[15] Gerard Egan: *Interpersonal Living*. Monterey/Kalifornien, Brooks/Cole Group, 1976, S. 45.
[16] Judson Swihart: *How Do You Say „I Love You?"*. Downers Grove, Illinois, InterVarsity Press, 1976, S. 46-47.
[17] Engstrom: *The Fine Art of Friendship.* A. a. O., S. 131.
[18] Jim Conway: M*aking Real Friends in a Phony World*. Grand Rapids, Michigan, Zondervan, 1989, S. 164.
[19] Ebd., S. 171–74.

9. Behauptung
Gottes Regeln zum Thema „Sex" können uns frei machen

[1] Joyce Hugget: *Dating, Sex, and Friendship*. Downers Grove, Illinois, InterVarsity Press, 1985, S. 76.
[2] Robert T. Michael et al.: *Sex in America: A Definitive Survey*. Boston, Little, Brown, 1994, S. 103.
[3] Peterson: *The Message.* A. a. O., S. 346.
[4] http://www.faktor6.de/wissen_wer.php; http://www.unaids.org/
[5] John Ankerberg und John Weldon: *The Myth of Safe Sex: The Tragic Consequences of Violating Gods Plan*. Chicago, Moody Press, 1993, S. 65.
[6] David Reardon: *Aborted Women: Silent No More.* Westchester, Illinois, Crossway, 1987, S. 119–20.
[7] Paul Fowlwe: *Abortion: Toward an Evangelical Consensus*. Portland, Oregon, Multnomah Press, 1987, S. 196.

[8] Ankerberg und Weldon: *The Myth of Safe Sex.* A. a. O., S. 94.
[9] Al Haffner: *The High Cost of Free Love.* San Bernardino, Kalifornien, Here's Life, 1989, S. 101.
[10] Ebd., S. 107.
[11] Tom Minnery (Hrsg.): *Pornography: A Human Tragedy.* Wheaton, Illinois, Christianity Today, Inc. & Tyndale House, 1986.
[12] Ebd.
[13] Bill Hybels: *Christians in a Sex-Crazed Culture.* Wheaton, Illinois, Victor, 1989, S. 97.
[14] Ebd., S. 93–94.
[15] Ray E. Short: *Sex, Love, or Infatuation: How Can I Really Know?* Minneapolis, Augsburg, 1978, S. 83–90.
[16] Robert Moeller: *To Have and to Hold. Achieving Lifelong Sexual Intimacy and Satisfaction.* Portland, Oregon, Multnomah Press, 1995, S. 162–163.
[17] Michael: *Sex in America.* A. a. O., S. 124–25.
[18] Ebd., S. 127.
[19] Ebd., S. 127, 130.
[20] Ebd., S. 113.

10. Behauptung
Es reicht nicht, ab und zu mal nett zu sein

[1] Stuart Hample und Eric Marshall: *Children's Letters to God.* New York, Workman, 1991.
[2] D. A. Carson: *The Sermon on the Mount: An Evangelical Exposition of Matthew 5–7.* Grand Rapids, Michigan, Baker, 1982, S. 112.
[3] Kathryn Spink: *The Miracle of Love.* San Francisco, Harper & Row, 1981, S. 124–125.
[4] Don Postema: *Space for God.* Grand Rapids, Michigan, CRC Publications, 1983, S. 70–71.

11. Behauptung
Der Himmel ist mehr als reines Wunschdenken

[1] Abigail Van Buren: „Think Ahead, Avoid Boating Tragedies". In: *Chicago Tribune*, 28. Juni 1995.
[2] Gary Habermas und Antony Flew: *Did Jesus Rise from the Dead?* San Francisco, Harper & Row, 1987, S. XI.
[3] Donald McFarlan: *The Guinness Book of World Records*. New York, Bantam, 1991, S. 547.
[4] Ross Clifford: *The Case for the Empty Tomb: Leading Lawyers Look at the Resurrection*. Claremont, Kalifornien, Albatross, 1991, S. 112.
[5] Ebd.
[6] C. Truman Davis: „The Crucifixion of Jesus". In: *Arizona Medicine*, März 1965, S. 185. Zitiert in: Josh McDowell: *The Resurrection Factor*. San Bernardino, Kalifornien, Here's Life, 1981, S. 43.
[7] McDowell: *The Resurrection Factor*. A. a. O., S. 44.
[8] William D. Edwards et al.: „On the Physical Death of Jesus Christ". In: *Journal of the American Medical Association,* 21. März 1986, S. 1.463.
[9] J. P. Moreland: *Scaling the Secular City: A Defense of Christianity*. Grand Rapids, Michigan, Baker, 1987, S. 152–52.
[10] Michael J. Wilkins und J. P. Moreland (Hrsg.): *Jesus Under Fire: Modern Scholarship Reinvents the Historical Jesus.* Grand Rapids, Michigan, Zondervan, 1995, S. 150.
[11] William Lane Craig: *Reasonable Faith: Christian Truth and Apologetics*. Wheaton, Illinois, Crossway, 1994, S. 285.
[12] Moreland: *Scaling the Secular City*. A. a. O., S. 150–51; Wilkins und Moreland: *Jesus Under Fire*. A. a. O., S. 43.
[13] Wilkins und Moreland: *Jesus Under Fire*. A. a. O., S. 43.
[14] Ebd., S. 41.
[15] Charles Colson: *Loving God*. Grand Rapids, Michigan, Zondervan, 1987, S. 69.
[16] Craig: *Reasonable Faith*. A. a. O., S. 284.
[17] Moreland: *Scaling the Secular City*. A. a. O., S. 179–80.
[18] Ebd., S. 181.
[19] Gray Habermas: *The Verdict of History: Conclusive Evidence for the Life of Jesus*. Nashville, Nelson, 1988, S. 169–72.

[20] Ebd., S. 93–94.
[21] Val Grieve: *Verdict on the Empty Tomb*. London, Church Pastoral Aid Society, 1976, S. 26.

12. Behauptung
Jesus ist der einzige Weg zu Gott

[1] R. C. Sproul: *Reason to Believe: A Response to Common Objections to Christianity*. Grand Rapids, Michigan, Zondervan, 1981, S. 44.
[2] David Wallechinsky und Irving Wallace: *The People's Almanac*. Bd. 3. New York, Bantam, 1981, S. 581–82.
[3] Ebd., S. 582.
[4] Ebd., S. 582–84.
[5] John Stott: *Basic Christianity*. Downers Grove, Illinois, InterVarsity Press, 1964, S. 26.
[6] Peter W. Stoner: *Science Speaks*. Chicago, Moody Press, 1969, S. 109.
[7] D. T. Niles, zitiert bei Paul Little: *Know Why You Believe*. Downers Grove, Illinois, InterVarsity Press, 1988, S. 145.
[8] Ronald H. Nash: *Is Jesus the Only Saviour?* Grand Rapids, Michigan, Zondervan, 1994, S. 165.
[9] Cliffe Knechtle: *Give Me an Answer*. Downers Grove, Illinois, InterVarsity Press, 1986, S. 42.

13. Behauptung
Auf Nummer sicher zu gehen, ist die gefährlichste Art zu leben

[1] Douglas Coupland: *Life after God*. München, Goldmann Verlag, 1994, S. 213.
[2] William L. Craig: *Knowing the Truth about the Resurrection*. Ann Arbour, Michigan, Servant, 1988, S. 6.
[3] Ewald M. Plass (Hrsg.): *What Luther Says*. Bd. 2. St. Louis, Concordia, 1959, S. 757.
[4] Judson Poling und Bill Perkins: *Die Einsteiger-Bibel* (vormals: *Die Begegnung)*. Asslar, Gerth Medien, 1997, S. 15.

[5] Ruth A. Tucker: *Stories of Faith*. Grand Rapids, Michigan, Zondervan, 1989, S. 20; John T. Seamands: *Pioneers of the Younger Churches.* Nashville, Abingdon, 1967.

Einführung

Wiederaufnahme eines Verfahrens

Im juristischen Sprachgebrauch der Anklage war der Fall von James Dixon, in dem es um versuchten Mord ging, ein so genannter »Totläufer« – kaum aufgenommen, schon zu Ende. Selbst eine oberflächliche Prüfung der Beweismittel reichte aus, um nachzuweisen, dass Dixon den Polizisten Richard Scanlon während eines Handgemenges in den Unterleib geschossen hatte.

Stück für Stück, Punkt für Punkt, Zeuge für Zeuge knüpfte die Beweislage – bildlich gesprochen – eine Schlinge um den Hals von Dixon. Es gab Fingerabdrücke und eine Waffe, Augenzeugen und ein Motiv, einen verletzten Polizisten und einen Angeklagten mit einer kriminellen Vergangenheit. Das reichte für eine Verurteilung mehr als aus.

Die Fakten waren klar: Scanlon war zur Adresse *West 108th Place* gefahren, nachdem ein Nachbar die Polizei alarmiert und einen Mann mit einer Waffe gemeldet hatte. Als Scanlon ankam, traf er dort Dixon an, der sich gerade im Eingang des betreffenden Hauses heftig mit seiner Freundin stritt. Als deren Vater Scanlon sah, erschien auch er, weil er davon ausging, dass es nun sicher war herauszukommen.

Plötzlich entstand ein Handgemenge zwischen Dixon und dem Vater. Der Polizist griff ein und versuchte, den Streit zu beenden. Da löste sich ein Schuss; Scanlon erhielt eine Bauchwunde und taumelte weg. In diesem Augenblick kamen zwei weitere Polizeistreifen an, hielten mit kreischenden Bremsen, Polizisten stürmten heraus und überwältigten Dixon.

Man fand in der Nähe eine .22-Kaliber-Waffe, die offensichtlich nach dem Schuss dorthin geworfen worden war. Sie gehörte Dixon und war mit seinen Fingerabdrücken übersät. Eine Untersuchung ergab, dass aus ihr vor kurzem ein Schuss abgefeuert worden war.

Der Vater war unbewaffnet; Scanlons Revolver steckte noch im Halfter. Pulverstaub auf Scanlons Haut zeigte, dass aus extrem kurzer Distanz auf ihn geschossen worden war.

Zum Glück war die Verletzung nicht lebensgefährlich, wenn sie auch ernst genug war, um ihm die Tapferkeitsmedaille einzubringen, die der Polizeipräsident persönlich an seine Brust heftete. Was Dixon betraf, ergab ein Blick in die Polizeiakten, dass er früher schon einmal nachweislich auf jemanden geschossen hatte. Offensichtlich neigte er zu Gewaltanwendung.

Und so saß ich fast ein Jahr später in einem nahezu leeren Gerichtssaal in Chicago und machte mir Notizen, während Dixon sich öffentlich schuldig bekannte, auf den Polizisten geschossen zu haben. Das Geständnis des Angeklagten besiegelte die anderen Beweise. Richter Frank Machala verurteilte Dixon zu einer Gefängnisstrafe und schlug mit seinem Hammer auf den Tisch, um zu zeigen, dass das Gerichtsverfahren beendet war. Die Justiz hatte mal wieder gesiegt.

Ich steckte mein Notizbuch in die Innentasche meines Jacketts und schlenderte hinunter ins Pressezentrum. Dabei überlegte ich, dass mein Herausgeber mir für diese Geschichte höchstens drei Spalten in der nächsten Ausgabe der *Chicago Tribune* geben würde. Mehr verdiente sie auch nicht. Das war keine große Geschichte.

Dachte ich zumindest.

Der Tipp eines Informanten

Ich wurde im Pressezentrum ans Telefon gerufen und erkannte die Stimme eines Informanten, der für mich arbeitete, seit ich mit der Gerichtsberichterstattung angefangen hatte. Ich merkte, dass er eine heiße Sache für mich hatte, denn je größer der Tipp war, desto schneller und leiser sprach er gewöhnlich. Und diesmal flüsterte er einen Kilometer pro Minute.

»Lee, kennen Sie den Fall Dixon?«, fragte er.

»Ja, klar«, antwortete ich. »Vor zwei Tagen abgeschlossen. Alles Routine.«

»Seien Sie sich da mal nicht so sicher. Es geht das Gerücht um, dass Sergeant Scanlon ein paar Wochen vor der Schießerei auf einer Party mit seinem Stiftrevolver angegeben hat.«

»Mit was?«

»Einem Stiftrevolver. Das ist eine .22-Kaliber-Pistole, die aussieht wie ein Füllfederhalter. Es ist illegal, so etwas zu besitzen, auch für Polizisten.«

Als ich ihm sagte, dass ich nicht ganz verstünde, wieso das wichtig sein sollte, wurde seine Stimme noch aufgeregter. »Das ist doch gerade das Ding: Dixon hat nicht auf Scanlon geschossen. Scanlon wurde verwundet, als sein eigener Stiftrevolver in seiner Jackentasche aus Versehen losging. Er hängte Dixon die Sache an, damit er keine Schwierigkeiten bekam, weil er eine illegale Waffe besaß. Verstehen Sie nicht? Dixon ist unschuldig!«

»Unmöglich!«, rief ich aus.

»Prüfen Sie die Beweise nach«, kam seine Antwort. »Schauen Sie selbst, was wirklich stichhaltig ist.«

Ich legte auf und stürmte die Treppen zum Büro des Staatsanwalts hinauf. Vor seinem Büro hielt ich kurz inne, um wieder zu Atem zu kommen, bevor ich – »rein zufällig« – in sein Büro schlenderte.

»Kennen Sie den Fall Dixon?«, fragte ich ihn beiläufig, weil ich meinen Tipp nicht zu schnell preisgeben wollte. »Wenn es Ihnen nichts ausmacht, würde ich mir die Details noch mal anschauen.«

Die Farbe wich aus seinem Gesicht. »Äh, ich kann dazu nichts sagen«, stammelte er. »Kein Kommentar.«

Mein Informant hatte also seinen Verdacht schon an das Büro des Staatsanwalts weitergegeben. Hinter der »Bühne« war bereits eine Kommission dabei, die Beweise neu zu sichten. Ganz überraschend und unerwartet wurde der vermeintlich so wasserdichte Fall Dixon wieder aufgenommen.

Neue Fakten für eine neue Theorie

Zur selben Zeit begann ich meine eigenen Nachforschungen. Ich besichtigte den Ort des Verbrechens, interviewte Zeugen, sprach mit Dixon und überprüfte das Beweismaterial. Und als ich den Fall gründlich unter die Lupe nahm, passierte etwas Seltsames: Alle neuen Fakten, die ich entdeckte – und sogar die alten Beweise, die vorher so überzeugend für Dixons Schuld gesprochen hatten –, passten nun wie angegossen zur Theorie mit dem Stiftrevolver.

- Zeugen sagten aus, dass Dixon schon mit seinem Revolver auf die Tür des Hauses seiner Freundin geschossen hatte, bevor Scanlon auf der Bildfläche erschien. Im Zementboden der Veranda fand man eine Schramme, die dem Einschussloch einer Kugel entsprach. Das würde die Kugel erklären, die in Dixons Revolver fehlte.
- Dixon sagte, dass er nicht mit einer Waffe erwischt werden wollte. Deshalb versteckte er sie im Gras am Straßenrand, bevor die Polizei kam. Ich fand einen Zeugen, der diese Aussage bestätigte. Das erklärte, warum die Waffe in einiger Entfernung vom Ort des Schusswechsels gefunden wurde, obwohl keiner der Zeugen gesehen hatte, wie Dixon sie dorthin geworfen hatte.
- Man hatte konzentrierte Pulverspuren *in*, aber nicht *auf* der Außenseite der linken Hemdtasche von Scanlons Uniform gefunden. Das Einschussloch befand sich am Boden der Tasche. Schlussfolgerung: Eine Waffe hatte sich irgendwie innerhalb der Tasche entladen.
- Entgegen der Angaben im Polizeibericht verlief der Schusskanal nach unten. Unter Scanlons Hemdtasche war ein blutiger Riss, wo die Kugel ausgetreten war, nachdem sie das Fleisch gestreift hatte.
- Dixons Polizeiakte erzählte nicht seine ganze Geschichte. Auch wenn er wegen einer Schießerei drei Jahre im Gefängnis verbracht hatte, wurde er schließlich auf freien Fuß gesetzt, nachdem sich herausgestellt hatte, dass er auf Grund falscher Beweise verurteilt worden war. Es kam heraus, dass die Polizei einen wichtigen Zeugen der Verteidigung zurückgehalten und dass ein Zeuge der Anklage gelogen hatte. So viel zu Dixons Neigung zu Gewalt.

Ein Unschuldiger kommt frei

Zum Schluss stellte ich Dixon die entscheidende Frage: »Wenn Sie unschuldig waren, warum haben Sie dann die Schuld auf sich genommen?«

Dixon seufzte. »Es war ein Handel mit der Anklage«, sagte er dann schließlich. Dies bezog sich auf die gängige Praxis, bei der die Anklage eine geringere Strafe forderte, wenn sich der Angeklagte schuldig bekannte. Auf diese Weise konnte man Zeit und Gerichtskosten sparen.

»Sie sagten, sie würden für ein Jahr Haft plädieren, wenn ich mich schuldig bekennen würde. Ich habe schon 362 Tage im Gefängnis verbracht, während ich auf den Prozess gewartet habe. Ich musste also nur zugeben, dass ich es war, und dann könnte ich in ein paar Tagen nach Hause gehen. Aber wenn ich auf einer Gerichtsverhandlung bestanden hätte und die Geschworenen mich für schuldig befunden hätten, dann hätte ich zwanzig Jahre dafür bekommen, dass ich einen Polizisten angeschossen habe. Das war es mir nicht wert. Ich wollte nach Hause …«

»Und so«, meinte ich, »haben Sie zugegeben, etwas getan zu haben, das Sie gar nicht getan haben!«

Dixon nickte.

Am Ende wurde Dixon entlastet und gewann später einen Prozess gegen die Polizei. Man erkannte Scanlon seine Medaille ab und erhob Anklage gegen ihn. Er wurde eines Amtsvergehens schuldig befunden und aus dem Polizeidienst entlassen.[1] Seitdem tauchten meine Berichte auf der Titelseite der Zeitung auf. Und was viel wichtiger war: Ich hatte als junger Reporter ein paar wichtige Lektionen gelernt.

Eine der wichtigsten war, dass Beweise so ausgelegt werden können, dass sie in mehr als eine Richtung weisen. Es gab beispielsweise mehr als genug Beweise, die darauf hindeuteten, dass Dixon den Polizisten angeschossen hatte. Doch die entscheidende Frage war: War die Beweisaufnahme wirklich gründlich? Und welche Erklärung passte am besten zum Gesamtbild der Fakten? Als die Theorie mit dem Stiftrevolver aufgestellt wurde, zeigte sich, dass dieses Szenario optimal alle bekannten Fakten erklärte.

Und es gab eine weitere Lektion. Die Beweise sahen für mich ursprünglich so überzeugend aus, weil sie zu meinen Vorurteilen passten. Für mich war Dixon ein Unruhestifter, ein arbeitsloser Versager, das Produkt einer zerrütteten Familie. Die Polizisten waren die Guten. Staatsanwälte machen keine Fehler.

Durch diese Brille betrachtet, passten alle ursprünglichen Beweise genau ins Schema. Wo es Lücken oder Ungereimtheiten gab, wischte ich sie einfach vom Tisch. Als mir die Polizei sagte, dass der Fall wasserdicht sei, nahm ich sie beim Wort und befasste mich nicht mehr eingehend damit.

Doch als ich diese Brille absetzte und meine Voreingenommenheit gegen Objektivität (ich gab mir jedenfalls Mühe, objektiv zu sein) eintauschte, erschien der Fall plötzlich in einem ganz anderen Licht. Schließlich gestattete ich den Beweisen, mir die Wahrheit zu zeigen, egal, ob sie zu meiner ursprünglichen Voreingenommenheit passte oder nicht.

Das war vor über 20 Jahren. Doch meine größten Lektionen sollte ich noch lernen.

Von Dixon zu Jesus

Ich habe diesen ungewöhnlichen Fall nacherzählt, weil meine geistliche Reise in vielem mit dem Fall Dixon vergleichbar ist.

Einen Großteil meines Lebens war ich ein Skeptiker. Tatsächlich betrachtete ich mich selbst sogar als Atheisten. Für mich gab es einfach zu viele offensichtliche Beweise dafür, dass Gott lediglich ein Produkt menschlichen Wunschdenkens, antiker Mythologie oder primitiven Aberglaubens ist. Wie konnte ein vermeintlich liebevoller Gott Menschen einfach nur dafür in die Hölle schicken, weil sie nicht an ihn glaubten? Wie konnte es Wunder geben, die den Naturgesetzen völlig widersprechen? Erklärte die Evolution nicht hinreichend, wie das Leben entstanden ist? Zerstreuten wissenschaftliche Argumente nicht jeden Glauben an das Übernatürliche?

Und was Jesus betrifft: Wussten Sie denn nicht, dass er selbst von sich nie behauptet hat, Gott zu sein? Er war ein Revolutionär, ein Weiser, ein bilderstürmender Jude – aber Gott? Nein, dieser Gedanke kam ihm nie. Ich könnte Ihnen eine Menge Universitätsprofessoren nennen, die das auch sagen, und ihnen kann man ja wohl trauen, oder? Man muss den Tatsachen ins Auge blicken: Selbst eine oberflächliche Untersuchung der Beweise zeigt eindeutig, dass Jesus nur ein Mensch wie Sie und ich war, wenn er auch über ungewöhnlich viel Menschenfreundlichkeit und Weisheit verfügte.

Doch eigentlich war das auch alles, was ich den Beweisen für die Existenz Christi bisher gewidmet hatte: ein oberflächlicher Blick. Ich hatte mich ausgiebig genug mit Philosophie und Geschichte beschäftigt, um ausreichend Unterstützung für meine skeptische Haltung zu finden – ein Faktum hier, eine wissenschaftliche Theorie, ein prägnantes Zitat, ein cleveres Argument dort. Natürlich konnte ich einige Ungereimtheiten und Lücken erkennen, doch gab es etwas sehr Überzeugendes, das mich dazu bewegte, sie zu ignorieren: mein egoistischer Lebensstil, den ich aufgeben müsste, wenn ich meine Sichtweise jemals ändern und ein Nachfolger Jesu werden sollte.

Soweit es mich betraf, war der Fall damit abgeschlossen. Für mich gab es genügend Beweise, dass ich mich mit der Schlussfolgerung wohl fühlen konnte, die Göttlichkeit Jesu sei nichts anderes als die abstruse Erfindung abergläubischer Menschen.

Dachte ich zumindest.

Antworten für einen Atheisten

Es war kein Telefonanruf von meinem Informanten, der mich dazu brachte, den Fall Jesus neu aufzurollen. Es war meine Frau.

Leslie machte mich im Herbst 1979 sprachlos, als sie mir verkündete, dass sie Christ geworden sei. Ich verdrehte die Augen und machte mich auf das Schlimmste gefasst. Ich hatte eine lustige, sorglose, risikofreudige Leslie geheiratet – und hatte jetzt Angst, dass sie sich in eine sexuell verklemmte Frau verwandeln würde, die unseren Lebensstil gegen nächtliche Gebetsorgien und ehrenamtliche Mitarbeit in trostlosen Suppenküchen eintauschte.

Stattdessen wurde ich überrascht und sogar fasziniert von den fundamentalen Veränderungen ihres Charakters, ihrer Integrität und ihres Selbstbewusstseins. Schließlich beschloss ich, der Ursache dieser unaufdringlichen, aber bemerkenswerten Veränderungen auf den Grund zu gehen. Deshalb startete ich eine umfassende Untersuchung der Fakten, die mit dem Fall »Christentum« in Zusammenhang standen.

Ich bemühte mich, so gut ich konnte, mein eigenes Interesse und meine Vorurteile beiseite zu lassen, und las Bücher, interviewte Experten, stellte Fragen, analysierte die Geschichte, forschte in der Archäologie, studierte die Literatur des Altertums und zerlegte zum ersten Mal in meinem Leben die Bibel Vers für Vers.

Ich stürzte mich mit mehr Eifer in diesen Fall, als ich je in eine Geschichte investiert hatte. Ich wandte meine Kenntnisse, die ich in *Yale* erworben hatte, und meine Erfahrungen als Gerichtsreporter bei der *Chicago Tribune* an. Und im Laufe der Zeit begannen die Beweise der Welt – der Geschichte, der Wissenschaft, der Philosophie und der Psychologie –, in eine Richtung zu zeigen, die undenkbar erschien.

Es war, als ob der Fall James Dixon wieder auferstand.

Urteilen Sie selbst

Vielleicht basiert auch Ihre Einstellung zu geistlichen Dingen auf den Anhaltspunkten, die Sie auf Grund eigener Anschauung oder aus Büchern, von Universitätsdozenten, Familienmitgliedern oder Freunden gewonnen haben. Aber ist Ihre Schlussfolgerung wirklich die bestmögliche Erklärung für das Beweismaterial? Wenn Sie tiefer stochern, Ihre Vorurteile außer Acht lassen und systematisch nach Beweisen suchen würden, was würden Sie dann finden?

Darum soll es in diesem Buch gehen. Ich werde Sie auf meine geistliche Reise mitnehmen, die fast zwei Jahre lang dauerte. Ich werde Sie mitnehmen, wenn ich 13 führende Wissenschaftler und Kapazitäten interviewe, die einen untadeligen akademischen Ruf genießen.

Ich habe die Vereinigten Staaten kreuz und quer durchreist – von Minnesota bis Georgia, von Viginia bis Kalifornien –, um ihre Expertenmeinungen einzuholen, um sie mit den Einwänden zu konfrontieren, die ich als Skeptiker hatte, um sie zu zwingen, ihre Positionen mit soliden Daten und zwingenden Argumenten zu untermauern und sie mit den Fragen auf die Probe zu stellen, die Sie vielleicht stellen würden, wenn Sie die Gelegenheit dazu hätten.

Bei dieser Suche nach der Wahrheit habe ich mir meine Erfahrungen als Gerichtsreporter zu Nutze gemacht, um Beweise aus den verschiedensten Kategorien einzuholen und zu prüfen: Augenzeugenberichte, Dokumente, erhärtende Beweise, widerlegende Beweise, wissenschaftliche Beweise, psychologische Gutachten, Indizienbeweise und sogar – ja, tatsächlich – Fingerabdrücke. (Das macht Sie jetzt wirklich neugierig, oder?)

Diesen Begriffen begegnen Sie auch im Gerichtssaal. Und vielleicht ist ein juristischer Blickwinkel der beste Weg, an diesen Prozess heranzugehen. Sie nehmen in diesem Fall die Rolle eines Geschworenen ein.

[…]